名师名校名校长

凝聚名师共识
固本名师关怀
打造名师品牌
培育名师群体

　　　　　程明道题

诱思导学

赵生武 编著

——高中物理
疑难问题解析

西安出版社

图书在版编目（CIP）数据

诱思导学：高中物理疑难问题解析 / 赵生武编著.
西安：西安出版社, 2024. 8. -- ISBN 978-7-5541
-7716-7

Ⅰ . G633.72
中国国家版本馆CIP数据核字第2024X0E903号

诱思导学——高中物理疑难问题解析
YOUSI DAOXUE GAOZHONG WULI YINAN WENTI JIEXI

出版发行：西安出版社
社　　址：西安市曲江新区雁南五路 1868 号影视演艺大厦 11 层
电　　话：（029）85264440
邮政编码：710061
印　　刷：北京政采印刷服务有限公司
开　　本：787mm × 1092mm　1 / 16
印　　张：15.25
字　　数：256千字
版　　次：2025 年 3 月第 1 版
印　　次：2025 年 3 月第 1 次印刷
书　　号：ISBN 978-7-5541-7716-7
定　　价：58.00 元

目录

第一章　直线运动与相互作用

第一节　对追及问题的认识与思考 ·················· 2

第二节　通过 $v-t$ 图像考查追及问题的高考试题分析 ········ 7

第三节　深层理解静摩擦力的"被动性" ·········· 12

第四节　例析 $F_{合} = 2F\cos\dfrac{\theta}{2}$ 在试题中的应用 ········ 16

第五节　运用旋转法求解动态平衡问题 ·········· 21

第二章　牛顿运动定律

第一节　关于倾斜传送带上物体运动可能性的探讨 ·········· 28

第二节　例析传送带模型中划痕问题求解方法 ·········· 33

第三节　等时圆模型及其应用 ················ 44

第三章　曲线运动与万有引力

第一节　斜面上平抛运动问题的求解技巧 ·········· 50

第二节　浅谈斜抛运动的教学价值 ·········· 53

第三节　"车轮效应"背景下圆周运动问题分析 ·········· 58

第四节　例谈匀速圆周运动中两类临界问题的求解思路 ········ 61

第五节　分析卫星运动中线速度的大小关系 ·········· 69

第六节　比较法学习近地卫星、同步卫星与赤道上的物体 ········ 73

第七节　双星系统模型的深度解析 ·········· 77

第四章　动量与能量

第一节　求解变力做功的八种方法 ································· 82

第二节　"$\Delta E_减 = \Delta E_增$"的理解及应用 ·················· 89

第三节　人船模型的理解及其应用 ····························· 94

第四节　动量和能量观点综合应用的四大模型 ··············· 98

第五章　恒定电流与电路

第一节　"闭合电路的欧姆定律"教材内容的二次开发 ········· 110

第二节　一道电路问题引发的教学思考 ······················ 114

第三节　恒定电路中等效电源模型的建构及应用 ············· 118

第六章　电场与磁场

第一节　类比建模型，分解破难点 ····························· 128

第二节　静电场中五类图像问题求解 ·························· 130

第三节　带电粒子在交变电场中运动问题的分类解析 ········· 138

第四节　带电粒子在等效重力场中圆周运动模型的分析策略 ······· 150

第五节　带电粒子在有界磁场中运动问题的深度剖析 ········· 156

第七章　电磁感应与交变电流

第一节　电磁感应中"杆＋导轨"类习题教学 ················· 162

第二节　获取关键信息，建构思维路径 ······················ 171

第三节　学科核心素养视角下的试题评价及教学启示 ········· 175

第四节　电阻等效法处理原线圈中有负载的变压器问题 ······· 182

第五节　创设问题情境，提升学科素养 ······················ 187

第八章 物理实验

第一节 "探究加速度与力、质量的关系"实验创新及典例分析 ········ 196

第二节 高考力学创新实验备考策略 ·················· 204

第三节 一道欧姆表换挡试题分析 ·················· 210

第四节 伏安法测电阻创新实验的归类剖析 ·············· 214

第五节 测电阻实验的特殊方法剖析 ················· 220

第六节 测量电源电动势和内阻实验的疑难点解析 ············ 226

参考文献 ······························ 235

第一章

直线运动与相互作用

第一节　对追及问题的认识与思考

　　高中物理匀变速直线运动部分，追及问题是综合运用运动学规律分析两物体的速度、位移以及两物体间的距离变化，判断两物体能否追上（或相撞），求解物体间距离的最大值、最小值的问题。正确处理追及问题一定要深刻理解"一个条件、两个关系"，寻求解题的突破口。笔者结合自己的教学实践，谈谈对追及问题的认识与思考。

一、追及问题中的一个条件：速度相等

　　在追及问题中，当两物体的速度相等时，物体间的距离出现极值。对这一结论的理解可分两类情形讨论。

　　第一类：速度大者减速（如匀减速直线运动）追速度小者（如匀速直线运动）。开始运动后，两物体间的距离逐渐减小。当两物体速度相等时，若追者仍落后于被追者，则永远追不上，此时两者间有最小距离；若速度相等时，两物体恰好在同一坐标位置，说明恰好追上。所以，速度相等是两者追上（或追不上）的临界条件，也是两者相撞的临界条件。

　　第二类：速度小者加速（如初速度为零的匀加速直线运动）追速度大者（如匀速直线运动）。开始运动后，两物体间的距离逐渐增大，当两物体的速度相等时，两物体间的距离有最大值。

　　由以上分析可知，在追及问题中若出现判断两物体能否追上（或如何避免相撞）、求解两物体间距离的最大值（或最小值），特别要注意紧扣"速度相等"这一临界条件寻找解题的突破口。

二、追及问题中的两个关系：时间关系和位移关系

在追及问题中，两物体的运动时间不一定相等，但肯定有一定的关系。根据两物体的运动性质分别列出位移方程时，要将两物体的运动时间关系灵活、巧妙地反映在位移方程中。

分析追及问题时，要根据两物体的运动过程画出两物体的运动示意图，在运动示意图中直观、清晰地反映两物体的位移关系。解答具体题目时，根据两物体的位移关系联立方程，还需要结合两物体初始状态的位置关系。

三、紧扣一个条件，巧用两个关系

解决追及问题时，首先要仔细审题，弄清题意，明确两物体的运动性质，全面、准确地分析两物体的实际运动过程；其次，根据题意紧扣一个条件，巧用两个关系，联立方程求解，切忌生搬硬套。

例题 1： 一辆汽车正以 10 m/s 的速度在平直公路上前进，突然发现正前方有一辆自行车以 4 m/s 的速度做同方向的匀速直线运动，汽车司机经过 0.3 s 的反应时间后，关闭油门使汽车做加速度大小为 6 m/s² 的匀减速直线运动，汽车恰好碰不上自行车。司机发现自行车时离自行车多远？

解析： 设汽车原来的速度为 v_0，反应时间为 Δt，匀减速运动的时间为 t，则
当汽车恰好碰不上自行车时，$v_汽 = v_自 = 4$ m/s，即 $v_0 + at = v_自$。
代入数据解得，$t = 1.0$ s。
自行车的位移：

$$x_自 = v_自 \cdot (\Delta t + t)$$
$$= 4 \text{ m/s} \times (0.3 \text{ s} + 1.0 \text{ s})$$
$$= 5.2 \text{ m}。$$

汽车的位移：

$$x_汽 = v_0 \cdot \Delta t + \frac{v_0 + v_自}{2} \cdot t$$

$$= 10 \text{ m/s} \times 0.3 \text{ s} + \frac{10 \text{ m/s} + 4 \text{ m/s}}{2} \times 1.0 \text{ s}$$

$$= 10 \text{ m}。$$

所以，司机发现自行车时离自行车的距离 $x_0 = x_汽 - x_自 = 4.8$ m。

评析：

（1）题目中出现关键词"恰好"，意味着末状态时汽车与自行车的速度相等。所以，"速度相等"这一临界条件是解题的突破口。

（2）设汽车匀减速运动的时间为 t，则自行车匀速运动的时间为 $\Delta t + t$。解题时，正确运用这一时间关系列出自行车和汽车的位移方程是解题的难点。

（3）分析过程中，可以画出图 1-1-1 所示的汽车与自行车的运动示意图，在示意图中，汽车与自行车两者的位移关系直观地反映了汽车发现自行车时离自行车的距离。

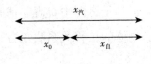

图 1-1-1

例题 2： 现有 A、B 两列火车在同一轨道上同向行驶，A 车在前，其速度 $v_A = 10$ m/s，B 车速度 $v_B = 30$ m/s。因大雾能见度低，B 车在距 A 车 600 m 时才发现前方有 A 车。此时 B 车立即刹车，但 B 车要减速 1800 m 才能够停止。若 B 车刹车 8 s 后，A 车以加速度 $a_1 = 0.5$ m/s^2 加速前进，能否避免相撞事故？若能避免，则两车最近时相距多远？

解析： 设 B 车刹车后减速运动的加速度大小为 a_2，则

由 $v_B^2 = 2a_2 \cdot x$ 得，$a_2 = \dfrac{v_B^2}{2x}$。

代入数据解得，$a_2 = 0.25$ m/s^2。

设从 B 车刹车开始计时到两车速度相等，A 车匀速运动的时间为 t_0，加速前进的时间为 t，则 B 车总的减速运动的时间为 $t_0 + t$（其中 $t_0 = 8$ s）。

当 A、B 两车速度相等时：$v_B - a_2(t_0 + t) = v_A + a_1 \cdot t$，

代入数据解得，$t = 24$ s。

A 车发生的位移：

$$x_A = v_A \cdot t_0 + v_A \cdot t + \frac{1}{2} \cdot a_1 \cdot t^2$$

$$= 10 \times 8 \text{ m} + 10 \times 24 \text{ m} + \frac{1}{2} \times 0.5 \times 24^2 \text{ m}$$

$$= 464 \text{ m}。$$

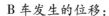

B 车发生的位移：

$$x_B = v_B (t_0 + t) - \frac{1}{2} a_2 (t_0 + t)^2$$

$$= 30 \times (8 + 24) \ m - \frac{1}{2} \times 0.25 \times (8 + 24)^2 m$$

$$= 832 \ m_o$$

由于 $x_0 + x_A$ 大于 x_B，所以能够避免两车相撞。

两车相距最近时，两车间距离 $\Delta x = x_0 + x_A - x_B = 232 \ m_o$

评析：

（1）根据 A、B 两车的运动过程，分析两车的运动时间关系是解决问题的前提。

（2）紧扣"速度相等"这一临界条件，求解 A、B 发生的位移是解决问题的关键，为判断两车能否避免相撞做好铺垫。

（3）可以画出如图 1−1−2 所示的 A、B 两车的运动示意图，在两车的运动示意图中，根据 A、B 两车的位移关系和初始距离 x_0 大小，很容易判断出"两车能够避免相撞"这一结论，进一步顺利求解最小距离 Δx。

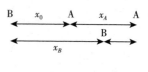

图 1−1−2

例题 3： 某人骑自行车以 $v_1 = 4 \ m/s$ 的速度匀速前进，某时刻在他前方 7 m 处有一辆以 $v_2 = 10 \ m/s$ 行驶的汽车开始关闭发动机做匀减速直线运动，加速度大小为 $2 \ m/s^2$。问：自行车经多长时间能追上汽车？

解析： 设汽车经过时间 t_0 停止运动，则 $t_0 = \frac{v_2}{a} = \frac{10}{2} \ s = 5 \ s_o$

t_0 时间内自行车的位移：$x_{自} = v_1 \cdot t_0 = 4 \times 5 \ m = 20 \ m_o$

t_0 时间内汽车的位移：$x_{汽} = \frac{v_2}{2} \cdot t_0 = \frac{10}{2} \times 5 \ m = 25 \ m_o$

由于 $x_0 + x_{汽}$ 大于 $x_{自}$，此时自行车未追上汽车。

自行车要追上汽车还需时间：

$$t_1 = \frac{x_0 + x_{汽} - x_{自}}{v_1} = \frac{7 + 25 - 20}{4} \ s = 3 \ s_o$$

即 $t = t_0 + t_1 = 8$ s。

所以，自行车经过 8 s 追上汽车。

评析：在追及问题中，若被追的物体做匀减速直线运动，一定要注意分析追上前该物体是否已经停止运动。

第二节　通过 $v-t$ 图像考查追及问题的
高考试题分析

　　追及问题是指两个物体在同一直线上运动时，由于两物体的运动情况不同，导致两物体之间的距离不断变化，即两物体间的距离越来越大或越来越小，这时就会涉及追及、相遇或避免碰撞等问题。追及问题是运用直线运动的规律对实际运动中的两个物体进行具体分析、研究，弄清各自的物理状态、物理过程和物理情境，并且在动态过程中通过对比两个物体的位移关系，分析两个物体间的距离变化，进而判断两物体在空间的位置变化的综合问题。追及问题是考查学生分析综合能力的重要题型。

　　图像法是解决物理问题的一种重要方法，直线运动中的 $v-t$ 图像能够形象、直观地表达物理过程和物理规律，反映两个物体的速度关系和位移关系，能够很好地考查学生应用数学处理物理问题的能力。通过 $v-t$ 图像考查追及问题，既是 $v-t$ 图像在实际运动学中最高层次的应用，又是追及问题的另一重要呈现方式。所以，通过 $v-t$ 图像考查追及问题是历年高考的热点。

　　现以 2007 年新课标卷第 16 题、2008 年新课标卷第 17 题、2009 年海南卷第 8 题、2016 年新课标 I 卷第 21 题为例（表 1－2－1），分析通过 $v-t$ 图像考查追及问题中的"形变"和"神不变"。

表 1-2-1　通过 $v-t$ 图像考查追及问题的高考试题

试题1：2007 年新课标卷16题：甲、乙两辆汽车在平直的公路上沿同一方向做直线运动，$t=0$ 时刻同时经过公路旁的同一个路标。在描述两车运动的 $v-t$ 图中（下图），直线 a、b 分别描述了甲、乙两车在 $0\sim20$ s 内的运动情况。关于两车之间的位置关系，下列说法正确的是（　　）

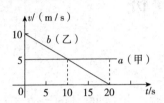

A. 在 $0\sim10$ s 内两车逐渐靠近

B. 在 $10\sim20$ s 内两车逐渐远离

C. 在 $5\sim15$ s 内两车的位移相等

D. 在 $t=10$ s 时两车在公路上相遇

试题3：2009 年海南卷8题：甲、乙两车在一平直道路上同向运动，其 $v-t$ 图像如图所示，图中 $\triangle OPQ$ 和 $\triangle OQT$ 的面积分别为 s_1 和 s_2（$s_2>s_1$）。初始时，甲车在乙车前方 s_0 处，则（　　）

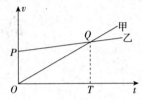

A. 若 $s_0=s_1+s_2$，两车不会相遇

B. 若 $s_0<s_1$，两车相遇 2 次

C. 若 $s_0=s_1$，两车相遇 1 次

D. 若 $s_0=s_2$，两车相遇 1 次

试题2：2008 年新课标卷17题：甲、乙两车在公路上沿同一方向做直线运动，它们的 $v-t$ 图像如下图所示。两图像在 $t=t_1$ 时相交于 P 点，P 在横轴上的投影为 Q，$\triangle OPQ$ 的面积为 S。在 $t=0$ 时刻，乙车在甲车前面，相距为 d。已知此后两车相遇两次，且第一次相遇的时刻为 t'，则下面四组 t' 和 d 的组合可能的是（　　）

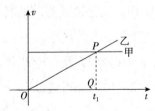

A. $t'=t_1$，$d=S$

B. $t'=\dfrac{1}{2}t_1$，$d=\dfrac{1}{4}S$

C. $t'=\dfrac{1}{2}t_1$，$d=\dfrac{1}{2}S$

D. $t'=\dfrac{1}{2}t_1$，$d=\dfrac{3}{4}S$

试题4：2016 年新课标Ⅰ卷21题：甲、乙两车在平直公路上同向行驶，其 $v-t$ 图像如图所示。已知两车在 $t=3$ s 时并排行驶，则（　　）

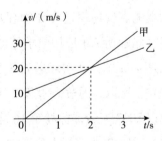

A. 在 $t=1$ s 时，甲车在乙车后

B. 在 $t=0$ s 时，甲车在乙车前 7.5 m

C. 两车另一次并排行驶的时刻是 $t=2$ s

D. 甲、乙车两次并排行驶的位置之间沿公路方向的距离为 40 m

一、高考试题中的"形变"

1. 试题考查目标的变化——由定性分析到定量计算

试题 1 中，通过比较各时间段 a、b 两图线与 t 轴所围面积的大小定性比较甲、乙两辆汽车的位移大小；试题 2 中，通过 $\triangle OPQ$ 的面积 S，$t=0$ 时刻两车相距为 d，两车相遇两次等信息，定性分析两车第一次相遇的时刻 t' 与 t_1 的关系，d 与 S 的关系；试题 3 中，通过 $\triangle OPQ$，$\triangle OQT$ 的面积 s_1，s_2 以及初始时甲车在乙车前方 s_0 处等信息，由 s_0，s_1，s_2 的大小关系定性分析两车的相遇情况；试题 4 中，已知 $t=3$ s 时刻两车并排行驶，通过 $v-t$ 图像与 t 轴所围的面积大小定量计算 $t=0$，$t=1$ s，$t=2$ s 各时刻甲、乙两车的距离，以及两车两次并排行驶位置之间的距离。

2. 试题信息给予的变化——由明到暗、由现到隐

试题 1 中，已知 $t=0$ 时刻两车在同一位置，题目信息明朗、清晰。试题 2 中，题目信息量大且很隐蔽，同时考查相遇时刻和初始距离两个要点，需要综合考虑两车的时间关系和位移关系。试题 3 中，由已知条件 $s_0<s_1$，$s_0=s_1$，$s_0=s_2$ 判断两车相遇情况，空间想象难度较大。因为 s_1+s_2 是乙车在 $0\sim T$ 时间内发生的位移，所以将以上信息条件分别改为 $s_0+s_2<s_1+s_2$，$s_0+s_2=s_1+s_2$，$s_0+s_1=s_2+s_1$，两车的距离关系更加清晰，试题难度明显降低；试题 4 中，题目信息只给出 $t=0$ 和 $t=2$ s 时刻两车的速度大小，要求考生补充题目信息，即根据直线运动规律先做出两车在 $t=1$ s，$t=2$ s 两时刻平行于 t 轴和 v 轴的辅助线，求出两时刻甲、乙两车的速度，通过对题目信息的补充与完善，直观地由 $v-t$ 图像的面积关系反映两车的位移关系，才能定量计算 $1\sim2$ s 和 $2\sim3$ s 两时间段两车发生的位移大小。

3. 试题考查学生思维方向的变化——由顺到逆

试题 1 和试题 3 中，已知两车的初始距离和两车发生的位移大小，判断两车距离变化情况和相遇次数，符合考生的思维习惯；试题 2 和试题 4 中，已知两车的相遇情况，求解两车位移大小以及两车在空间的位置关系，要求考生进行逆向思维。

二、高考试题中的"神不变"

1. 直线运动中 $v-t$ 图像的物理意义及应用不变

高考试题中 $v-t$ 图像反映汽车的速度与时间变化的关系，$v-t$ 图像在一段时间内与 t 轴所围的"面积"表示汽车在这段时间内发生的位移。

2. 追及问题的临界条件不变——速度相等

高考试题中 $v-t$ 图像中两图线的交点表示该时刻两车的速度相等。"速度相等"是两车距离最大（或最小）的临界条件，也是判断两汽车能否追上的切入点。试题 1 中，$t=10$ s 时甲、乙两车速度相等，该时刻两车距离最大；试题 2 中，t_1 时刻两车速度相等，若 t_1 时刻第一次相遇，则 t_1 时刻以后 $v_乙>v_甲$，不可能发生第二次相遇，所以 t_1 时刻"速度相等"是一临界条件；试题 3 中 T 时刻、试题 4 中 $t=2$ s 时刻两车速度相等，该时刻以后由于 $v_甲>v_乙$，甲、乙两车不可能再次相遇，所以，试题 3 中 T 时刻、试题 4 中 $t=2$ s 时刻的"速度相等"是一临界条件。

3. 解决追及问题的重要途径不变——画运动示意图

分析追及问题时，根据两物体的运动规律画出两物体的运动示意图。运动示意图可以更加直观、清晰地呈现两物体的运动过程，反映两物体在空间位置的变化情况和位移关系，从而可以分析两物体距离的变化情况，

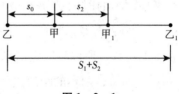

图 1-2-1

判断两物体的相遇次数。例如，试题 3 中的运动示意图如图 1-2-1 所示。

图 1-2-1 中，甲、乙两点表示两车的初始位置；甲$_1$、乙$_1$ 两点表示两车 T 时刻的位置；s_0 表示两辆汽车的初始距离，s_2 表示甲发生的位移，s_1+s_2 表示乙发生的位移。

解析：①若 $s_0=s_1+s_2$，表示 T 时刻甲车在乙车前方，以后由于 $v_甲>v_乙$ 两车不会相遇；②若 $s_0<s_1$，即 $s_0+s_2<s_1+s_2$，表示 T 时刻乙车在甲车前方，两车已经相遇了一次，T 时刻以后，由于 $v_甲>v_乙$，肯定会第二次相遇；③若 $s_0=s_1$，即 $s_0+s_2=s_1+s_2$，表示 T 时刻甲、乙两车恰好在同一位置相遇，以后由于 $v_甲>v_乙$，不可能第二次相遇；④若 $s_0=s_2$，即 $s_0+s_1=s_2+s_1<s_0+s_2$，表示 T 时

刻甲车在乙车前方，T 时刻之前两车没有相遇，T 时刻以后，由于 $v_甲 > v_乙$，不会第二次相遇。

三、高考复习建议

通过以上评析可以发现，通过 $v-t$ 图像考查追及问题的高考试题在考查目标、信息给予、考查思维等方面会发生变化，但解决问题的主要思想和重要途径仍不变。在高考备考过程中，教师应在准确理解直线运动规律的基础上，帮助学生深刻理解 $v-t$ 图像的意义及应用，正确分析图像中的几何关系；指导学生掌握根据物体的运动情境画出运动示意图，并通过运动示意图分析两物体的位移关系；引导学生既能根据两物体的位移关系判断相遇情况，又能逆向思维，根据两物体的相遇情况分析位移关系。只有掌握了此类试题的"形变"与"神不变"，才能够提高学生的分析综合能力和应用数学处理物理问题的能力，从而提高高考复习效率。

第三节　深层理解静摩擦力的"被动性"

　　人教版高中物理必修 1 中，通过小孩推箱子的实例，沿用初中所学二力平衡知识定义静摩擦力，并且指出：只要箱子与地面间没有产生相对运动，静摩擦力的大小就随着推力的增大而增大，并与推力保持大小相等。实际教学过程中，学生通过"思考与讨论"理解了静摩擦力的产生是由于推力使箱子产生了相对运动的趋势，静摩擦力是一种"被动力"，随着推力的变化而变化。学生在课后总结时普遍认为，静摩擦力的产生要有相对运动的趋势，而相对运动的趋势是由沿接触面方向上的其他力决定的。然而，学习"牛顿运动定律""圆周运动"等章节，当遇到有关静摩擦力大小、方向分析问题，尤其是静摩擦力大小、方向发生变化的情境时，学生觉得无法理解，很难准确、全面地分析静摩擦力的变化过程。是什么原因造成学生学习的这一困难呢？

　　笔者结合实际的教学活动，觉得原因除了静摩擦力本身的"被动性"这一特性外，还在于教材的正确导向和教师对"被动性"的准确理解。高等教育出版社《普通物理学 1》（第五版）指出：相互接触的两个物体在外力作用下，虽有相对运动的趋势，但并不产生相对运动，这时的摩擦力叫静摩擦力。按照这一表述，可以看出产生相对运动趋势的原因是外力的作用。高等教育出版社《力学基础》指出：在相互挤压的物体的接触面间有相对滑动趋势但还没有发生相对滑动的时候，接触面间便出现阻碍发生相对滑动的力，这个力就叫静摩擦力。静摩擦力的大小由物体所受其他力和物体的运动状态决定，它没有"独立自主"的大小和方向，处于"被动地位"。这一表述明显强调了静摩擦力大小、方向的决定因素是"物体所受其他力"和"物体的运动状态"。静摩擦力的大小和方向都是由物体间相对运动趋势决定的，而"物体所受其他力"和

"物体的运动状态"就是产生物体间相对运动趋势的两个因素。静摩擦力是一种"被动力"，那么，"主动方"是谁？正是"物体所受其他力"和"物体的运动状态"。大学教材《普通物理学1》和高中教材《物理必修1》对静摩擦力的表述只强调"外力作用"，没有提到"运动状态"，其实，只说明了物体处于"平衡状态"这一特殊运动状态下的静摩擦力。教材对物体间产生相对运动趋势的原因导向不够明确，不够全面，使得部分教师和学生以偏概全，理解不彻底，从而造成学生学习困难，教学效率低下。所以，在实际教学过程中，教师对静摩擦力的产生和变化需要进行更加深入的理解，很有必要给学生补充强调"在非平衡状态下，产生物体间相对运动趋势的另一个重要因素——物体的运动状态"。

现就静摩擦力分析问题分别以平衡状态、匀变速直线运动、圆周运动三种情境评析。

一、平衡状态下静摩擦力的分析

例题1：如图1-3-1所示，位于斜面上的物体 M 在沿斜面向上的力 F 作用下处于静止状态，则斜面作用于物体 M 的静摩擦力（　　）

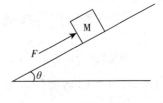

A. 方向可能沿斜面向上

B. 方向不可能沿斜面向下

C. 大小可能等于零

图1-3-1

D. 大小可能等于 F

评析：

（1）运动状态分析：物体 M 处于静止状态，加速度为零。

（2）受力分析：将重力正交分解为沿斜面向下的分力和垂直斜面向下的分力。

由以上分析可知，物体 M 在沿斜面方向上的相对运动趋势仅由所受的其他力 F 和重力沿斜面的分力的合力决定。所以，分别从 $F = mg\sin\theta$，$F > mg\sin\theta$，$F < mg\sin\theta$ 三种情况具体分析物体 M 的相对运动趋势，进而分析静摩擦力的大小和方向。

二、匀变速直线运动中静摩擦力的分析

例题2： 如图1-3-2所示，光滑水平面上放置质量分别为m、$2m$的A、B两个物体，A、B间的最大静摩擦力为f_m。现用水平拉力F拉B，使A、B以同一加速度运动，则拉力F的最大值为（　　）

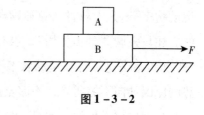

图1-3-2

A. f_m 　　　　B. $2f_m$ 　　　　C. $3f_m$ 　　　　D. $4f_m$

评析：

（1）运动状态分析：物体A具有水平向右的加速度。

（2）受力分析：物体A在水平方向上除了受静摩擦力外，不受其他力的作用。

所以，物体A所受静摩擦力的大小、方向仅由运动状态决定。运用整体法和隔离法可以解得正确选项为C。

三、圆周运动中静摩擦力的分析

例题3： 如图1-3-3所示，细绳一端系着质量为$M = 0.6$ kg的物体A静止在水平转盘上，细绳另一端通过光滑小孔O吊着质量$m = 0.3$ kg的物体B，物体A的重心到圆孔距离为0.2 m。已知物体A与水平转盘间的最大静摩擦力为2 N。现使水平转盘绕中心O旋转，问：角速度ω在什么范围内物体B处于静止状态？（取$g = 10$ m/s²）

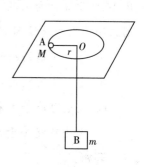

图1-3-3

评析：

（1）受力分析：物体A在水平方向上所受的除了静摩擦力外的其他力是方向指向圆心的绳子的拉力F，且拉力大小等于物体B的重力，即$F = mg$。

（2）运动状态分析：水平转盘绕中心O旋转的角速度取不同的值，物体A有不同的向心加速度。

本题中静摩擦力的大小、方向由其他力和运动状态共同决定。当角速度取

最大值 ω_1 时，物体 A 有远离圆心相对运动的最大趋势，静摩擦力最大，方向沿着半径指向圆心，即 $F + f_m = Mr\omega_1^2$；当角速度取最小值 ω_2 时，物体 A 有靠近圆心相对运动的最大趋势，静摩擦力最大，方向沿着半径背离圆心，即 $F - f_m = Mr\omega_2^2$。

　　通过对比不同教材对静摩擦力的表述和以上三种情境下具体实例的分析，显而易见，静摩擦力的大小、方向都由物体间相对运动的趋势决定，力的大小取决于相对运动趋势的大小，力的方向与相对运动趋势的方向相反。物体间的相对运动趋势由"物体所受其他力"和"物体的运动状态"共同决定。所以，静摩擦力的大小、方向取决于沿着接触面方向物体所受的其他力的合力和物体的运动状态。这才是对静摩擦力的"被动性"的深层次理解。

第四节 例析 $F_合 = 2F\cos\dfrac{\theta}{2}$ 在试题中的应用

　　力的合成是高中物理力学部分的核心内容，其中蕴含着合力与分力的"等效替代"这一物理思想和通过作图求解合力这一物理方法。熟练求解合力是新课程标准要求的必备知识和关键能力，也是学好高中物理的必备基础知识和基本能力。力的合成遵从矢量合成法则——平行四边形法则，以表示两个分力的有向线段为邻边作出平行四边形，夹于两分力之间的对角线所在的有向线段表示合力的大小和方向。两个大小相等、方向夹角为 θ 的分力 F，根据平行四边形法则作出合力 $F_合$，根据几何关系得出 $F_合 = 2F\cos\dfrac{\theta}{2}$。$F_合$ 既表示合力与分力的大小关系，也表示合力的方向沿着两分力夹角的角平分线，如图 1－4－1 所示。

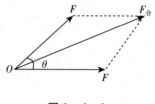

图 1－4－1

　　在高中物理教学过程中，由两个大小相等的分力求合力的问题是一种常见的典型力学模型，我们可以将 $F_合 = 2F\cos\dfrac{\theta}{2}$ 看作一个重要结论，作为这种情境下求合力的有力武器。根据这一结论，在不同具体背景下设计新颖的物理问题是高考物理命题的趋势之一。本节就这一结论在近两年高考试题中的应用予以评析。

一、考查必备知识的理解能力

例题1：如图 1-4-2 所示，一光滑的轻滑轮用细绳 OO' 悬挂于 O 点；另一细绳跨过滑轮，其一端悬挂物块 a，另一端系一位于水平粗糙桌面上的物块 b。外力 F 向右上方拉 b，整个系统处于静止状态。若 F 方向不变，大小在一定范围内变化，物块 b 始终保持静止，则（　　）

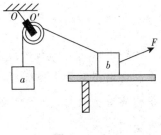

图 1-4-2

  A. 绳 OO' 的张力也在一定范围内变化

  B. 物块 b 所受到的支持力也在一定范围内变化

  C. 连接 a 和 b 的细绳的张力也在一定范围内变化

  D. 物块 b 与桌面间的摩擦力也在一定范围内变化

评析：轻滑轮受绳子 OO' 的拉力 F_O、aO' 的拉力 F_a 和 bO' 的拉力 F_b 三个力作用处于静止状态，由平衡条件可知，F_O 与 F_a、F_b 的合力等大反向，而 $F_a = F_b = m_a g$ 保持不变，F_a，F_b 间的夹角 θ 保持不变，由 $F_O = 2F_a \cos \dfrac{\theta}{2}$ 可知绳子 OO' 的拉力 F_O 保持不变。试题选项 A 是结论 $F_合 = 2F \cos \dfrac{\theta}{2}$ 的直接应用，考生只要知道 F_O 与 F_a，F_b 的合力等大反向关系，知道 $F_a = F_b = m_a g$ 保持不变，F_a，F_b 间的夹角 θ 保持不变等基础性、通用性的知识，就容易选出答案。所以，试题考查必备知识的理解能力。

二、考查理论和实验的综合应用能力

例题2：一根轻质弹性绳的两端分别固定在水平天花板上相距 80 cm 的两点上，弹性绳的原长也为 80 cm。将一钩码挂在弹性绳的中点，平衡时弹性绳的总长度为 100 cm；再将弹性绳的两端缓慢移至天花板上的同一点，则弹性绳的总长度变为（弹性绳的伸长始终处于弹性限度内）（　　）

  A. 86 cm   B. 92 cm   C. 98 cm   D. 104 cm

评析：

（1）试题情境中，轻质弹性绳的中点挂上钩码，构成高中物理力学部分的

"活结"模型，钩码两侧弹性绳中的弹力大小相等。由受力分析可知，钩码两侧弹性绳中弹力的合力的大小等于钩码的重力大小，这一物理模型问题就是考查结论 $F_{合} = 2F\cos\dfrac{\theta}{2}$ 的灵活应用能力。

（2）试题以教材必修 1 中的学生实验"探究弹力和弹簧伸长的关系"为背景，在动态变化中分析受力平衡问题，属于实验素材和物理理论相结合的问题，突出高考试题综合性方面的考查要求，考查考生对物理理论和实验的综合分析和应用能力。

三、考查物理知识和方法的实际应用能力

例题 3：如图 1 – 4 – 3 所示，轻质不可伸长的晾衣绳两端分别固定在竖直杆 M、N 上的 a、b 两点，悬挂衣服的衣架挂钩是光滑的，挂于绳上处于静止状态。如果只人为改变一个条件，当衣架静止时，下列说法正确的是（　　）

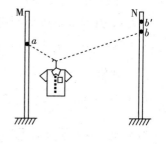

图 1 – 4 – 3

A. 绳的右端上移到 b'，绳子拉力不变

B. 将杆 N 向右移一些，绳子拉力变大

C. 绳的两端高度差越小，绳子拉力越小

D. 若换挂质量更大的衣服，则衣架悬挂点右移

评析：

（1）试题中光滑的衣架挂钩挂于绳上，挂钩两侧绳子的拉力大小相等，根据平衡条件和结论 $F_{合} = 2F\cos\dfrac{\theta}{2}$ 可知，挂钩两侧拉力的合力大小等于衣服及晾衣架的重力大小，合力方向沿两侧绳子夹角的角平分线，也就是竖直向上。

（2）试题以晾衣服这一生活中的常见情境为素材，巧妙设计力学平衡问题，旨在考查考生应用物理知识分析和解决实际生活中具体问题的能力，体现高考物理试题应用性方面的考查要求，突出"物理来自生活"这一核心思想。这种情境化的高考试题能够充分发挥对高中物理教学的积极导向作用，物理教学的情境化更能激发学生的学习热情，激发学生的探究和实际应用意识，真正实现物理学科的育人价值。

（3）试题在突出物理学科素养，考查学生运用物理知识解决生活中实际问题的同时，考查学生运用几何关系处理物理问题的能力。通过几何作图分析，当绳子的右端上移到 b′ 位置时，两侧绳拉力的夹角保持不变，即绳子 Ob 段平行上移到 Ob′，绳子拉力不变；当杆 N 向右移一些后，两侧绳子拉力的夹角增大，绳子的拉力变大。

四、考查知识和方法的创新应用能力

例题 4：如图 1-4-4 所示，两个轻环 a 和 b 套在位于竖直面内的一段固定圆弧上，一细线穿过两个轻环，其两端各系一质量为 m 的小球。在 a 和 b 之间的细线上悬挂一小物块。平衡时，a、b 间的距离恰好等于圆弧的半径。不计所有摩擦，则小物块的质量为（　　）

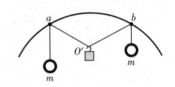

图 1-4-4

A. $\dfrac{m}{2}$ 　　　　B. $\dfrac{\sqrt{3}}{2}m$ 　　　　C. m 　　　　D. $2m$

评析：

（1）试题以"两个轻环 a 和 b 套在位于竖直面内的一段固定圆弧上"为背景设计物理问题，体现试题背景的创新性，创新立意在于挖掘与圆弧相关的数学知识，考查学生对物理知识和方法的创新应用意识和物理思维的发散性和灵活性。

（2）以小环为研究对象进行受力分析，小环受两段绳子的拉力和固定圆弧的支持力作用，且两段绳子的拉力大小相等。由平衡条件可知，两段绳子拉力的合力与固定圆弧的支持力等大反向，即两段绳子拉力的合力的方向沿固定圆弧的半径方向指向圆心。根据 $F_{合}=2F\cos\dfrac{\theta}{2}$ 这一结论和已知几何关系，小环所受两段绳子拉力方向间的夹角是 60°。以小物块为研究对象进行受力分析，小物块受重力和两侧绳子的拉力，由几何关系得两侧绳子拉力夹角是 120°，两侧拉力大小相等 $F=mg$，两侧拉力的合力与重力等大反向，根据 $F_{合}=2F\cos\dfrac{\theta}{2}$ 这一结论，可以求出小物块的质量。

（3）试题两次应用 $F_{合}=2F\cos\dfrac{\theta}{2}$ 这一结论。第一次应用打破了以往求合力大小的惯例，创新性设置突出合力方向的判断，由分析得出"两段绳子拉力合力的方向沿固定圆弧半径方向指向圆心"这一关键的几何关系，为第二次结论的应用创设条件。试题的这一创新设计全面考查考生的综合分析能力和创新应用能力。

第五节　运用旋转法求解动态平衡问题

　　动态平衡是高中物理力学部分的一种重要题型，也是高考的重要考点。在动态平衡问题的习题教学中，学生通过受力分析，作出力的矢量三角形，灵活运用三角形的边角关系、几何圆的性质等数学知识由矢量三角形的动态变化分析物体所受力的变化情况。在这一过程中，学生通过对实际情境的分析、抽象、概括，学会将实际情境转化为物理问题，突出主要因素，忽略次要因素，建构物理模型的科学思维方法；运用对比、分析、概括等思维方式，经历科学推理、科学论证等思维过程，逐步提高科学思维能力。

　　根据物体所受力的变化特征，动态平衡问题可以分为三种类型，解决问题的最典型方法是图解法。为了使学生更好地掌握图解法的具体操作要领，体验清晰的思维过程，发展思维能力，笔者将图解法具体化为旋转法，并且将三种类型动态平衡问题的解题方法分别称为单边定向旋转法、单边定长旋转法和双边定角旋转法。旋转法的具体思路及拓展应用分析如下。

一、旋转法的具体思路

1. 单边定向旋转法

　　动态平衡问题中，若物体受到的三个力满足"第一个力大小、方向均不变，第二个力方向不变、大小变化，第三个力大小、方向都变化"的变化特征，通过力的合成（或力的分解）构成力的矢量三角形，按三个力的具体特征将三角形的三个边分别标号1、2、3，"1"号对应大小、方向均不变的力，"2"号对应方向不变、大小变化的力，"3"号对应大小、方向都变化的力。在动态变化过程中，矢量三角形要满足1号、2号两边对应力的要求，必须绕1号、3号两边的交点按照题意所给的方向旋转 3 号边，2 号、3 号的交点位置变化，矢量三角形变化，可以依据 2 号、3 号边的边长变化判断对应力的大小变化，依据 1 号、3 号边之间夹角的变化判断 3 号边对应力的方向变化。这种情境下，旋转的只有 3 号边，2 号边的方向一定，所以这种旋转法简称单边定向旋转。

例题 1： 如图 1 - 5 - 1 所示，一小球放置在木板与竖直墙面之间。设墙面对球的压力大小为 N_1，球对木板的压力大小为 N_2。以木板与墙连接点所形成的水平直线为轴，将木板从图示位置开始缓慢地转到水平位置。不计摩擦，在此过程中（　　　）

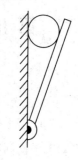

图 1 - 5 - 1

A. N_1 始终减小，N_2 始终增大

B. N_1 始终减小，N_2 始终减小

C. N_1 先增大后减小，N_2 始终减小

D. N_1 先增大后减小，N_2 先减小后增大

解析： 对小球进行受力分析，由力的合成构成矢量三角形 ABC，如图 1 - 5 - 2 所示。其中 AB 边表示小球所受的重力 G，BC 边表示墙面对球的压力 N_1，AC 边表示木板对球的支持力 N_2。由题意可知，重力 G 大小、方向均不变，压力 N_1 方向不变，支持力 N_2 大小、方向都变化。所以，将 AB，BC，AC 三边分别标号 1、2、3，绕 1 号、3 号边的交点 A 顺时针旋转 3 号边 AC，矢量三角形逐渐变小，说明压力 N_1、支持力 N_2 都始终减小。

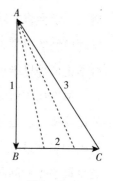

图 1 - 5 - 2

2. 单边定长旋转法

在动态平衡问题中，若物体受到的三个力满足"第一个力大小、方向均不变，第二个力大小不变、方向变化，第三个力大小、方向都变化"的变化特征，则在力的矢量三角形中，大小、方向均不变的力对应 1 号边，大小不变、方向变化的力对应 2 号边，大小、方向都变化的力对应 3 号边。要满足 1 号、2 号两边对应力的要求，必须以 1 号、2 号边的交点为圆心，以 2 号边的长度为半径按照题意方向旋转作出圆弧，使 2 号和 3 号边的交点始终在圆弧上移动，矢量三角形随之变化。根据矢量三角形的变化判断 2 号边对应的力的方向变化情况和 3 号边对应力的大小、方向变化情况。在这种旋转情境中，2 号边的长度保持不

变，简称单边定长旋转。

例题2：如图1-5-3所示，两物体通过三段轻线悬挂，不计一切摩擦，两物体静止时 OB 线水平，AO 线与竖直方向的夹角小于45°，现把定滑轮 B 缓慢竖直向上移动，设线足够长，此过程中（   ）

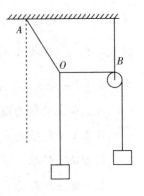

图1-5-3

A. 结点 O 的位置不动

B. 结点 O 的位置先升高后降低

C. 结点 O 的位置先降低后升高

D. 结点 O 的位置一直升高

解析：将三段轻线的结点作为研究对象，进行受力分析，构建矢量三角形 DEF，如图1-5-4所示。将矢量三角形的边 DE，EF，DF 分别标号1、2、3，以1号、2号边的交点 E 为圆心，以2号边 EF 的长度为半径逆时针方向旋转作出圆弧，使 F 点在圆弧上的位置变化，矢量三角形随之变化。动态变化过程中由几何关系看出，DE 和 DF 的夹角先增大后减小，表示 OA 段轻线的拉力方向与竖直方向的夹角先增大后减小，即结点 O 的位置先升高后降低。同时，可以判断 OA 段轻线的拉力大小逐渐减小。

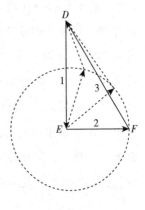

图1-5-4

3. 双边定角旋转法

在动态平衡问题中，若物体受到的三个力满足"一个力大小、方向均不变，另两个力间的夹角保持不变"的变化特征，则可以在力的矢量三角形中将大小、方向均不变的力对应的边标号为1，另外两条边分别标号2、3。根据几何圆中"弦长一定时，弦对应的圆周角一定"这一性质，可以将1号边作为定弦作出辅助圆（矢量三角形的外接圆）。根据题意同时旋转2号、3号边，矢量三角形随之变化，依据2号、3号边的长度变化判断对应两个力的大小变化。这种旋转简称双边定角旋转。

例题3：如图-5-5所示，柔软轻绳 ON 的一端 O 固定，其中间某点 M 拴一重物，用手拉住绳的另一端 N。初始时，OM 竖直且 MN 被拉直，OM 与 MN 之间的夹角为 α（$\alpha > \frac{\pi}{2}$）。现将重物向右上方缓慢拉起，并保持夹角 α 不变。在 OM 由竖直被拉到水平的过程中（　　）

A. MN 上的张力逐渐增大

B. MN 上的张力先增大后减小

C. OM 上的张力逐渐增大

D. OM 上的张力先增大后减小

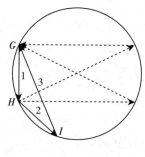

图 1 − 5 − 5

解析：对重物进行受力分析，作出矢量三角形 GHI，如图 1 − 5 − 6 所示。将重力对应边标号为 1，另外两条边分别标号 2 和 3。因为 OM 与 MN 间的夹角 α 不变，所以矢量三角形 GHI 中 GI 与 HI 间的夹角为 $\pi - \alpha$，且保持不变。以 GH 边为弦，以 $\pi - \alpha$ 角为对应的圆周角作出辅助圆，在小球被拉起的过程中，矢量三角形随之变化，可以看出 2 号边 HI 的长度一直增大，3 号边 GI 的边长先增大后减小。所以，MN 上的张力逐渐增大，OM 上的张力先增大后减小。

图 1 − 5 − 6

二、旋转法的拓展应用

当物体受到四个力的作用处于动态平衡状态时，可以将某两个力等效为一个力，构成矢量三角形，根据矢量三角形中三个力的变化特征确定动态平衡的类型，巧妙应用旋转法准确、直观地分析物体所受力的变化情况。

例题4：如图 1 − 5 − 7 所示，一质量为 m 的铁环套在粗糙的水平横杆上，通过细线连接一质量也为 m 的小球，小球还用一水平细线拉着。保持环和小球的位置不变，横杆的位置逐渐按图示方向转到竖直位置，在这个过程中环与杆相对静止，则（　　）

A. 连接环和小球的细线拉力增大

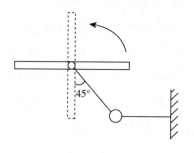

图 1 − 5 − 7

B. 杆对环的作用力逐渐增大

C. 杆对环的弹力的最小值为 $2mg$

D. 杆对环的摩擦力的最大值为 $2mg$

解析: 由题意及几何关系得,连接环和小球的细线拉力 F_T 为恒力,大小 $F_T = \sqrt{2}mg$,方向与竖直方向的夹角为 $45°$,杆对环的作用力即为弹力和摩擦力的合力,保持不变。

如图 $1-5-8$ 甲所示,铁环在重力 mg、弹力 F_N、摩擦力 f、线的拉力 F_T' 的作用下处于静止状态,其中 mg 与 F_T' 均为恒力,可将 mg、F_T' 等效为恒力 $F_合$,且 $F_合 = \sqrt{5}mg$。这样,将四力平衡转化为三力平衡。其中,$F_合$ 大小、方向均不变,弹力 F_N、摩擦力 f 两力的方向始终垂直,即两力的夹角不变,此类动态平衡问题属于第三类,可以运用双边定角旋转法。根据铁环所受力的特征可以作出铁环受力矢量三角形,以表示力 $F_合$ 边的中点为圆心,以表示力 $F_合$ 的边长为直径作辅助圆,矢量三角形的顶点均在圆周上,如图 $1-5-8$ 乙所示。

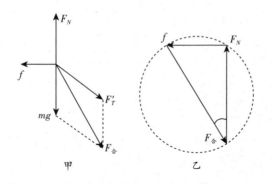

图 $1-5-8$

设 $F_合$ 与 F_N 的夹角为 θ,杆在水平位置时,$F_N = F_{N1} = 2mg$,$f = f_1 = mg$,$\tan\theta_1 = \dfrac{1}{2}$。杆沿图示方向转动的过程可分为两个阶段(图 $1-5-9$):

第一阶段:$F_合$ 与 F_N 的夹角 θ 逐渐减小,弹力 F_N 逐渐增大,摩擦力 f 逐渐减小,当 $\theta = 0$ 时,弹力最大,$F_N = F_{N3}$,且 $F_{N3} = F_合 = \sqrt{5}mg$,摩擦力最小,$f = f_3$,且 $f_3 = 0$;第二阶段:$F_合$ 与 F_N 的夹角 θ 逐渐

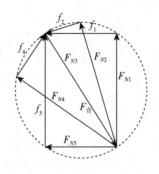

图 $1-5-9$

增大，弹力 F_N 逐渐减小，摩擦力 f 逐渐增大，当杆位于竖直方向时，$F_N = F_{N5} = mg$，$f = f_5 = 2mg$，$\tan\theta_5 = 2$。所以，在杆转动的全过程中，杆对环的弹力 F_N 先增大后减小，最小值为 mg，杆对环的摩擦力 f 先减小后增大，最大值为 $2mg$。

在动态平衡问题的习题课教学中，综合应用力的概念、力的运算以及物体的平衡条件等物理知识，有效促进学生相互作用物理观念的形成。学生在对研究对象的受力分析和矢量三角形的建立、数学工具"辅助圆"的构建以及动态变化分析中，经历了模型建立、科学推理、科学论证等思维过程，培养了科学思维能力，提升了思维的逻辑性、灵活性、广阔性、深刻性等科学思维品质，培养了实事求是、科学严谨的学习态度。

第二章

牛顿运动定律

第一节　关于倾斜传送带上物体运动可能性的探讨

倾斜传送带问题涉及物体的受力分析、物体与传送带间的相对运动等动力学知识，能够很好地考查学生分析物理过程、应用物理规律解答物理问题的能力，是高中物理教学的难点，也是新课标背景下高考的热点。如何准确分析倾斜传送带上物体的运动情况？笔者觉得需要紧扣以下三个重要关系。

关系一：物体的速度与传送带的速度之间的关系

物体的速度和传送带的速度关系决定着物体相对运动的方向，从而决定滑动摩擦力的方向。这一关系是对物体进行受力分析的基础，也是运用动力学规律分析物体运动情况的突破口。

关系二：物体与传送带之间的动摩擦因数 μ 与传送带倾角的正切值 $\tan\theta$ 之间的大小关系

μ 和 $\tan\theta$ 之间的大小关系实质上就是物体所受重力沿传送带向下分力 $mg\sin\theta$ 和滑动摩擦力 $\mu mg\cos\theta$ 之间的大小关系，决定着物体合外力（或加速度）的大小和方向，是运用牛顿运动定律分析问题的关键。

当滑动摩擦力等于最大静摩擦力时，μ 和 $\tan\theta$ 之间的大小关系也是判断物体与传送带速度相同时能否保持相对静止的条件。若 $\mu < \tan\theta$，即 $mg\sin\theta > \mu mg\cos\theta$，则物体相对传送带发生滑动，滑动摩擦力沿传送带向上；若 $\mu > \tan\theta$，即 $mg\sin\theta < \mu mg\cos\theta$，则物体相对传送带静止，但有相对滑动的趋势，所受静摩擦力沿传送带向上。

总之，μ 和 $\tan\theta$ 之间的大小关系是分析物体运动情况的关键点。

关系三：物体匀变速运动的位移 x 与传送带长度 L 之间的关系

物体匀变速运动的位移 x 和传送带长度 L 之间的关系是做匀变速运动的物体与匀速运动的传送带能否达到相同速度的重要条件，也是物体运动性质发生变化的转折点。

设倾斜传送带的倾角为 θ，长度为 L，物体的初速度为 v_0，传送带运动的速度为 v，现以四种情境为例进行分析。

情境1：如图 2 – 1 – 1 所示，物体刚放到传送带上时，初速度为零，但物体相对传送带的速度沿传送带向下。

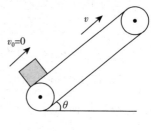

由物体的速度和传送带的速度关系可知，物体所受摩擦力 $\mu mg\cos\theta$ 的方向沿传送带向上，要将物体向上传送，必须满足 $\mu mg\cos\theta > mg\sin\theta$，即 $\mu > \tan\theta$。

图 2 – 1 – 1

由牛顿第二定律得 $a = \dfrac{\mu mg\cos\theta - mg\sin\theta}{m} = g\ (\mu\cos\theta - \sin\theta)$，物体开始做初速度为零，加速度为 a 的匀加速直线运动。设物体通过位移 x，速度达到与传送带相同的速度 v，则 $x = \dfrac{v^2}{2a}$，根据 x 与 L 之间的大小关系，运动情况有以下两种可能：

（1）若 $x \geqslant L$，物体一直做初速度为 0，加速度为 a 的匀加速直线运动。

（2）若 $x < L$，物体先做初速度为 0，加速度为 a 的匀加速直线运动，当物体速度等于传送带速度时，由于 $\mu > \tan\theta$，物体开始与传送带保持相对静止，以速度 v 做匀速直线运动。

情境2：如图 2 – 1 – 2 所示，物体刚放到传送带上时，初速度为 0，但物体相对传送带的速度沿传送带向上。

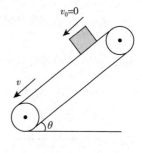

由物体的速度和传送带的速度关系可知，物体所受摩擦力 $\mu mg\cos\theta$ 的方向沿传送带向下。

由牛顿第二定律得 $a_1 = \dfrac{mg\sin\theta + \mu mg\cos\theta}{m} =$

图 2 – 1 – 2

g ($\sin\theta + \mu\cos\theta$)，物体开始做初速度为 0，加速度为 a_1 的匀加速直线运动。设物体通过位移 x 达到与传送带相同的速度 v，则 $x = \dfrac{v^2}{2a}$。然后，根据 x 与 L 之间的大小关系可分为以下两种可能：

（1）当 $x \geq L$ 时，物体一直做初速度为 0，加速度为 a_1 的匀加速直线运动。

（2）当 $x < L$ 时，物体先以初速度 0，加速度 a_1 做匀加速直线运动，物体速度等于传送带速度以后的运动情况根据 μ 与 $\tan\theta$ 之间的大小关系可以分两种情况：

① 若 $\mu \geq \tan\theta$，物体与传送带保持相对静止，以速度 v 做匀速直线运动。

② 若 $\mu < \tan\theta$，由于 $mg\sin\theta > \mu mg\cos\theta$，摩擦力方向变为沿传送带向上，由牛顿第二定律得 $a_2 = \dfrac{mg\sin\theta - \mu mg\cos\theta}{m} = g$ ($\sin\theta - \mu\cos\theta$)，且方向沿传送带向下，所以，物体又以加速度 a_2 做加速直线运动。

情境 3：如图 2 - 1 - 3 所示，物体刚放到传送带上时，初速度的方向与传送带速度方向相同，但速度大小关系不确定。

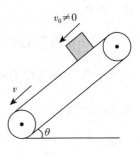

分 $v_0 = v$，$v_0 < v$ 和 $v_0 > v$ 三种情况分别讨论物体运动的可能性：

（1）当 $v_0 = v$ 时，根据 μ 与 $\tan\theta$ 之间的大小关系，物体的运动可能性可以分两种情况：

① 若 $\mu \geq \tan\theta$，物体相对传送带静止，一直做匀速直线运动。

图 2 - 1 - 3

② 若 $\mu < \tan\theta$，由于 $mg\sin\theta > \mu mg\cos\theta$，摩擦力方向沿传送带向上，由牛顿第二定律得 $a = \dfrac{mg\sin\theta - \mu mg\cos\theta}{m} = g$ ($\sin\theta - \mu\cos\theta$)，且方向沿传送带向下。所以，物体以初速度 v_0，加速度 a 做匀加速直线运动。

（2）当 $v_0 < v$ 时，物体运动的可能性同情境 2。

（3）当 $v_0 > v$ 时，物体所受滑动摩擦力 $\mu mg\cos\theta$ 方向沿传送带向上。根据 μ 与 $\tan\theta$ 之间的大小关系，物体的运动可能性可以分三种情况：

① 若 $\mu = \tan\theta$，即 $mg\sin\theta = \mu mg\cos\theta$，物体以速度 v_0 做匀速直线运动。

② 若 $\mu < \tan\theta$，即 $mg\sin\theta > \mu mg\cos\theta$，由牛顿第二定律得 $a = \dfrac{mg\sin\theta - \mu mg\cos\theta}{m} =$ g（$\sin\theta - \mu\cos\theta$），方向沿传送带向下。所以，物体以初速度 v_0，加速度 a 一直做匀加速直线运动。

③若 $\mu > \tan\theta$，即 $mg\sin\theta < \mu mg\cos\theta$，由牛顿第二定律得 $a = \dfrac{\mu mg\cos\theta - mg\sin\theta}{m} =$ g（$\mu\cos\theta - \sin\theta$），方向沿传送带向上。所以，物体以初速度 v_0，加速度 a 做匀减速直线运动。

设物体的速度由 v_0 减小到 v 发生的位移为 x，则 $x = \dfrac{v_0^2 - v^2}{2a}$。

当 $x \geqslant L$ 时，物体一直做匀减速直线运动。

当 $x < L$ 时，物体先做匀减速直线运动，然后以速度 v 做匀速直线运动。

情境4：如图 2-1-4 所示，物体初速度不为 0，且方向和传送带速度方向相反，物体的速度和传送带的速度大小关系不确定。

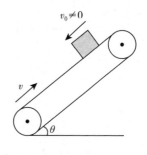

图 2-1-4

由物体的速度和传送带的速度关系可知，物体所受摩擦力 $\mu mg\cos\theta$ 的方向沿传送带向上。

根据物体与传送带之间的动摩擦因数 μ 和传送带倾角的正切值 $\tan\theta$ 之间的大小关系，物体的运动可能性可以分三种情况：

（1）若 $\mu = \tan\theta$，物体一直做匀速直线运动。

（2）若 $\mu < \tan\theta$，物体一直做匀加速直线运动，且加速度为 $a =$ $\dfrac{mg\sin\theta - \mu mg\cos\theta}{m} = g$（$\sin\theta - \mu\cos\theta$）。

（3）若 $\mu > \tan\theta$，$a = \dfrac{\mu mg\cos\theta - mg\sin\theta}{m} = g$（$\mu\cos\theta - \sin\theta$），物体先以加速度 a 做匀减速直线运动。然后，根据物体匀减速运动时，速度由 v_0 减小到 0 发生的位移 $x = \dfrac{v_0^2}{2a}$ 和传送带长度 L 之间的关系，物体的运动可能性又可分为以下两种可能：

① 若 $x \geqslant L$，物体一直做匀减速直线运动。

② 若 $x<L$，物体先做匀减速直线运动，速度减小到零以后，反向做初速度为零的匀加速直线运动，且加速度保持不变。在物体反向运动过程中，根据物体的初速度 v_0 和传送带的速度 v 之间的大小关系，物体运动的可能性还有两种可能：

a. 若 $v_0 \leqslant v$，物体一直做匀加速直线运动，且到达传送带顶端的速度为 v_0。

b. 若 $v_0 > v$，物体先做匀加速直线运动，然后与传送带保持相对静止，以速度 v 做匀速直线运动。

第二节　例析传送带模型中划痕
问题求解方法

　　传送带模型中，划痕产生的原因是物体与传送带之间发生相对运动，产生了相对位移。求解划痕长度的关键在于物体与传送带运动过程的分析和运动位移及相对位移大小的求解、方向的判断。物体与传送带的运动情况不同时，划痕长度与相对位移的关系不同。当物体与传送带只有一个相对运动过程时，划痕长度等于相对位移的大小。当物体和传送带有两个或两个以上相对运动过程时，就会出现划痕延长或划痕重叠两种现象，需要具体问题具体分析。现通过典型例题分析不同运动情况下划痕长度的求解思路和方法。

　　例题1：如图2-2-1所示，一条足够长的浅色水平传送带自左向右匀速运行。现将一个木炭包无初速度地放在传送带的最左端，木炭将会在传送带上留下一段黑色的痕迹。下列说法正确的是(　　)

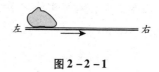

图2-2-1

A. 黑色的痕迹将出现在木炭包的左侧

B. 木炭包的质量越大，痕迹的长度越短

C. 木炭包与传送带间动摩擦因数越大，痕迹的长度越短

D. 传送带运动的速度越大，痕迹的长度越短

　　解析：

　　（1）痕迹原因分析：木炭包在滑动摩擦力作用下做初速度为0的匀加速直线运动，在速度达到与传送带速度相等之前，木炭包的位移小于传送带的位移，

木炭包相对传送带向左运动，痕迹将出现在木炭包的右侧，A 选项错误。

（2）痕迹长度求解：因为木炭包与传送带只有一个相对运动过程且同方向运动，所以痕迹长度等于传送带与木炭包的位移大小之差。设传送带的速度为 v，木炭包与传送带间动摩擦因数为 μ，木炭包的加速度 $a = \dfrac{\mu m g}{m} = \mu g$，则木炭包加速运动时间 $t = \dfrac{v}{\mu g}$，相对位移 $\Delta x = vt - \dfrac{v}{2}t = \dfrac{v}{2} \cdot \dfrac{v}{\mu g} = \dfrac{v^2}{2\mu g}$。所以，痕迹长度为 $\dfrac{v^2}{2\mu g}$。

由痕迹长度表达式可知，痕迹的长度与木炭包的质量无关；动摩擦因数越大，痕迹长度越短；传送带的速度越大，痕迹的长度越长。故 B、D 选项错误，C 选项正确。

评析：

（1）木炭包与传送带只有一个相对运动过程时，痕迹长度等于木炭包与传送带之间的相对位移。当木炭包与传送带同方向运动，相对位移等于木炭包和传送带的位移大小之差。同理可知，若木炭包与传送带反方向运动时，相对位移等于木炭包和传送带的位移大小之和。

（2）木炭包与传送带之间的相对位移除了以上解析法外，还可以运用 $v-t$ 图像法和相对运动法求解。例如，本题中痕迹长度可以用 $v-t$ 图像法和相对运动法分别求解：

$v-t$ 图像法：图 2-2-2 所示为木炭包与传送带的 $v-t$ 图像，图像与横轴所围的面积表示各自的位移，图像面积之差（阴影部分）表示相对位移，即为痕迹长度。

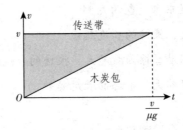

图 2-2-2

相对运动法：以传送带为参考系，规定向右为正方向，木炭包的初速度为 $v_{0相} = -v$，末速度为 $v_{相} = 0$，加速度 $a_{相} = -\mu g$，相对位移为 $\Delta x = \dfrac{v_{相}^2 - v_{0相}^2}{2a_{相}} = \dfrac{0 - v^2}{-2\mu g} = \dfrac{v^2}{2\mu g}$。

例题2： 如图 $2-2-3$ 所示，水平传送带 AB 两端相距足够长，传送带以 $v_0 = 3$ m/s 的速度顺时针运转，现使一小煤块（可视为质点）以 $v = 4$ m/s 的初速度从 B 端水平向左滑上传送带，已知煤块与传送带间的动摩擦因数 $\mu = 0.2$，重力加速度大小取 $g = 10$ m/s^2。求煤块离开传送带之前，在传送带上留下的划痕的长度。

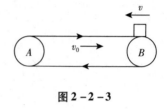

图 $2-2-3$

解析：

方法一：解析法

由题意可知，煤块先以加速度 a 向左做匀减速运动直到速度为 0，后以加速度 a 向右做匀加速运动，直到与传送带速度相等后从 B 端离开传送带。煤块与传送带之间有两个相对运动过程（由牛顿第二定律得，煤块的加速度大小 $a = \dfrac{\mu mg}{m} = \mu g = 2$ m/s^2）：

煤块向左减速过程：

经过时间 $t_1 = \dfrac{v}{a} = \dfrac{4}{2}$ s $= 2$ s，煤块位移 $x_1 = \dfrac{v^2}{2a} = \dfrac{16}{2 \times 2}$ m $= 4$ m，传送带位移 $x_2 = v_0 t_0 = 3 \times 2$ m $= 6$ m。煤块与传送带之间的相对位移 $\Delta x_1 = x_1 + x_2 = 10$ m。

煤块向右加速过程：

经过时间 $t_2 = \dfrac{v_0}{a} = \dfrac{3}{2}$ s $= 1.5$ s，煤块位移 $x_3 = \dfrac{v_0}{2} t_2 = \dfrac{3}{2} \times 1.5$ m $= 2.25$ m，传送带位移 $x_4 = v_0 t_2 = 3 \times 1.5$ m $= 4.5$ m。煤块与传送带之间的相对位移 $\Delta x_2 = x_4 - x_3 = 2.25$ m。

两个相对运动过程中，煤块相对传送带始终向左运动，所以两过程的划痕延长，即煤块离开传送带之前，在传送带上留下的划痕长度 $\Delta x = \Delta x_1 + \Delta x_2 = 12.25$ m。

方法二：v-t图像法

根据题意，作出传送带和煤块的v-t图像，如图 2-2-4 所示。传送带上留下的划痕长度为阴影部分面积，即 $\Delta x = \dfrac{7 \times 3.5}{2}$ m $= 12.25$ m。

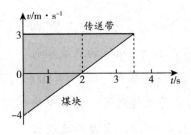

图 2-2-4

方法三：相对运动法

煤块的运动以传送带为参考系，规定水平向右为正方向，加速度 $a_{相} = 2$ m/s²，初速度 $v_{0相} = -7$ m/s，末速度 $v_{相} = 0$，相对位移 $\Delta x = \dfrac{v_{相}^2 - v_{0相}^2}{2a_{相}} = -\dfrac{49}{4}$ m $= -12.25$ m。

所以，传送带上留下的划痕长度为 $\Delta x = 12.25$ m。

评析：

（1）本题中煤块与传送带有两个相对运动过程，第一个过程中煤块与传送带反方向运动，划痕长度等于煤块和传送带的位移大小之和；第二个过程中煤块与传送带同方向运动，划痕长度等于煤块和传送带的位移大小之差。

（2）本题中两个过程中的划痕不重叠，总过程中的划痕长度等于两个过程中划痕长度之和，即划痕延长。解决此类问题的关键在于分析煤块相对传送带的运动方向，确定两个过程中划痕是否重叠。

例题 3：如图 2-2-5 所示，水平传送带 AB 两端相距 $x = 8$ m，以 $v_0 = 4$ m/s 的速度顺时针运转，今将一小煤块（可视为质点）无初速度地轻放至 A 端，已知煤块与传送带间的动摩擦因数 $\mu =$

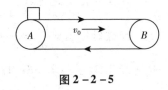

图 2-2-5

0.2，重力加速度取 $g = 10$ m/s²。若煤块速度达到 4 m/s，传送带突然以加速度 $a_0 = 4$ m/s² 做匀减速运动，则总运动过程中在传送带上留下的痕迹多长？

解析:

方法一:解析法

煤块与传送带间有两个相对运动过程:

第一个过程:煤块做匀加速运动,传送带匀速运动。

由牛顿第二定律得煤块的加速度 $a = \dfrac{\mu mg}{m} = \mu g = 2 \text{ m/s}^2$,速度达到与传送带

速度相等所需要的时间 $t = \dfrac{v_0}{a} = 2 \text{ s}$,煤块发生的位移 $x_1 = \dfrac{v_0}{2}t = 4 \text{ m}$,传送带发生

的位移 $x_2 = v_0 t = 8 \text{ m}$,煤块与传送带间的相对位移 $\Delta x_1 = x_2 - x_1 = 4 \text{ m}$。

第二个过程:煤块以加速度 $a = 2 \text{m/s}^2$ 做匀减速运动,传送带以加速度

$a_0 = 4 \text{ m/s}^2$ 做匀减速运动。传送带速度减小到 0 所需要的时间 $t_0 = \dfrac{v_0}{a_0} = 1 \text{ s}$,煤

块速度减小到 0 所需要的时间 $t = 2 \text{ s}$,煤块发生的位移 $x_3 = x_1 = \dfrac{v_0}{2}t = 4 \text{ m}$,恰好

到达传送带的 B 端。传送带发生的位移 $x_4 = \dfrac{v_0}{2}t_0 = 2 \text{ m}$,煤块与传送带间的相对

位移 $\Delta x_2 = x_3 - x_4 = 2 \text{ m}$。

煤块在第一个过程相对传送带向后运动,在第二个过程相对传送带向前运动,煤块与传送带间的划痕出现重叠部分。所以,总运动过程中划痕的长度等于两个运动过程中较大的相对位移大小,即 $\Delta x = \Delta x_1 = 4 \text{ m}$。

方法二:$v - t$ 图像法

作出传送带和煤块的 $v - t$ 图像,如图 $2 - 2 - 6$ 所示。由于划痕重叠,总过程传送带上留下的划痕长度为图中阴影部分,即 $\Delta x = \dfrac{4 \times 2}{2} \text{ m} = 4 \text{ m}$。

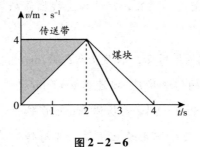

图 2 - 2 - 6

方法三：相对运动法

煤块的运动以传送带为参考系，规定水平向右为正方向。

传送带的匀速运动过程：

相对加速度 $a_{相1}=2\ \text{m/s}^2$，相对初速度 $v_{0相1}=0-4\ \text{m/s}=-4\ \text{m/s}$，相对末速度 $v_{相1}=0$，相对位移 $\Delta x_1=\dfrac{v_{相1}^2-v_{0相1}^2}{2a_{相1}}=\dfrac{-16}{4}\ \text{m}=-4\ \text{m}$，方向水平向左。

传送带减速运动过程：

相对加速度 $a_{相2}=-2\ \text{m/s}^2-(-4\ \text{m/s}^2)=2\ \text{m/s}^2$，相对初速度 $v_{0相2}=0$。

传送带速度减为零时，相对末速度 $v_{相2}=v_{0相2}+a_{相2}t_0=2\ \text{m/s}$。

相对位移 $\Delta x_2=\dfrac{v_{相2}^2-v_{0相2}^2}{2a_{相2}}=\dfrac{4}{4}\ \text{m}=1\ \text{m}$，方向水平向右。

传送带静止后：

相对加速度 $a_{相3}=-2\ \text{m/s}^2$，相对初速度 $v_{0相3}=v_{相2}=2\ \text{m/s}$，相对末速度 $v_{相3}=0$，煤块相对传送带的位移 $\Delta x_3=\dfrac{v_{相3}^2-v_{0相3}^2}{2a_{相3}}=\dfrac{-4}{-4}\ \text{m}=1\ \text{m}$，方向水平向右。

因为 $\Delta x_1>\Delta x_2+\Delta x_3$，所以总过程传送带上留下的划痕长度为 4 m。

评析：

（1）本题中煤块与传送带有两个相对运动过程：第一个过程中煤块与传送带同方向运动，煤块的位移小于传送带的位移，划痕长度等于传送带的位移与煤块的位移之差；第二个过程中煤块与传送带同方向运动，煤块的位移大于传送带的位移，划痕长度等于煤块位移与传送带的位移之差。由于出现划痕重叠，总运动过程中划痕的长度为两个过程中较大的相对位移的大小。

（2）由本题的解析过程可以看出，$v-t$ 图像法运算量少，能够形象直观反映出煤块与传送带的相对运动过程，清晰地呈现出煤块与传送带之间的相对位移大小以及划痕的长度。

例题 4：如图 2-2-7 所示，长度 $L=2.05$ m，与水平方向夹角 $\theta=37°$ 的传送带 BC 以速度 $v=1$ m/s 逆时针匀速转动。质量为 $m=1$ kg 的物体 P（可在传送带上留下运动痕迹）从 C 端由静止下滑，其与传送带间的动摩擦因数 $\mu=0.5$，假设物体 P 与传送带

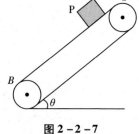

图 2-2-7

间的最大静摩擦力等于滑动摩擦力。已知重力加速度 $g = 10 \text{ m/s}^2$，$\sin37° = 0.6$，$\cos37° = 0.8$。求物体 P 从 C 滑到 B 在传送带上留下的痕迹长度。

解析：

方法一：解析法

第一个运动过程：设物体由静止下滑的加速度大小为 a_1，经过时间 t_1 速度达到 v 发生的位移为 x_1，则由牛顿第二定律得 $mg\sin\theta + \mu mg\cos\theta = ma_1$，$a_1 = g\sin\theta + \mu g\cos\theta = 10 \text{ m/s}^2$，$t_1 = \dfrac{v}{a_1} = \dfrac{1}{10} \text{ s} = 0.1 \text{ s}$，$x_1 = \dfrac{v}{2}t_1 = \dfrac{1}{2} \times 0.1 \text{ m} = 0.05 \text{ m}$。

t_1 时间内传送带的位移 $x_2 = vt_1 = 0.1 \text{ m}$，相对位移 $\Delta x_1 = x_2 - x_1 = 0.05 \text{ m}$。

物体与传送带速度相等后，由于 $mg\sin\theta > \mu mg\cos\theta$，即 $\mu < \tan\theta$，物体继续加速下滑。

第二个运动过程：设物体继续下滑的加速度大小为 a_2，经过时间 t_2 下滑到传送带的 B 端，则由牛顿第二定律得 $mg\sin\theta - \mu mg\cos\theta = ma_2$，$a_2 = g\sin\theta - \mu g\cos\theta = 2 \text{ m/s}^2$。由位移公式 $L - x_1 = vt_2 + \dfrac{1}{2}a_2t_2^2$ 解得 $t_2 = 1 \text{ s}$。物体的末速度 $v' = v + a_2t_2 = 3 \text{ m/s}$。

t_2 时间内传送带的位移 $x_3 = vt_2 = 1 \text{ m}$，相对位移 $\Delta x_2 = L - x_1 - x_3 = 1 \text{ m}$。

第一个运动过程物体相对传送带向上运动 Δx_1，第二个运动过程物体相对传送带向下运动 Δx_2，且 $\Delta x_1 < \Delta x_2$，所以，划痕有重叠部分，物体 P 从 C 滑到 B 在传送带上留下的痕迹长度等于第二个运动过程中相对位移的大小，即划痕长度为 1 m。

方法二：v-t 图像法

依据物体与传送带运动过程分析及相关时间、速度的求解，可以作出图 2-2-8 所示的物体和传送带的 v-t 图像。由图像与横轴所围的面积可以看出，$0 \sim 0.1 \text{ s}$ 时间内物体相对传送带向上运动的位移小于 $0.1 \sim 1.1 \text{ s}$ 时间内物体相对传送带向下运动的位移。所以，物体 P 从 C 滑到 B 传送带上留下的痕迹长度等于 $0.1 \sim 1.1 \text{ s}$ 时间内物体与传送带之间的相对位移大小，即 $\Delta x = \dfrac{1 \times 2}{2} \text{ m} = 1 \text{ m}$。

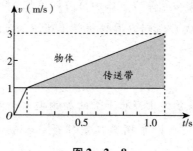

图 2 - 2 - 8

方法三：相对运动法

物体的运动以传送带为参考系，规定沿传送带向下为正方向。

第一个运动过程：相对加速度 $a_{相1} = 10 \text{ m/s}^2$，相对初速度 $v_{0相1} = -1 \text{ m/s}$，相对末速度 $v_{相1} = 0$。所以，物体相对传送带的位移 $\Delta x_1 = \dfrac{v_{相1}^2 - v_{0相1}^2}{2a_{相1}} = \dfrac{-1}{20} \text{ m} = -0.05 \text{ m}$，方向沿传送带向上。

第二个运动过程：相对加速度 $a_{相2} = 2 \text{ m/s}^2$，相对初速度 $v_{0相2} = 0$，相对末速度 $v_{相2} = 2 \text{ m/s}$。所以，物体相对传送带的位移 $\Delta x_2 = \dfrac{v_{相2}^2 - v_{0相2}^2}{2a_{相2}} = \dfrac{4}{4} \text{ m} = 1 \text{ m}$，方向沿传送带向下。

由于 Δx_1 与 Δx_2 方向相反，且 $\Delta x_1 < \Delta x_2$，划痕有重叠部分，物体 P 从 C 滑到 B 在传送带上留下的痕迹长度等于第二个运动过程中相对位移的大小，即划痕长度为 1 m。

评析：本题呈现的是倾斜传送带模型，与水平传送带相比，倾斜传送带上物体的受力分析和运动过程分析较为复杂，尤其判断物体与传送带速度相等后的运动情境时，必须依据 $mg\sin\theta$ 与 $\mu mg\cos\theta$ 的大小关系。物体与传送带之间划痕长度的求解方法与水平传送带一样，关键在于相对位移大小的求解和方向的判断。

例题 5：如图 2 - 2 - 9 所示，倾角为 $\theta = 37°$ 的传送带以速度 $v_1 = 2 \text{ m/s}$ 顺时针转动。使一物块以 $v_2 = 8 \text{ m/s}$ 的速度从传送带的底端滑上传送带（小物块能在传送带上留下痕迹）。已知小物块与传送带间的动摩擦因数 $\mu = 0.5$，传送带足够长，取 $g = 10 \text{ m/s}^2$，$\sin37° = 0.6$，$\cos37° = 0.8$。求小物块离开传送带之

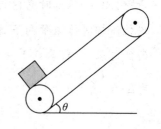

图 2 - 2 - 9

前在传送带上留下痕迹的长度。

解析：

方法一：解析法

第一个运动过程：由于 $v_2 > v_1$，小物块做匀减速运动，由牛顿第二定律得 $mg\sin\theta + \mu mg\cos\theta = ma_1$，解得 $a_1 = g\sin\theta + \mu g\cos\theta = 10 \text{ m/s}^2$。

设经过时间 t_1 小物块与传送带速度相等，则 $t_1 = \dfrac{v_2 - v_1}{a_1} = \dfrac{8-2}{10} \text{ s} = 0.6 \text{ s}$。

小物块的位移 $x_1 = \dfrac{v_2 + v_1}{2} t_1 = \dfrac{8+2}{2} \times 0.6 \text{ m} = 3.0 \text{ m}$，传送带位移 $x_2 = v_1 t_1 = 1.2 \text{ m}$。

小物块相对传送带向上运动，相对位移 $\Delta x_1 = x_1 - x_2 = 1.8 \text{ m}$。

第二个运动过程：小物块与传送带速度相等时，由于 $mg\sin\theta > \mu mg\cos\theta$，小物块做匀减速运动，由牛顿第二定律得 $mg\sin\theta - \mu mg\cos\theta = ma_2$，解得 $a_2 = g\sin\theta - \mu g\cos\theta = 2 \text{ m/s}^2$。

设经过时间 t_2 小物块速度减小为 0，则 $t_2 = \dfrac{v_1}{a_2} = \dfrac{2}{2} \text{ s} = 1.0 \text{ s}$。

小物块的位移 $x_3 = \dfrac{v_1}{2} t_2 = \dfrac{2}{2} \times 1.0 \text{ m} = 1.0 \text{ m}$，传送带位移 $x_4 = v_1 t_2 = 2.0 \text{ m}$。

小物块相对传送带向下运动，相对位移 $\Delta x_2 = x_4 - x_3 = 1.0 \text{ m}$。

第三个运动过程：小物块以加速度 $a_2 = 2 \text{ m/s}^2$ 沿传送带向下做匀加速运动，经过位移 $x_1 + x_3$ 从传送带下端离开传送带。

设经历时间为 t_3，离开传送带时速度为 v_3，则 $v_3^2 = 2a_3(x_1 + x_3)$，$v_3 = a_2 t_3$，解得 $v_3 = \sqrt{2a_3(x_1 + x_3)} = \sqrt{2 \times 2 \times 4.0} \text{ m/s} = 4.0 \text{ m/s}$，$t_3 = \dfrac{v_3}{a_2} = \dfrac{4.0}{2} \text{ s} = 2.0 \text{ s}$。$t_3$ 时间内，传送带的位移 $x_5 = v_1 \cdot t_3 = 2 \times 2.0 \text{ m} = 4.0 \text{ m}$。小物块相对传送带向下运动，相对位移 $\Delta x_3 = x_1 + x_3 + x_5 = 8.0 \text{ m}$。

由三个运动过程可以看出，小物块相对传送带向下运动的位移大于向上运动的位移。所以，小物块离开传送带之前在传送带上留下痕迹的长度为 $\Delta x = \Delta x_2 + \Delta x_3 = 1.0 \text{ m} + 8.0 \text{ m} = 9.0 \text{ m}$。

方法二：$v-t$ 图像法

规定沿传送带向上为正方向，依据小物块和传送带的运动过程分析及相关加速度、速度、时间等物理量的求解，可以作出图 $2-2-10$ 所示的 $v-t$ 图像。由图像与横轴所围的面积可以看出，$0 \sim 0.6$ s 时间内物体相对传送带向上运动的位移小于 $0.6 \sim 3.6$ s 时间内物体相对传送带向下运动的位移。所以，痕迹长度等于 $0.6 \sim 3.6$ s 时间内物体与传送带之间的相对位移大小（三角形 ABC 所围的面积大小），即 $\Delta x = \dfrac{(2+4) \times 3}{2}$ m $= 9.0$ m。

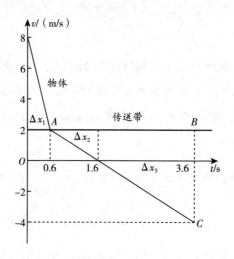

图 $2-2-10$

方法三：相对运动法

以传送带为参考系，规定沿传送带向下为正方向。

第一个运动过程：相对加速度 $a_{相1} = 10$ m/s^2，相对初速度 $v_{0相1} = -6$ m/s，相对末速度 $v_{相1} = 0$。所以，物体相对传送带的位移 $\Delta x_1 = \dfrac{v_{相1}^2 - v_{0相1}^2}{2a_{相1}} = \dfrac{-36}{20}$ m $= -1.8$ m，方向沿传送带向上。

第二个运动过程：相对加速度 $a_{相2} = 2$ m/s^2，相对初速度 $v_{0相2} = 0$，相对末速度 $v_{相2} = 2$ m/s。所以，物体相对传送带的位移 $\Delta x_2 = \dfrac{v_{相2}^2 - v_{0相2}^2}{2a_{相2}} = \dfrac{4}{4}$ m $= 1.0$ m，方向沿传送带向下。

第三个运动过程：相对加速度 $a_{相2} = 2$ m/s^2，相对初速度 $v_{0相2} = 2$ m/s，相

对末速度 $v_{相2}=6$ m/s。所以，物体相对传送带的位移 $\Delta x_3 = \dfrac{v_{相2}^2 - v_{0相2}^2}{2a_{相2}} = \dfrac{36-4}{4}$ m $=$ 8.0 m，方向沿传送带向下。

由于 Δx_1 与 $\Delta x_2 + \Delta x_3$ 方向相反，且 $\Delta x_1 < \Delta x_2 + \Delta x_3$，划痕有重叠部分，传送带上留下的痕迹长度等于第二个运动过程中相对位移的大小与第三个运动过程中相对位移的大小之和，即划痕长度为 9.0 m。

评析： 本题也呈现了倾斜传送带模型，与例题 4 相比，本题中物体的受力分析和运动过程分析更为复杂，包括三个运动阶段。解决问题的关键一是依据 $mg\sin\theta$ 与 $\mu mg\cos\theta$ 的大小关系判断物体与传送带速度相等后的运动情况；二是每一运动阶段相对位移大小的求解和方向的判断；三是特别强调当物体相对传送带的运动方向发生变化时，传送带上所留痕迹的长度绝不是物体与传送带间相对路程的大小。

第三节 等时圆模型及其应用

等时圆模型是牛顿运动定律应用中的特殊类型，正确理解等时圆模型有助于提升科学思维能力，提高学习效率。

一、等时圆模型概述

等时圆模型主要包括以下三种情况：

（1）质点从竖直圆环上沿不同的光滑弦上端由静止开始滑到环的最低点所用时间相等，如图2-3-1甲所示。

（2）质点从竖直圆环上最高点沿不同的光滑弦由静止开始滑到下端所用时间相等，如图2-3-1乙所示。

（3）两个竖直圆环相切且两环的竖直直径均过切点，质点沿不同的光滑弦上端由静止开始滑到下端所用时间相等，如图2-3-1丙所示。

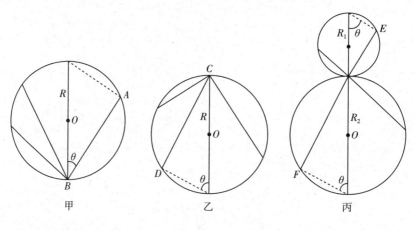

图2-3-1

二、等时圆模型等时规律的推导

甲图：设任意弦 AB 与竖直方向的夹角为 θ，

质点下滑的加速度 $a = \dfrac{mg\cos\theta}{m} = g\cos\theta$，

质点下滑的位移 $x_{AB} = 2R\cos\theta$，

由 $x_{AB} = \dfrac{1}{2}at^2$ 得 $t = \sqrt{\dfrac{2x_{AB}}{a}} = \sqrt{\dfrac{4R\cos\theta}{g\cos\theta}} = 2\sqrt{\dfrac{R}{g}}$。

乙图：设任意弦 CD 与水平方向夹角为 θ，

质点下滑的加速度 $a = \dfrac{mg\sin\theta}{m} = g\sin\theta$，

质点下滑的位移 $x_{CD} = 2R\sin\theta$，

由 $x_{CD} = \dfrac{1}{2}at^2$ 得 $t = \sqrt{\dfrac{2x_{CD}}{a}} = \sqrt{\dfrac{4R\sin\theta}{g\sin\theta}} = 2\sqrt{\dfrac{R}{g}}$。

丙图：设任意弦 EF 与水平方向夹角为 θ，

质点下滑的加速度 $a = \dfrac{mg\sin\theta}{m} = g\sin\theta$，

质点下滑的位移 $x_{EF} = 2R_1\sin\theta + 2R_2\sin\theta = 2(R_1 + R_2)\sin\theta$，

由 $x_{EF} = \dfrac{1}{2}at^2$ 得 $t = \sqrt{\dfrac{2x_{EF}}{a}} = \sqrt{\dfrac{4(R_1 + R_2)\sin\theta}{g\sin\theta}} = 2\sqrt{\dfrac{R_1 + R_2}{g}}$。

可见，质点沿任意弦运动的时间与弦的长度、倾角无关，只与圆的半径 R、重力加速度 g 有关。这就是等时圆模型的等时性。

三、等时圆模型的应用

例题 1：如图 2 - 3 - 2 所示，光滑细杆 BC，DC 和 AC 构成矩形 $ABCD$ 的两邻边和对角线，$AC : BC : DC = 5 : 4 : 3$，AC 杆竖直，各杆上分别套有一质点小球 a，b，d，a，b，d 三个小球的质量比为 $1 : 2 : 3$，现将三个小球同时从各杆的顶点由静止释放，不计空气阻力，则 a，b，d 三个小球在各杆上滑行的时间之比为（   ）

A. $5 : 4 : 3$ B. $1 : 2 : 3$

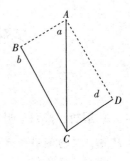

图 2 - 3 - 2

C. $1:1:1$ D. $5:8:9$

解析：因为 $ABCD$ 是矩形，所以 A，B，C，D 四个点一定在同一个圆周上，又因为 AC 杆竖直，且 $AC:BC:DC=5:4:3$，AC 为竖直直径，C 为竖直圆周的最低点。由等时圆模型甲可知，三个小球的运动时间相等，即 $t_a=t_b=t_d$，选项 C 正确。

例题 2：如图 $2-3-3$ 所示，在斜坡上有一根长度为 L 的旗杆 AO，AB 是从旗杆顶端到斜坡底端的一根光滑的铁丝，已知 $OB=L$。现有一质量为 m 的小环从铁丝的 A 端由静止释放，沿铁丝下滑到底端 B。求小环从 A 滑到 B 的时间。

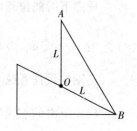

图 $2-3-3$

解析：应用等时圆模型规律，可以以 O 为圆心，以 L 为半径作圆，A 为圆的最高点，AB 为圆上的一根弦。根据等时性，小环从 A 滑到 B 的时间等于从 A 点沿着竖直直径的运动时间，即 $t=\sqrt{\dfrac{4L}{g}}=2\sqrt{\dfrac{L}{g}}$。

例题 3：如图 $2-3-4$ 甲所示，AB 是一倾角为 θ 的倾斜传送带，P 处为原料的输入口，为避免粉尘飞扬，需在 P 与传送带间安装一光滑管道，使原料从 P 处以最短时间被输送到传送带上，则管道与竖直方向的夹角多大？

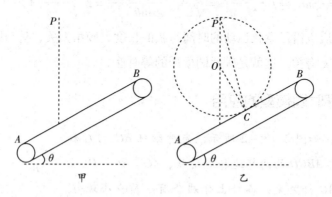

图 $2-3-4$

解析：应用等时圆模型规律，以 P 点所在的竖直线为直径作一圆，使圆过 P 点，且与倾斜传送带相切于 C 点（图 $2-3-4$ 乙）。根据等时性规律，原料沿弦 PC 的运动时间等于从 P 点沿其他任一弦到圆周上一点的时间，而原料沿弦

PC 之外的其他弦方向被输送到传送带所需时间都大于从 P 到 C 的时间。所以，沿弦 AC 方向安装管道时原料以最短时间被输送到传送带。由几何关系得，PC 与竖直方向的夹角为 $\dfrac{\theta}{2}$。

等时圆模型是动力学规律应用中的特殊模型，由以上分析可以看出，巧用等时圆模型的规律能够快速、准确地分析与求解质点在竖直平面内做初速度为零的匀加速直线运动的时间问题。

第三章

曲线运动与万有引力

第一节 斜面上平抛运动问题的求解技巧

平抛运动是高中物理曲线运动教学的重点，也是学生学习的难点。理解平抛运动的规律是解决问题的基础，灵活运用运动规律分析速度矢量三角形和位移矢量三角形是解决问题的关键。通过对平抛运动规律的理解和分析，我们推导出以下两个重要推论：

推论一： 做平抛运动的物体在任意时刻或任意位置处，设其末速度与水平方向的夹角为 θ，位移与水平方向的夹角为 α，则有 $\tan\theta = 2\tan\alpha$。

推论二： 做平抛运动的物体在任意时刻瞬时速度的反向延长线一定通过这段时间内水平位移的中点。

在教学过程中，引导学生准确推导和理解以上两个推论，并对推论做适当延伸和拓展，灵活运用两个推论及拓展结论解决问题，会使解题思路更加清晰，解题过程更加简洁，从而达到事半功倍的效果。

斜面上的平抛运动是指物体从斜面上一点水平抛出，经过一段时间，又落到同一斜面上的运动，是最典型的平抛运动。其最显著的特征是斜面的倾角保持不变，当物体落在斜面上时，斜面的倾角恰好等于位移与水平方向的夹角；当物体距离斜面最远时，斜面的倾角恰好等于速度与水平方向的夹角。紧扣这一特征，综合运用平抛运动的规律及推论，可以有效地处理各种与时间、位移、速度等相关的问题，即"以不变应万变"。

现以几道常见的例题加以说明。

例题1：如图3-1-1所示，小球以初速度 v_0 自倾角为 θ 的斜面顶端被水平抛出。若不计空气阻力且斜面足够长，重力加速度为 g，试求：

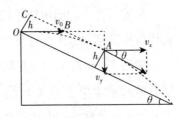

图3-1-1

（1）小球被抛出后多长时间离斜面的距离最大？

（2）此时最大距离是多少？

解析：

（1）小球被抛出后离斜面的距离最大时，速度方向与水平方向的夹角恰好为 θ，则 $\tan\theta = \dfrac{v_y}{v_x} = \dfrac{gt}{v_0}$，所以运动时间 $t = \dfrac{v_0\tan\theta}{g}$。

（2）将 A 点的速度方向反向延长，由推论二可知，此延长线一定过这段时间内水平位移的中点，则 $h = \dfrac{v_0 t}{2}\sin\theta = \dfrac{v_0^2\sin^2\theta}{2g\cos\theta}$。

例题2：如图3-1-2所示，足够长的斜面上有 a，b，c，d，e 共5个点，$ab = bc = cd = de$，从 a 点水平抛出一个小球，初速度为 v_0 时，小球落在斜面上的 b 点，落在斜面上时的速度方向与斜面夹角为 θ。不计空气阻力，初速度为 $2v_0$ 时（　　）

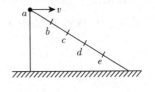

图3-1-2

A. 小球一定落在斜面上的 e 点

B. 小球可能落在斜面上的 c 点与 d 点之间

C. 小球落在斜面上时的速度方向与斜面夹角大于 θ

D. 小球落在斜面上时的速度方向与斜面夹角也为 θ

解析： 设斜面倾角为 α，小球落在斜面上时，位移与水平方向的夹角为 α，竖直方向上的位移与水平方向位移的比值一定，即 $\tan\alpha = \dfrac{y}{x} = \dfrac{\frac{1}{2}gt^2}{v_0 t} = \dfrac{gt}{2v_0}$，抛出速度为原来的2倍时，运动时间变为原来的2倍，水平位移和竖直位移都变为原来的4倍，小球一定落在斜面上的 e 点，A 正确；位移方向与水平方向的夹角为 α，则速度方向与水平方向的夹角为 $\alpha + \theta$，由推论一可知，$\tan(\alpha + \theta) = 2\tan\alpha$，由于 α 保持不变，小球落在斜面上时的速度方向与斜面夹角也为 θ，D 正确。

拓展： 由本题的解题思路可以将推论做进一步拓展，即斜面上的平抛运动，物体每次落到斜面上时速度方向与斜面间的夹角相同。

例题3： 如图3-1-3所示，从倾角为 θ 的足够长的斜面上的 A 点先后将同一小球以不同初速度 v_1，v_2 水平抛出，小球落在斜面上时速度方向与斜面的夹角分别为 α_1，α_2，若 $v_1 < v_2$，则（　　）

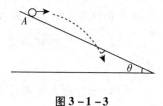

图 3-1-3

A. $\alpha_1 < \alpha_2$　　　B. $\alpha_1 > \alpha_2$

C. $\alpha_1 = \alpha_2$　　　D. 无法比较

解析： 由以上拓展结论可以直接得出正确选项为 C。

在平抛运动的教学过程中，正确引导学生运用"化曲为直"的思想，可以使学生深刻理解平抛运动的规律，掌握推论及拓展的由来和含义，由浅入深、由易到难，提高发散思维能力。引导学生从分析一般的平抛运动过渡到特殊的斜面上的平抛运动，紧扣斜面上平抛运动的特征，灵活运用平抛运动的规律及推论，巧解各种与时间、位移、速度等相关的问题，从而提升学生的解题能力。

第二节　浅谈斜抛运动的教学价值

人教版高中物理必修 2 第五章第 2 节 "平抛运动" 指出，如果物体被抛出的速度 v_0 不沿水平方向，而是斜向上或斜向下（这种情况称为斜抛）……教材给出了斜抛运动的概念，强调了受力情况和初速度情况，没有推导斜抛运动的规律和特征。在平时的物理教学中，教师往往对这部分知识重视不够。然而，从学生学科能力培养、物理思想和物理方法教育、学科核心素养渗透等方面考虑，斜抛运动具有丰富的教学价值。所以，在物理教学中对斜抛运动的知识很有必要做进一步拓展和挖掘。

一、斜抛运动的规律及特征

建立直角坐标系 xOy，斜抛运动分解为水平方向上的匀速直线运动和竖直方向上的竖直上抛运动，如图 3 - 2 - 1 所示（以斜上抛运动为例）。

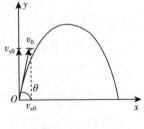

图 3 - 2 - 1

1. 斜抛运动的规律

水平方向：$v_{x0} = v_0\cos\theta$，$x = v_0\cos\theta \cdot t$。

竖直方向：$v_{y0} = v_0\sin\theta$，$y = v_0\sin\theta \cdot t - \dfrac{1}{2}gt^2$。

当物体在竖直方向的分速度为零时，竖直位移最大（称为射高），射高 $H = \dfrac{v_0^2\sin^2\theta}{2g}$。当物体在竖直方向的分位移为零时，水平位移最大（称为射程），射程 $x = \dfrac{v_0^2\sin2\theta}{g}$。

2. 斜抛运动的特征

（1）动力学特征：物体所受的合外力恒定，初速度方向与合外力方向既不在同一直线上，也不相互垂直。所以，斜抛运动是一种匀变速曲线运动。

（2）做功和能量变化特征：上升阶段，重力做负功，重力势能增加，动能减小；下降阶段，重力做正功，重力势能减小，动能增加。

（3）对称性特征：

时间对称：相对于轨迹最高点，两侧对称的两段上升时间等于下降时间。

速度对称：相对于轨迹最高点，两侧对称的两点速度大小相等。

轨迹对称：运动轨迹相对于过最高点的竖直线对称。

二、斜抛运动的教学价值

斜抛运动作为一种典型的曲线运动，对学生学习热情的激发和学习意识的培养、物理思想和物理方法的教育、学科能力的培养等能够发挥重要的教学功能，体现斜抛运动的教学价值。

1. 学习热情的激发和学习意识的培养

生活中斜抛运动的实例很多，如公园里的喷泉喷水，体育运动中的定点投篮、掷铅球、掷铁饼，节日里向斜上方发射烟花……

在物理教学中，以生活中的斜抛运动实例创设新颖、有趣、真实的问题情境，启发学生探究斜抛运动的射高、射程等规律，学生会以浓厚的学习兴趣热情高涨、积极主动地参与到探究式学习过程中。引导学生运用斜抛运动的规律分析生活中的斜抛运动实例（如探究掷铅球时如何增大射程），可以使学生感受到物理知识的具体性、生活性和实用性。通过物理实例展开物理教学，学生能深刻体验到"物理源自生活，又用于生活"的学科特点，从而培养探索意识、应用意识和创新意识。

2. 物理思想和物理方法的教育

物理教学的根本是物理思想和物理方法的教育，新课程理念倡导物理教学由知识论向方法论转型。在斜抛运动的教学中，运用"运动分解"这一物理方法将斜抛运动分解为水平方向的匀速直线运动和竖直方向的竖直上抛运动，降低了学习难度，体现了"化曲为直"的物理思想。合运动与分运动是具有等效替代关系的，并不同时存在，体现了"等效替代"的物理思想。斜抛运动具有时间对称、速度对称、轨迹对称的对称性特征，反映了运动过程中的对称美，体现了"对称"的物理思想。

3. 学科能力的培养

在物理教学中，在平抛运动模型的基础上，通过初速度和受力情况的对比，建构了斜抛运动模型，形成了斜抛运动的概念；运用运动分解的物理方法，由水平方向和竖直方向两个分运动的规律推导出斜抛运动的规律和特征。这一模型建构、概念形成、规律推导的教学过程培养了学生的理解能力、推理能力、逻辑思维能力、分析综合能力以及物理知识、物理方法的迁移能力。

三、类斜抛运动物理模型的建构及应用

当带电粒子以垂直电场方向的初速度进入匀强电场时，初速度方向与合外力（电场力）方向垂直，这一特点符合平抛运动的动力学特征，我们将粒子的运动过程看作"类平抛运动"模型。

如图 3 – 2 – 2 所示，真空中放置一对带等量异种电荷的平行金属板，当带电粒子进入匀强电场的初速度 v_0 的方向与平行于金属板方向的夹角为 θ 时，初速度和电场力之间的关系符合斜抛运动的动力学特征，运用类比思想，我们可以将粒子的运动过程看作"类斜抛运动"模型，粒子的运动轨迹和运动规律与斜抛运动相似。

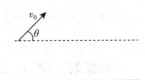

图 3 – 2 – 2

类斜抛运动模型的建构，可以有效处理带电粒子在匀强电场（或复合场）中的偏转问题。

纵观近年来的高考试题，以斜抛运动的知识为载体，考查考生的综合能力是高考命题的趋向之一。现以几道典型高考题为例，探究高考命题的特点。

例题1：有 A、B 两个小球，B 的质量为 A 的两倍。现将它们以相同速率沿同一方向抛出，不计空气阻力。图中 3−2−3 中①为 A 的运动轨迹，则 B 的运动轨迹是（　　）

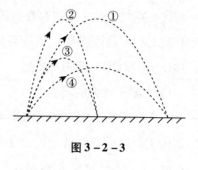

图 3−2−3

A. ①　　　　B. ②

C. ③　　　　D. ④

解析：以抛出点为坐标原点，水平方向为 x 轴，竖直方向为 y 轴建立直角坐标系。设初速度 v_0 与 x 轴的夹角为 θ，t 时刻小球的位置坐标为（x，y），由斜抛运动的规律推出 $y = -\dfrac{g}{2v_0^2\cos^2\theta} \cdot x^2 + \tan\theta \cdot x$。可见，斜抛运动的轨迹是一条抛物线，且抛物线形状由 v_0、θ 决定，与质量无关。所以，B 球和 A 球的运动轨迹相同。

评析：试题考查斜抛运动的轨迹及决定因素。通过数学推理得出的 y 与 x 之间的函数表达式具有 $y = ax^2 + bx$ 的形式，说明斜抛运动轨迹是与质量无关的抛物线。这一处理思想源自教材第 8 页的例题 1 "讨论物体以速度 v_0 水平抛出后运动的轨迹"。试题的命题角度体现了 "高考试题源于教材而高于教材" 的基础性和创新性。同时启示我们，高考备考既要重视教材中的基础知识，又要重视教材中的物理思想和物理方法。

例题2：如图 3−2−4 所示，一带负电荷的油滴在匀强电场中运动，其轨迹在竖直平面（纸面）内，且相对于过轨迹最低点 P 的竖直线对称（忽略空气阻力）。由此可知（　　）

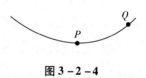

图 3−2−4

A. Q 点的电势比 P 点高

B. 油滴在 Q 点的动能比它在 P 点的大

C. 油滴在 Q 点的电势能比它在 P 点的大

D. 油滴在 Q 点的加速度大小比它在 P 点的小

解析：根据曲线运动的性质及运动轨迹可以明确油滴的受力情况，再根据电场力的性质、电场力做功等确定电势高低、动能和势能的变化以及加速度的关系。

评析：试题中油滴的运动轨迹相对于过轨迹最低点 P 的竖直线对称，这一特征符合斜抛运动的对称性特征，所以处理问题的关键是对"轨迹最低点"和"对称"的准确理解，类比斜抛运动建构类斜抛运动的物理模型。

例题 3： 如图 3 - 2 - 5 所示，平行板电容器两极板的间距为 d，极板与水平面成 45° 角，上极板带正电。一电荷量为 q（$q > 0$）的粒子在电容器中靠近下极板处，以初动能 E_{k0} 竖直向上射出。不计重力，极板尺寸足够大。若粒子能打到上极板，则两极板间电场强度的最大值为（　　）

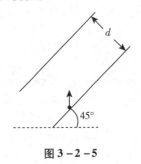

图 3 - 2 - 5

A. $\dfrac{E_{k0}}{4qd}$

B. $\dfrac{E_{k0}}{2qd}$

C. $\dfrac{\sqrt{2}E_{k0}}{2qd}$

D. $\dfrac{\sqrt{2}E_{k0}}{qd}$

解析： 设粒子初速度为 v_0，刚好到达上极板时的速度为 v，则 $E_{k0} = \dfrac{1}{2}mv_0^2$，

$v = v_0 \cdot \cos 45°$。由动能定理或运动学规律求得 $E = \dfrac{E_{k0}}{2qd}$。

评析： 粒子的初速度和受力情况符合斜抛运动的动力学特征，处理问题的前提是紧扣动力学特征类比斜抛运动，建构类斜抛运动的物理模型。从动力学角度分析，垂直极板方向上粒子做匀减速直线运动；从做功角度分析，电场力对粒子做负功。所以，当电场强度最大时，粒子恰好打到上极板上。理解这一临界状态是解决问题的关键。

在高中物理教学中，引导学生由平抛运动的处理方法理解斜抛运动的规律，运用类比思想，由斜抛运动模型建构类斜抛运动模型，既能激发学生的学习热情，有效开展物理思想和物理方法的教育，又能培养学生的学科能力，提高学生的思维品质。

第三节 "车轮效应"背景下
圆周运动问题分析

高速公路上经常会看到汽车车轮不转，甚至是倒转的现象，这一现象称为"车轮效应"。发生这一现象的还有高速旋转的飞机叶片、螺旋桨等。产生"车轮效应"的原因是人的视觉暂留：人眼看到物体是通过眼睛的视网膜将信息传入大脑；当物体消失后，人的眼睛要保留一段时间的图像。根据视觉暂留，可以用静止的图片产生连续的影像，如电影、动画片就是这一原理。假设人的眼睛每一秒看一眼，汽车轮胎转速固定，并且轮胎每秒旋转不到一圈，如图3-3-1所示，每一秒轮毂位置如图中甲、乙、丙、丁所示，由于视觉暂留，人眼看到车轮轮毂倒转现象。

图 3-3-1

生活中，做圆周运动的物体，在频闪光源照射下，也会出现"车轮效应"，现举例分析如下。

例题 1：如图 3 – 3 – 2 所示，带有一白点的黑色圆盘，可绕过其中心且垂直于盘面的轴匀速转动，每秒沿顺时针方向旋转 30 圈。在暗室中用每秒闪光 31 次的频闪光源照射圆盘，观察到白点每秒（   ）

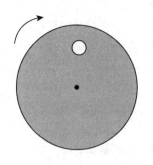

A. 顺时针旋转 31 圈

B. 逆时针旋转 31 圈

C. 顺时针旋转 1 圈

D. 逆时针旋转 1 圈

图 3 – 3 – 2

解析：频闪光源的闪光周期 $T = \dfrac{1}{31}$ s，每一周期内圆盘转动的圈数 $N = 30 \times \dfrac{1}{31} = \dfrac{30}{31}$ 圈，不到一圈，相当于白点所在位置逆时针旋转 $\dfrac{1}{31}$，而每秒闪光 31 次，所以人眼看到白点每秒沿逆时针旋转 1 圈。选项 D 正确。

例题 2：如图 3 – 3 – 3 所示，电风扇在闪光灯下运转，闪光灯每秒闪 30 次，风扇转轴 O 上装有 3 个扇叶，它们互成 120°角。当风扇转动时，观察者感觉扇叶不动，则风扇转速可能是（   ）

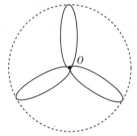

A. 600 r/min

B. 900 r/min

C. 1200 r/min

D. 3000 r/min

图 3 – 3 – 3

解析：频闪光源的闪光周期 $T = \dfrac{1}{30}$ s，若观察者感觉扇叶不动，说明每一周期内圆盘转动的角度是 $\dfrac{2\pi}{3}$ 的整数倍，即 $\omega \cdot T = k \cdot \dfrac{2\pi}{3}$（$k = 1, 2, 3, \cdots$）。解得 $\omega = k \cdot 20\pi$（$k = 1, 2, 3, \cdots$），风扇的转速 $n = \dfrac{\omega}{2\pi} = 10k$（r/s）$= 600k$（r/min）（$k = 1, 2, 3, \cdots$）。所以，选项 A、C、D 正确。

例题3：如图 3 – 3 – 4 所示，黑圆板上有 3 条白条均匀分布，用一闪光灯照亮，灯每秒闪光 20 次，圆板绕过圆心的轴顺时针匀速转动。

当 $\omega_1 =$ _____时，只看到 3 条白条；

当 $\omega_2 =$ _____时，可看到 6 条白条。

解析：

图 3 – 3 – 4

(1) 频闪光源的闪光周期 $T = \frac{1}{20}$ s，若观察者只看到 3 条白条，说明每一周期内圆盘转动的角度是 $\frac{2\pi}{3}$ 的整数倍，即 $\omega_1 \cdot T = k \cdot \frac{2\pi}{3}$（$k = 1$，2，3，……），解得 $\omega_1 = \frac{40k\pi}{3}$（$k = 1$，2，3，……）。

(2) 频闪光源的闪光周期 $T = \frac{1}{20}$ s，若观察者可看到 6 条白条，说明每一周期内圆盘转动的角度是 $\frac{\pi}{3}$ 的奇数倍，即 $\omega_2 \cdot T = (2k + 1) \cdot \frac{\pi}{3}$（$k = 0$，1，2，3，……），解得 $\omega_2 = (2k + 1)\frac{20\pi}{3}$（$k = 0$，1，2，3，……）。

第四节　例谈匀速圆周运动中两类
临界问题的求解思路

　　高中物理临界问题题目中往往出现"刚好""恰好""最大""最小"等词语，表明题述的过程中存在临界点，包括接触与脱离的临界点、相对滑动的临界点和绳子断裂（或松弛）的临界点，分别对应物体与接触面间的弹力为零、静摩擦力达到最大和绳子张力最大（或恰好为零）的临界条件。匀速圆周运动中的临界问题是学生学习的难点，现以圆锥摆模型和转盘模型为例，例谈其求解思路。

一、圆锥摆模型中的临界问题

　　细线拉力下做圆锥摆运动的小球、半圆形容器内壁做圆周运动的物体等都是由重力和弹力（可以是支持力，也可以是绳子的拉力）的合力提供向心力在水平面内做匀速圆周运动的，这一类问题统称为圆锥摆模型。

　　圆锥摆模型中存在与弹力有关的临界问题，包括绳子拉力和支持力两种情况。其中绳子拉力有两个临界条件：绳子拉力达到最大和绳子恰好拉直无弹力；支持力的临界条件是物体与支持面间的弹力恰好为零。解决实际临界问题时，首先需要通过实际情境建构质点做匀速圆周运动的圆锥摆模型，确定圆周的圆心和半径，分析向心力的来源；其次，结合题目情境中的临界状态，依据动力学规律列方程并确定角速度（或线速度）的临界值；最后，根据临界值将物理过程分段处理，针对每一段的具体情境运用动力学规律列方程分析求解，得出结论。

例题 1： 如图 3 - 4 - 1 所示，直杆上 O_1O_2 两点间距为 L，细线 O_1A 长为 $\sqrt{3}L$，O_2A 长为 L，A 端小球质量为 m，要使两根细线均被拉直，杆应以多大的角速度 ω 转动？

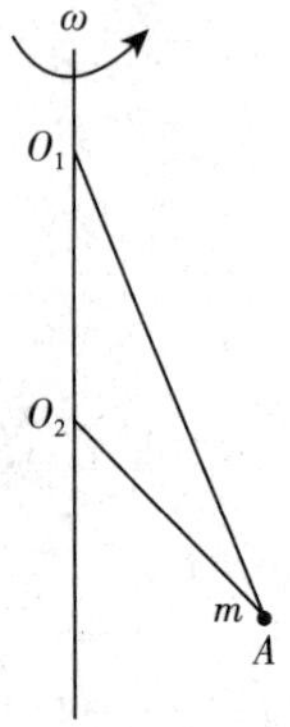

图 3 - 4 - 1

解析： 杆转动的角速度太小时，细线 O_2A 会松弛；杆转动的角速度太大时，细线 O_1A 会松弛。两根线均被拉直时，由几何关系得，细线 O_1A 与杆的夹角 $\theta_1 = 30°$，细线 O_2A 与杆的夹角 $\theta_2 = 60°$，小球做匀速圆周运动的半径 $r = L\sin\theta_2 = \frac{\sqrt{3}}{2}L$。

设角速度为 ω_1 时，细线 O_2A 恰好被拉直且拉力为零，小球所受重力 mg、细线 O_1A 的拉力 F_1 的合力提供向心力。由牛顿第二定律得 $mg\tan\theta_1 = m\omega_1^2 r$，解得 $\omega_1 = \sqrt{\dfrac{2g}{3L}}$。

设角速度为 ω_2 时，细线 O_1A 恰好被拉直且拉力为零，小球所受重力 mg、细线 O_2A 的拉力 F_2 的合力提供向心力。由牛顿第二定律得 $mg\tan\theta_2 = m\omega_2^2 r$，解得 $\omega_2 = \sqrt{\dfrac{2g}{L}}$。

所以，要使两根细线均被拉直，杆转动的角速度应满足 $\sqrt{\dfrac{2g}{3L}} \leqslant \omega \leqslant \sqrt{\dfrac{2g}{L}}$。

评析： 临界角速度 ω_1 对应的临界状态是细线 O_2A 拉力恰好为零，ω_2 对应的临界状态是细线 O_1A 拉力恰好为零。两个临界角速度 ω_1 和 ω_2 把所有实际角速度 ω 分为三个物理过程：

（1）若杆转动的实际角速度 $0 < \omega < \omega_1$，细线 O_2A 松弛，小球在重力 mg 和 O_1A 的拉力 F_1 作用下做匀速圆周运动，但是细线 O_1A 与杆间的夹角小于 $30°$。

（2）若实际角速度 $\omega_1 \leqslant \omega \leqslant \omega_2$，两线均被拉直，小球在重力 mg、O_1A 的拉力 F_1 和 O_2A 的拉力 F_2 共同作用下做匀速圆周运动。

（3）若实际角速度 $\omega > \omega_2$，细线 O_1A 松弛，小球在重力 mg 和 O_2A 的拉力 F_2 作用下做匀速圆周运动，细线 O_2A 与杆间的夹角大于 $60°$。

例题 **2**：一光滑圆锥体固定在水平桌面上，轴线沿竖直方向，其顶角为 $60°$，如图 $3-4-2$ 所示。一条长为 L 的轻绳，一端固定在圆锥体的顶点 O 上，另一端拴一质量为 m 的小球，小球以速度 v 绕圆锥体的轴线在水平面内做匀速圆周运动。

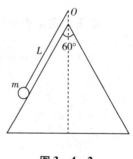

图 $3-4-2$

（1）求当小球刚好不压圆锥体时的线速度 v_0。

（2）当小球的线速度 $v_1=\sqrt{\dfrac{1}{6}gL}$ 时，分别求出轻绳和圆锥体对小球的作用力大小。

（3）当小球的线速度 $v_2=\sqrt{\dfrac{3}{2}gL}$ 时，分别求出轻绳和圆锥体对小球的作用力大小。

解析：

（1）当小球刚好不压圆锥体时，圆锥体对小球的支持力恰好为零，小球受重力 mg 和轻绳拉力 T_1 作用，如图 $3-4-3$ 甲所示。

由牛顿第二定律得 $mg\tan30°=m\dfrac{v_0^2}{L\sin30°}$，解得 $v_0=\sqrt{\dfrac{1}{2\sqrt{3}}gL}$。

（2）当小球的线速度 $v_1=\sqrt{\dfrac{1}{6}gL}$ 时，$v_1<v_0$，小球未离开圆锥体表面。小球受重力 mg、轻绳的拉力 T_2 和圆锥体的支持力 F_{N2} 三个力的作用，如图 $3-4-3$ 乙所示，则

竖直方向上由平衡条件得 $F_{N2}\sin30°+T_2\cos30°=mg$，

水平方向上由牛顿第二定律得 $T_2\sin30°-F_{N2}\cos30°=m\dfrac{v_1^2}{L\sin30°}$，

联立解得 $T_2=\left(\dfrac{1+3\sqrt{3}}{6}\right)mg$，$F_{N2}=\left(\dfrac{3-\sqrt{3}}{6}\right)mg$。

（3）当小球的线速度 $v_2=\sqrt{\dfrac{3}{2}gL}$ 时，$v_2>v_0$，小球离开圆锥体表面，圆锥体对小球的支持力为 $F_{N3}=0$。设轻绳的拉力为 T_3，轻绳与竖直方向的夹角为 θ，如图 $3-4-3$ 丙所示，则

竖直方向上由平衡条件得 $T_3\cos\theta=mg$，

水平方向上由牛顿第二定律得 $T_3\sin\theta = m\dfrac{v_2^2}{L\sin\theta}$,

联立解得 $T_3 = 2mg$。

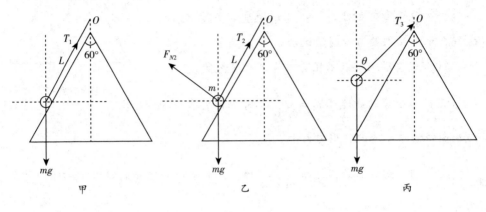

图 3－4－3

评析：求解小球在不同速度下做匀速圆周运动时绳子的拉力和圆锥体的支持力，首先必须确定小球运动的实际情境，即小球是否离开圆锥体。当小球刚好不压圆锥体时，圆锥体对小球的支持力恰好为零，小球在重力和轻绳拉力作用下做匀速圆周运动，此时小球的线速度为临界速度。当小球的实际速度小于临界速度时，小球受重力、拉力和支持力的作用，根据平衡条件和牛顿第二定律联立方程求解拉力和支持力；当小球的实际速度大于临界速度时，小球要离开圆锥体，此时支持力为零，根据平衡条件和牛顿第二定律联立方程求解绳子的拉力。可见，临界状态的确定、临界条件的分析和临界速度的求解是解决问题的关键。

二、转盘模型中的临界问题

转盘上的物体随转盘一起匀速转动时，物体所受的合外力提供向心力。沿着圆周半径方向，物体所受的力可能只有静摩擦力，也可能还有轻绳的拉力，还可能包括重力的分力（如倾斜转盘上的物体）。

转盘模型中的临界问题往往要分析求解不同角速度下物体的受力情况和相对滑动情况。存在的临界状态往往有物体开始滑动、绳子开始有张力、摩擦力方向突变等，对应的临界条件是静摩擦力达到最大或静摩擦力减小到零。临界状态下，临界角速度的求解是解决此类问题的突破口。

例题 3：如图 3 - 4 - 4 所示，两个可视为质点的、相同的木块 A 和 B 放在转盘上，两者用长为 L 的细绳连接，木块与转盘间的最大静摩擦力均为各自重力的 k 倍，A 放在距离转轴 L 处，整个

图 3 - 4 - 4

装置能绕通过转盘中心的转轴 O_1O_2 转动。开始时，细绳恰好伸直但无弹力，现让该装置从静止开始转动，使角速度缓慢增大，以下说法不正确的是（　　）

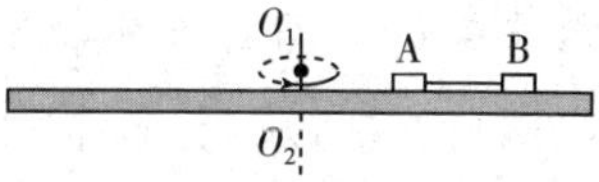

A. 当 $\omega > \sqrt{\dfrac{2kg}{3L}}$ 时，A、B 会相对于转盘滑动

B. 当 $\omega > \sqrt{\dfrac{kg}{2L}}$ 时，细绳一定的有弹力

C. ω 在 $\sqrt{\dfrac{kg}{2L}} < \omega < \sqrt{\dfrac{2kg}{3L}}$ 范围内增大时，B 所受摩擦力一直变大

D. ω 在 $0 < \omega < \sqrt{\dfrac{2kg}{3L}}$ 范围内增大时，A 所受摩擦力一直变大

解析：当转盘的角速度从零刚开始增大时，木块 A、B 的静摩擦力提供向心力，即 $f_A = m\omega^2 L$，$f_B = 2m\omega^2 L$，而两者的最大静摩擦力 $f_{Am} = f_{Bm} = kmg$，由于 $f_B > f_A$，B 木块的静摩擦力先达到最大，设此时的角速度为 ω_1，则对木块 B，$kmg = 2m\omega_1^2 L$，解得 $\omega_1 = \sqrt{\dfrac{kg}{2L}}$。

在角速度由 ω_1 开始增大的过程中，细绳开始有张力，B 所受的静摩擦力最大，且保持不变。根据牛顿第二定律，对 A 有 $f_A - T = m\omega^2 L$，对 B 有 $T + kmg = 2m\omega^2 L$。两式相加得 $f_A + kmg = 3m\omega^2 L$。可见，A 所受的静摩擦力 f_A 继续随角速度 ω 的增大而增大。设角速度为 ω_2 时，A 所受的静摩擦力 f_A 达到最大 $f_A = kmg$，即 $kmg + kmg = 3m\omega^2 L$，解得 $\omega_2 = \sqrt{\dfrac{2kg}{3L}}$。

当角速度由 ω_2 继续增大时，A，B 木块都相对转盘滑动。

综上分析可知，说法不正确的是 C 选项。

评析：临界角速度的求解是解答问题的突破口。角速度由零缓慢增大时，依据动力学规律求得第一个临界角速度 ω_1，对应 B 木块的静摩擦力达到最大，

细绳开始出现张力；角速度由 ω_1 缓慢增大时，依据动力学规律求得第二个临界角速度 ω_2，对应 A 木块的静摩擦力达到最大。两个临界角速度 ω_1 和 ω_2 把所有实际角速度 ω 分为三个物理过程，不同物理过程对应不同的受力情况。

（1）当 $0 < \omega < \omega_1$ 时，A，B 木块随转盘做匀速圆周运动，只有静摩擦力提供向心力，且静摩擦力随着角速度的增大而增大。

（2）当 $\omega_1 \leqslant \omega \leqslant \omega_2$ 时，A，B 木块在绳子拉力和静摩擦力的合力作用下做匀速圆周运动，B 木块的静摩擦力等于最大静摩擦力且保持不变，而 A 木块的静摩擦力继续随角速度的增大而增大。

（3）当 $\omega > \omega_2$ 时，A，B 木块相对转盘滑动。

例题 4：如图 3-4-5 所示，完全相同的两物块 A，B 套在水平粗糙的 CD 杆上，与杆的动摩擦因数均为 μ，并用不可伸长的轻绳连接，整个装置能绕过 CD 中点的轴 OO' 转动。开始时绳子处于自然长度（绳子恰好伸直但无弹力），物块 A 到转轴的距离为 $2L$，物块 B 到转轴的距离为 L。已知重力加速度为 g，最大静摩擦力等于滑动摩擦力。现让该装置从静止开始转动，在角速度缓慢逐渐增大的过程中，下列说法正确的是（　　）

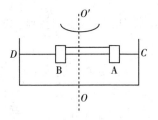

图 3-4-5

A. 受到的静摩擦力先增大后不变

B. 受到的静摩擦力先增大后减小

C. 当角速度达到 $\sqrt{\dfrac{\mu g}{2L}}$ 后，绳上开始出现拉力

D. 当角速度达到 $\sqrt{\dfrac{2\mu g}{L}}$ 后，物块 A，B 沿杆 CD 向 C 端滑动

解析：当转盘的角速度从零刚开始逐渐增大时，两物块 A，B 的静摩擦力提供向心力，即 $f_A = 2m\omega^2 L$，$f_B = m\omega^2 L$，而两者的最大静摩擦力 $f_{Am} = f_{Bm} = \mu m g$。由于 $f_A > f_B$，A 物块的静摩擦力先达到最大，设此时的角速度为 ω_1，则对块物 A，有 $\mu m g = 2m\omega_1^2 L$，解得 $\omega_1 = \sqrt{\dfrac{\mu g}{2L}}$。

在角速度由 ω_1 开始增大的过程中，绳子开始有拉力，两物块的受力如图

3-4-6甲所示。其中 A 所受的静摩擦力最大，且保持不变。由牛顿第二定律得

对 A：$T + \mu mg = 2m\omega^2 L$；

对 B：$f_B + T = m\omega^2 L$。

两式相减得 $\mu mg - f_B = m\omega^2 L$。可见，B 所受的静摩擦力 f_B 随角速度 ω 的增大而减小。设角速度为 ω_2 时，B 所受的静摩擦力减小到零，即 $f_B = 0$，此时 $\mu mg = m\omega_2^2 L$，解得 $\omega_2 = \sqrt{\dfrac{\mu g}{L}}$。

当角速度由 ω_2 继续增大时，B 所受的静摩擦力 f_B 反向，两物块的受力如图 3-4-6 乙所示。由牛顿第二定律得

图 3-4-6

对 A：$\mu mg + T = 2m\omega^2 L$；

对 B：$T - f_B = m\omega^2 L$。

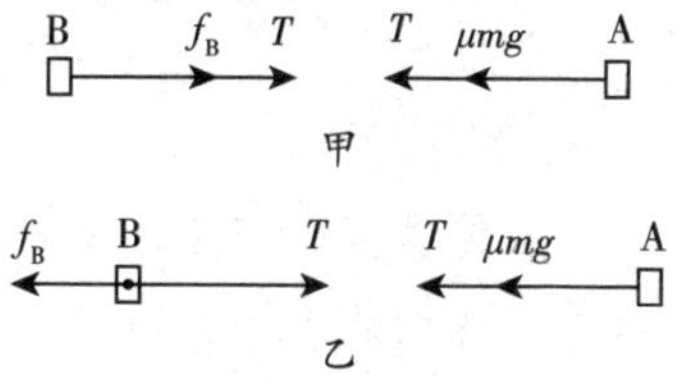

两式相减得 $\mu mg + f_B = m\omega^2 L$。可见，B 所受的静摩擦力 f_B 随角速度 ω 的增大而增大。设角速度为 ω_3 时，B 所受的静摩擦力增大到最大，即 $f_B = \mu mg$，此时 $\mu mg + \mu mg = m\omega_3^2 L$，解得 $\omega_3 = \sqrt{\dfrac{2\mu g}{L}}$。

当角速度由 ω_3 继续增大时，物块 A，B 沿杆 CD 向 C 端滑动。

由以上分析可知，在角速度缓慢增大的过程中，A 受到的静摩擦力先增大后不变，B 受到的静摩擦力先增大后减小到零，再反向增大。选项 A 正确，B 错误。当角速度达到 $\omega_1 = \sqrt{\dfrac{\mu g}{2L}}$ 后，绳子上开始出现拉力，当角速度达到 $\omega_3 = \sqrt{\dfrac{2\mu g}{L}}$ 后，物块 A，B 沿杆向右 C 端滑动。选项 CD 正确。故本题答案为 ACD。

评析： 在角速度由零缓慢增大过程中，存在三个临界值 ω_1，ω_2 和 ω_3，分别对应物块 A 的静摩擦力达到最大（绳子拉力恰好为零）、物块 B 的静摩擦力减小到零和物块 A，B 即将向 C 端滑动三个临界状态。此物理过程可分为四个范围讨论：①当 $0 < \omega \leqslant \omega_1$ 时，物块 A，B 随转盘做匀速圆周运动，只有静摩擦力提供向心力，且静摩擦力随着角速度的增大而增大。②当 $\omega_1 < \omega \leqslant \omega_2$ 时，物块 A，B 在绳子拉力和静摩擦力的合力作用下做匀速圆周运动，物块 A 的静摩擦力等于最大静摩擦力且保持不变，而物块 B 的静摩擦力随角速度的增大而减

小。③当 $\omega_2 < \omega \leqslant \omega_3$ 时，物块 A 的静摩擦力等于最大静摩擦力且保持不变，而物块 B 的静摩擦力反向，且随角速度的增大而增大。④当 $\omega > \omega_3$ 时，物块 A, B 沿杆 CD 向 C 端滑动。

综上所述，分析圆锥摆模型和转盘模型中临界问题大致遵循以下的基本思路（图 3-4-7）：

图 3-4-7

具体而言，首先，要解构具体的实际情境，建立质点模型和匀速圆周运动模型，确定质点做匀速圆周运动的圆心和半径，分析质点做匀速圆周运动的向心力的来源。其次，要凭借自己的生活经验和已有物理知识初步分析物理过程，寻找临界状态，应用动力学规律分析临界条件，求解角速度（或线速度）的临界值。再次，依据几个角速度（或线速度）的临界值，将所有可能的角速度（或线速度）划分为不同的范围。最后，在角速度（或线速度）的不同范围内，根据牛顿第二定律列方程，分析物理过程，判断力的变化，确定物体对应的运动情境，进而做出临界问题的正确解答。

68

第五节　分析卫星运动中线速度的大小关系

卫星在正常运行和变轨过程中，线速度是描述卫星做曲线运动特征的一个重要物理量。通过比较卫星的线速度大小，可以更加全面、深刻地理解卫星运行的动力学规律，从而更好地解决实际问题。

一、三种模型下比较卫星线速度的大小

在高中物理阶段，比较卫星线速度的大小主要体现为以下三种模型。

模型一：同一卫星在同一椭圆轨道上线速度的大小

如图 3 - 5 - 1 所示，a，b 两点分别表示某一卫星在椭圆轨道上运行时的近地点和远地点，O 为地球所在的焦点位置。

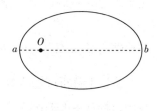

图 3 - 5 - 1

由开普勒第二定律可知，卫星与地球的连线在相等时间内扫过的面积相等。设卫星经过 a，b 两点的线速度大小分别为 v_a 和 v_b，取极短的时间 Δt，则

$\dfrac{1}{2} v_a \Delta t \cdot l_{Oa} = \dfrac{1}{2} v_b \Delta t \cdot l_{Ob}$，即 $v_a \cdot l_{Oa} = v_b \cdot l_{Ob}$。由于

$l_{Oa} < l_{Ob}$，所以 $v_a > v_b$。卫星在椭圆轨道上运行的过程中，近地点的线速度最大，远地点的线速度最小，且在轨道上到焦点 O 距离相等的任意两点，线速度大小相等。

模型二：同一卫星经过不同轨道上的同一点（两轨道的切点）时线速度的大小

如图 3 - 5 - 2 所示，P 点为圆轨道与椭圆轨道的切点，卫星在 P 点实施变轨。

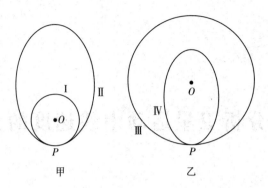

图 3－5－2

甲图中，若卫星在 P 点变轨，由轨道 I 到轨道 II 做离心运动，则卫星在轨道 I 上过 P 点的速度 v_1 满足动力学方程 $G\dfrac{M \cdot m}{r^2} = m\dfrac{v_1^2}{r}$，卫星在轨道 II 上过 P 点的速度 v_2 满足 $G\dfrac{M \cdot m}{r^2} < m\dfrac{v_2^2}{r}$，所以 $v_1 < v_2$。

乙图中，若卫星在 P 点变轨，由轨道 III 到轨道 IV 做近心运动，则卫星在轨道 III 上过 P 点的速度 v_3 满足动力学方程 $G\dfrac{M \cdot m}{r^2} = m\dfrac{v_3^2}{r}$，卫星在轨道 IV 上过 P 点的速度 v_4 满足 $G\dfrac{M \cdot m}{r^2} > m\dfrac{v_4^2}{r}$，所以 $v_3 > v_4$。

由以上分析可知，卫星在某一点加速（或减速）实施变轨时，内轨道上过该点的速度总是小于外轨道过该点的速度。

模型三：卫星在不同半径的圆轨道上线速度的大小

如图 3－5－3 所示，轨道 I 、II 是卫星绕地球做匀速圆周运动的两个圆轨道，轨道半径不同。卫星在圆轨道上稳定运行时，地球对卫星的万有引力提供向心力，即 $G\dfrac{M \cdot m}{r^2} = m\dfrac{v^2}{r}$，运行速度 $v = \sqrt{\dfrac{GM}{r}}$。可见，卫星运行速度的大小与卫星的质量无关，只取决于地球的质量和轨道半径。轨道半径小运行速度大，轨道半径大运行速度小，具有"低轨高速、高轨低速"的运动特点。

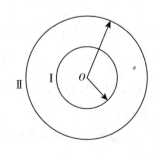

图 3－5－3

二、综合情境下比较卫星线速度的大小

问题情境：航天技术中，要在适当的位置短时间内启动飞行器的发动机，使飞行器轨道发生突变，使其到达预定的目标。例如，发射同步卫星时，如图 3 -5-4 所示，通常先将卫星发送到近地轨道 I ，使其绕地球做匀速圆周运动，速率为 v_1；当卫星到达 P 点时第一次点火加速，在短时间内速率由 v_1 增加到 v_2，使卫星进入椭圆形的转移轨道 II ；在椭圆轨道 II 上，卫星运行到远地点 Q 时的速率为 v_3，此时进行第二次

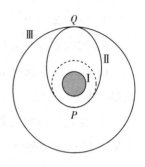

图 3 -5 -4

点火加速，在短时间内速率由 v_3 增加到 v_4，使卫星进入同步轨道 III ，开始绕地球做匀速圆周运动。试分析比较 v_1，v_2，v_3 和 v_4 的大小关系。

解析：

（1）由"模型一：同一卫星在同一椭圆轨道上线速度的大小"的结论可得 $v_2 > v_3$。

（2）由"模型二：同一卫星经过不同轨道上的同一点（两轨道的切点）时线速度的大小"的结论可得 $v_2 > v_1$，$v_4 > v_3$。

（3）由"模型三：卫星在不同半径的圆轨道上线速度的大小"的结论可得 $v_1 > v_4$。

综合比较得 $v_2 > v_1 > v_4 > v_3$。

三、典例分析

例题：2021 年 2 月 10 日 19 时 52 分，"天问一号"探测器实施近火捕获，顺利进入近火点高度约 400 km，周期约 10 个地球日，倾角约 10°的大椭圆环火轨道，成为我国第一颗人造火星卫星，实现了"绕、落、巡"目标的第一步，环绕火星成功。图 3 -5 -5 为"天问一号"探测器经过多次变轨后登陆火星前的部分轨迹图，轨道 I 、轨道 II 、轨道 III 相切于 P 点，轨道 III 为环绕火

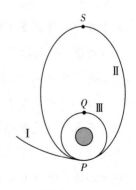

图 3 -5 -5

星的圆形轨道，P，S 两点分别是椭圆轨道的近火星点和远火星点，P，S，Q 三点与火星中心在同一直线上，下列说法正确的是（　　）

　　A. 探测器在 P 点由轨道 Ⅰ 进入轨道 Ⅱ 需要点火加速

　　B. 探测器在轨道 Ⅲ 上 Q 点的速度大于在轨道 Ⅱ 上 S 点的速度

　　C. 探测器在轨道 Ⅱ 上运行时，在相等时间内与火星连线扫过的面积与在轨道 Ⅲ 上相等

　　D. 探测器在轨道 Ⅱ 上由 P 点运动到 S 点的时间小于探测器在轨道 Ⅲ 上由 P 点运动到 Q 点的时间

　　解析：探测器在 P 点由轨道 Ⅰ 进入轨道 Ⅱ 做近心运动，需要点火减速，A 选项错误；由开普勒第二定律可知 C 选项错误；轨道 Ⅱ 的半长轴大于轨道 Ⅲ 的半径，由开普勒第三定律可知探测器在轨道 Ⅱ 上的运行周期大于在轨道 Ⅲ 上的运行周期，探测器在轨道 Ⅱ 上由 P 点运动到 S 点的时间大于探测器在轨道 Ⅲ 上由 P 点运动到 Q 点的时间，D 选项错误。设探测器在轨道 Ⅲ 上过 P 点的速度为 v_3，在轨道 Ⅱ 上过 P 点的速度为 v_{2P}，在轨道 Ⅱ 上过 S 点的速度为 v_{2S}，则探测器在轨道 Ⅲ 上过 Q 点的速度也为 v_3；探测器在 P 点做近心运动，则 $v_{2P} > v_3$；由开普勒第二定律得 $v_{2P} > v_{2S}$。假想有一圆轨道与轨道 Ⅱ 相切于 S 点（图 3-5-6 中虚线所示），探测器在"假想圆轨道"上过 S 点的速度大小为 v_0，由探测器的变轨规律得 $v_0 > v_{2S}$，"假想圆轨道"与轨道 Ⅲ 比较得：$v_3 > v_0$，所以 $v_3 > v_{2S}$，即探测器在轨道 Ⅲ 上 Q 点的速度大于在轨道 Ⅱ 上 S 点的速度，B 选项不正确。

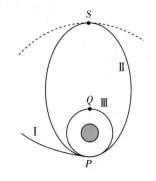

图 3-5-6

　　评析：B 选项的分析是本题的难点，而"假想圆轨道"是比较探测器速度大小的"桥梁"，也是突破难点的关键。

　　通过三种模型下卫星线速度大小的分析比较，学生更加全面系统地理解了卫星正常运行及变轨时的动力学规律，进一步完善了天体运动的知识结构。综合情境下模型建构、科学推理及科学论证的思维过程有利于提升学生逻辑思维能力和运用物理知识解决实际问题的能力。

第六节　比较法学习近地卫星、同步卫星
与赤道上的物体

　　圆周运动是一种常见的曲线运动，是考查运动学和动力学知识的典型模型。万有引力提供向心力情境下的卫星运动可以简化为匀速圆周运动，是圆周运动知识的具体应用与拓展。赤道上的物体随地球自转也在做匀速圆周运动，由地球对物体的万有引力与支持力的合力提供向心力。在教学过程中，学生对近地卫星、同步卫星与赤道上的物体三者间的差异模糊不清，其根本原因在于未能准确分析向心力的来源，没有理解他们的共同属性和本质区别。现从向心力来源入手，运用运动学规律，通过两两比较，总结三者运动的规律。

一、近地卫星与同步卫星

　　近地卫星与同步卫星通常看作"天上"做圆周运动的物体，地球对卫星的万有引力提供向心力，这就是两者的共同属性。运动参量比较的依据就是"万有引力提供向心力"这一主线，即 $G\dfrac{M \cdot m}{r^2} = m\dfrac{v^2}{r} = mr\omega^2 = ma$。

　　由于两者做圆周运动的轨道半径不同，线速度、角速度、向心加速度等运动参量也不同，具体比较见表 3 - 6 - 1。

表 3 - 6 - 1　近地卫星与同步卫星运动参量比较

项目	近地卫星（r_1，ω_1，v_1，a_1）	同步卫星（r_2，ω_2，v_2，a_2）
向心力	万有引力	
轨道半径	$r_1 < r_2$	

续　表

项目	近地卫星（r_1，ω_1，v_1，a_1）	同步卫星（r_2，ω_2，v_2，a_2）
角速度	由 $G\dfrac{M \cdot m}{r^2} = mr\omega^2$ 得 $\omega = \sqrt{\dfrac{GM}{r^3}}$，所以 $\omega_1 > \omega_2$	
线速度	由 $G\dfrac{M \cdot m}{r^2} = m\dfrac{v^2}{r}$ 得 $v = \sqrt{\dfrac{GM}{r}}$，所以 $v_1 > v_2$	
向心加速度	由 $G\dfrac{M \cdot m}{r^2} = ma$ 得 $a = \dfrac{GM}{r^2}$，所以 $a_1 > a_2$	

二、赤道上的物体与同步卫星

赤道上的物体随地球自转做匀速圆周运动，做圆周运动的角速度（周期）等于地球自转的角速度（周期），由地球的万有引力与地面的支持力的合力提供向心力。显然，与同步卫星的向心力来源不同，可将其看作"地上"做圆周运动的物体。而同步卫星具有与地球自转"同步"的特征，即做圆周运动的角速度（周期）也等于地球自转的角速度（周期）。所以，赤道上的物体与同步卫星都做匀速圆周运动，且角速度（周期）相等是两者的共同属性，也是两者进行比较的切入点。运动参量比较的依据是圆周运动的线速度、向心加速度公式，即 $v = \omega \cdot r$，$a = \omega^2 \cdot r$。

由于两者做圆周运动的轨道半径不同，线速度、向心加速度等运动参量也不同，具体比较见表 3 - 6 - 2。

表 3 - 6 - 2　赤道上的物体与同步卫星运动参量比较

项目	赤道上的物体（r_3，ω_3，v_3，a_3）	同步卫星（r_2，ω_2，v_2，a_2）
向心力	万有引力与支持力的合力	万有引力
轨道半径	$r_3 < r_2$	
角速度	$\omega_3 = \omega_2$	
线速度	由 $v = \omega \cdot r$ 得 $v_3 < v_2$	
向心加速度	由 $a = \omega^2 \cdot r$ 得 $a_3 < a_2$	

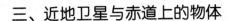

三、近地卫星与赤道上的物体

近地卫星与赤道上的物体仅有"做匀速圆周运动的轨道半径相等"这一特征，即 $r_1 = r_3$，无法直接比较运动参量。但是，可以将同步卫星作为"中介"，间接比较两者之间的运动参量大小关系，具体比较见表 3 – 6 – 3。

表 3 – 6 – 3　近地卫星与赤道上的物体运动参量比较

项目	近地卫星 $(r_1，\omega_1，v_1，a_1)$	同步卫星 $(r_2，\omega_2，v_2，a_2)$	赤道上的物体 $(r_3，\omega_3，v_3，a_3)$
向心力	万有引力	万有引力	万有引力与支持力的合力
轨道半径		$r_1 = r_3 < r_2$	
角速度		$\omega_1 > \omega_3 = \omega_2$	
线速度		$v_3 < v_2 < v_1$	
向心加速度		$a_3 < a_2 < a_1$	

例题： 我国高分系列卫星的高分辨对地观察能力不断提高。2018 年 5 月 9 日发射的"高分五号"卫星轨道高度约为 705 km，之前已运行的"高分四号"卫星轨道高度约为 36000 km，它们都绕地球做圆周运动。设"高分五号"卫星的向心加速度为 a_1，周期为 T_1，"高分四号"卫星的向心加速度为 a_2，周期为 T_2，固定在赤道上的物体随地球自转的向心加速度为 a_3，周期为 T_3，则下列大小关系正确的是（　　　）

A. $a_2 > a_1 > a_3$　　B. $a_1 > a_2 > a_3$　　C. $T_3 = T_2 > T_1$　　D. $T_2 > T_1 > T_3$

解析： 固定在赤道上的物体随地球自转的周期与"高分四号"卫星运行的周期相等，所以 $T_3 = T_2$，D 选项错误。"高分四号"卫星做圆周运动的半径大，由 $a = \dfrac{4\pi^2 r}{T^2}$ 可知，"高分四号"卫星做圆周运动的加速度大，即 $a_2 > a_3$。"高分四号"卫星与"高分五号"卫星在各自轨道上运行时万有引力完全提供向心力，因此有 $\dfrac{GMm}{r^2} = m\dfrac{4\pi^2 r}{T^2}$，即 $T = 2\pi\sqrt{\dfrac{r^3}{GM}}$。因为"高分四号"卫星的轨道半径比"高分五号"卫星的轨道半径大，所以 $T_2 > T_1$，C 选项正确。$\dfrac{GMm}{r^2} = ma$，

即 $a = \dfrac{GM}{r^2}$，因为"高分四号"卫星的轨道半径比"高分五号"卫星的轨道半径大，因此有 $a_1 > a_2$，B选项正确，A选项错误。

针对训练：如图 3-6-1 所示，A 是地球同步卫星，B 是近地卫星，C 是在赤道上随地球一起转动的物体，A，B，C 的运动速度分别为 v_A，v_B，v_C，加速度分别为 a_A，a_B，a_C，下列说法正确的是（　　）

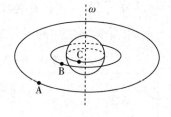

A. C 受到的万有引力就是 C 的重力

B. $v_C > v_B > v_A$

C. $a_B > a_A > a_C$

D. A 在 4 小时内转过的圆心角是 $\dfrac{\pi}{6}$

图 3-6-1

参考答案：C。

第七节　双星系统模型的深度解析

相距较近，靠相互之间的万有引力绕同一圆心做匀速圆周运动的两星体组成的系统，我们称之为双星系统。应用运动学特征和动力学规律对双星系统进行深度解析，可推导出双星系统模型具有以下特点。

一、双星系统模型的特点探究

质量分别为 m_1，m_2，相距为 L 的两星体组成双星，绕连线上 O 点做匀速圆周运动且间距保持不变，轨迹半径分别为 r_1，r_2，如图 3 – 7 – 1 所示。双星系统的两星体靠它们之间的万有引力提供向心力做匀速圆周运动，由牛顿第二定律得

图 3 – 7 – 1

$$G \frac{m_1 m_2}{L^2} = m_1 r_1 \omega^2 , \quad ①$$

$$G \frac{m_1 m_2}{L^2} = m_2 r_2 \omega^2 。\quad ②$$

1. 轨迹半径与两星体之间的距离关系

由图 3 – 7 – 1 中的几何关系可知，$r_1 + r_2 = L$，即两星体做圆周运动的轨迹半径之和等于两星体之间的距离。

2. 两星体的角速度、周期大小关系

由图 3 – 7 – 1 可知，相等时间 t 内两星绕 O 点转过的角度 θ 相等，由 $\omega = \dfrac{\theta}{t}$，$T = \dfrac{2\pi}{\omega}$ 得 ω，T 相等，即两星体做圆周运动的角速度大小相等，周期大小相等。

3. 两星体的线速度大小关系

由圆周运动的规律 $v = \omega \cdot r$ 可知，$\dfrac{v_1}{v_2} = \dfrac{\omega r_1}{\omega r_2} = \dfrac{r_1}{r_2}$，所以，$\dfrac{v_1}{v_2} = \dfrac{r_1}{r_2}$，即两星体做圆周运动的线速度大小与轨道半径成正比。

4. 两星体的线速度大小之和

由 $v_1 = \omega r_1$，$v_2 = \omega r_2$，$r_1 + r_2 = L$ 可得 $v_1 + v_2 = \omega L$，即两星体的线速度大小之和等于角速度与两星体间距离的乘积。

5. 两星体的向心加速度大小关系

由圆周运动的规律 $a = \omega^2 \cdot r$ 可知，$\dfrac{a_1}{a_2} = \dfrac{\omega^2 r_1}{\omega^2 r_2} = \dfrac{r_1}{r_2}$，所以，$\dfrac{a_1}{a_2} = \dfrac{r_1}{r_2}$，

即两星体做圆周运动的向心加速度大小与轨道半径成正比。

6. 两星体的向心加速度大小之和

由 $a_1 = \omega^2 r_1$，$a_2 = \omega^2 r_2$，$r_1 + r_2 = L$ 可得 $a_1 + a_2 = \omega^2 L$，即两星体的向心加速度大小之和等于角速度的平方与两星体间距离的乘积。

7. 两星体的轨道半径与质量间的关系

由①式等于②式得 $m_1 r_1 = m_2 r_2$，$\dfrac{r_1}{r_2} = \dfrac{m_2}{m_1}$，即两星体做圆周运动的轨道半径与星体质量成反比。

8. 两星体线速度大小与质量大小关系

由 $\dfrac{v_1}{v_2} = \dfrac{r_1}{r_2}$，$\dfrac{r_1}{r_2} = \dfrac{m_2}{m_1}$ 可得 $\dfrac{v_1}{v_2} = \dfrac{m_2}{m_1}$ 或 $m_1 v_1 = m_2 v_2$，即两星体做圆周运动的线速度大小与星体质量成反比或两星体做圆周运动的动量大小相等。

9. 轨道半径与星体质量、星体间距离的关系

由 $\dfrac{r_1}{r_2} = \dfrac{m_2}{m_1}$ 得 $\dfrac{r_1}{r_1 + r_2} = \dfrac{m_2}{m_1 + m_2}$，而 $r_1 + r_2 = L$，所以，$r_1 = \dfrac{m_2}{m_1 + m_2} L$。

同理得 $r_2 = \dfrac{m_1}{m_1 + m_2} L$。

10. 已知星体质量、星体间距，求角速度、周期

由①②式相加得 $G \dfrac{m_1 + m_2}{L^2} = \omega^2 L$，$G \dfrac{m_1 + m_2}{L^2} = \dfrac{4\pi^2}{T^2} L$，所以 $\omega = \sqrt{\dfrac{G(m_1 + m_2)}{L^3}}$，

$$T = 2\pi \sqrt{\dfrac{L^3}{G(m_1 + m_2)}}。$$

11. 已知周期（角速度）、星体间距，求星体质量之和

由 $\omega = \sqrt{\dfrac{G(m_1 + m_2)}{L^3}}$ 得 $m_1 + m_2 = \dfrac{\omega^2 L^3}{G}$。

由 $T = 2\pi \sqrt{\dfrac{L^3}{G(m_1 + m_2)}}$ 得 $m_1 + m_2 = \dfrac{4\pi^2 L^3}{GT^2}$。

一、双星系统模型的特点应用

例题 1：2017 年，人类第一次直接探测到来自双中子星合并的引力波。根据科学家们复原的过程，在两颗中子星合并前约 100 s 时，它们相距约 400 km，绕二者连线上的某点每秒转动 12 圈，将两颗中子星都看作质量均匀分布的球体，由这些数据、万有引力常量并利用牛顿力学知识，可以估算出这一时刻两颗中子星（　　　）

A. 质量之积　　B. 质量之和　　C. 速率之和　　D. 各自的自转角速度

解析：由题意可知，两颗中子星组成双星系统，某时刻的位置示意图如图 3 - 7 - 2 所示。已知两中子星间距 L 和角速度 ω，由万有引力提供向心力得

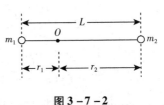

图 3 - 7 - 2

$$G\dfrac{m_1 m_2}{L^2} = m_1 r_1 \omega^2, \quad G\dfrac{m_1 m_2}{L^2} = m_2 r_2 \omega^2,$$

而 $r_1 + r_2 = L$，

联立解得 $\dfrac{G(m_1 + m_2)}{L^2} = \omega^2 L$，

所以，$m_1 + m_2 = \dfrac{\omega^2 L^3}{G}$，

即可以估算两中子星的质量之和。

由 $v_1 = \omega r_1$，$v_2 = \omega r_2$ 及 $r_1 + r_2 = L$ 得

$v_1 + v_2 = \omega L$，

即可以估算两中子星的速率之和。

质量之积和各自自转的角速度无法求解。选项 BC 正确。

例题 2：双星系统由两颗恒星组成，两颗恒星在相互引力的作用下，分别围绕其连线上的某一点做周期相同的匀速圆周运动。研究发现，双星系统演化过程中，两星的总质量、距离和周期均可能发生变化。若某双星系统中两星做圆周运动的周期为 T，经过一段时间演化后，两星总质量变为原来的 k 倍，两星之间的距离变为原来的 n 倍，则此时圆周运动的周期为（   ）

A. $\sqrt{\dfrac{n^3}{k^2}}T$ B. $\sqrt{\dfrac{n^3}{k}}T$ C. $\sqrt{\dfrac{n^2}{k}}T$ D. $\sqrt{\dfrac{n}{k}}T$

解析：设两颗恒星的质量分别为 m_1，m_2，相距为 L，轨道半径分别为 r_1，r_2，运动周期为 T，根据万有引力定律及牛顿第二定律可得

$$G\frac{m_1 m_2}{L^2}=m_1 r_1 \frac{4\pi^2}{T^2},$$

$$G\frac{m_1 m_2}{L^2}=m_2 r_2 \frac{4\pi^2}{T^2}。$$

又因为 $r_1+r_2=L$，

所以 $T=2\pi\sqrt{\dfrac{L^3}{G(m_1+m_2)}}$，

$T'=2\pi\sqrt{\dfrac{n^3 L^3}{Gk(m_1+m_2)}}=\sqrt{\dfrac{n^3}{k}}T$，选项 B 正确。

解决双星系统模型问题时，应注意区分两星体间距与做圆周运动的轨道半径。万有引力定律 $F=G\dfrac{Mm}{r^2}$ 中的 r 为两星体间的距离，而向心力公式 $F=m\dfrac{v^2}{r}$，$F=mr\omega^2$ 中的 r 为星体做圆周运动的轨道半径。宇宙空间大量存在双星系统，如地月系统可视为一个双星系统，只不过旋转中心没有出地壳而已，在不要求很精确的计算中，可以认为月球绕着地球的中心做圆周运动。

第四章

动量与能量

第一节 求解变力做功的八种方法

能量转化和守恒问题是近年来高考的热点，也是高中物理教学的重点。功的计算在能量问题中占有十分重要的地位，而变力做功的问题类型多、难度大，是学生高考复习过程中的难点。笔者结合教学实践，总结了八种求解变力做功问题的方法，可以帮助高三学生更简洁灵活地处理变力做功的求解问题，从而突破复习难点，提高复习效率。

一、动能定理法

动能定理是指物体所受的合外力对物体所做的功等于物体动能的变化，即 $W_合 = \Delta E_K$。其中，合外力所做的功等于各个力所做功的代数和。如果所研究的问题中既有变力做功，又有恒力做功，可以先算出恒力做的功和动能的变化，然后用动能定理求解变力所做的功。

例题 1：如图 4 - 1 - 1 所示，一辆汽车通过细绳提起井中质量为 m 的物体，开始时车在 A 点，绳子已经拉紧且是竖直的，左侧绳长 H。提升时，车加速向左运动，沿水平方向从 A 经过 B 驶向 C。设 A 到 B 的距离也为 H，车过 B 点时的速度为 v，求车由 A 移到 B 的过程中，绳 Q 端的拉力对物体做的功。设绳和滑轮的质量及摩擦不计，滑轮的质量不计。

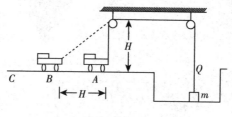

图 4 - 1 - 1

解析： 设绳 Q 端的拉力对物体做的功为 W，取重物为研究对象，

由动能定理得：

$W - mgh = \dfrac{1}{2}mv_1^2$。①

由几何关系得：

$h = (\sqrt{2} - 1)H$。②

由于绳左端和车具有相同的水平速度 v，v 可分解成沿绳方

向和垂直于绳方向的两个分速度 v_1 和 v_2，如图 4-1-2 所示。

$v_1 = \dfrac{\sqrt{2}}{2}v$。③

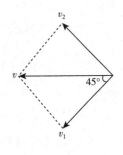

图 4-1-2

联立①②③式，解得 $W = \dfrac{1}{4}mv^2 + mgH(\sqrt{2} - 1)$。

评析： 应用动能定理求解变力做功问题时，关键是要根据物体的初末状态确定动能的变化量，并计算其他恒力做的功。

二、等值转换法

等值转换法主要是指通过关联点的联系将对某一对象变力做功转换为对另一对象等值的恒力做功。

例题 2： 如图 4-1-3 所示，某人用恒力 F 拉动放在光滑水平面上的物体，开始时与物体相连接的绳和水平面间的夹角为 α，当拉力 F 作用一段时间后，绳与水平面间的夹角为 β。已知图中的高度为 h，求绳的拉力 T 对物体所做的功。假定绳的质量、滑轮质量及滑轮间的摩擦不计。

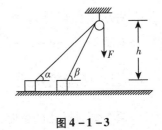

图 4-1-3

解析： 设绳子的拉力对物体做的功为 W_T，人的拉力对绳子做的功为 W_F，拉力 F 作用的绳端的位移大小为 Δs，由图可知，$\Delta s = \dfrac{h}{\sin\alpha} - \dfrac{h}{\sin\beta}$。所以 $W_T = W_F = F \cdot \Delta s = F \cdot h\left(\dfrac{1}{\sin\alpha} - \dfrac{1}{\sin\beta}\right)$。

评析： 在题设条件下，绳对物体的拉力 T 的方向时刻改变，不能用公式 $W = Fl \cdot \cos\alpha$ 计算所做的功。但是，人对绳子的拉力 F 是恒力，人对绳子的拉力 F

对绳做的功等于绳对物体的拉力 T 对物体做的功，因此只要求出恒力 F 对绳子做的功就能解决问题。

三、功率公式法

功率公式法（$W = Pt$）是指在变力的功率恒定时，用公式 $W = Pt$ 求恒定功率下变力做的功，如机车以恒定功率行驶的过程中，求牵引力做的功。

例题 3：质量为 500 t 的机车以恒定的功率从静止出发，经 5 min 行驶了 2.25 km，速度达到最大值 54 km/h。求：

（1）机车的功率；

（2）机车所受阻力是车重的多少倍？（$g = 10 \text{ m/s}^2$）

解析：机车行使过程中做功的力有牵引力和阻力。

设机车的功率为 P，机车所受的阻力 $f = kmg$，

由动能定理得 $Pt - kmg \cdot s = \dfrac{1}{2}mv_{\mathrm{m}}^2$。①

当机车速度达到最大值 v_{m} 时，牵引力 $F = \dfrac{P}{v_{\mathrm{m}}} = f$，

即 $P = kmg \cdot v_{\mathrm{m}}$。②

由①②解得 $P = 3.75 \times 10^5 \text{ W}$，$k = 0.005$。

评析：机车以恒定的功率启动，随着速度增加牵引力不断减小，此时牵引力做的功不能用 $W = Fl \cdot \cos\alpha$ 计算，但因功率恒定，可以用 $W = Pt$ 计算变化的牵引力做的功。

四、功能关系法

功是能量转化的量度，某种力做了多少功就有多少对应形式的能量发生转化。若做功的力是变力，可以根据能量转化的多少求解变力做的功。

例题 4：如图 4 - 1 - 4 所示，一质量为 m 的小球用长为 l 的轻绳悬挂于 O 点，小球在水平拉力 F 的作用下从平衡位置 P 点缓慢地移动到 Q 点，此时悬绳与竖直方向的夹角为 θ，拉力 F 所做的功是多少？

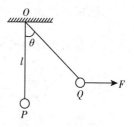

图 4 - 1 - 4

解析： 因为动能增量 $\Delta E_k = 0$，重力势能增量 $\Delta E_p = mgl(1 - \cos\theta)$，

所以机械能的增量 $\Delta E = \Delta E_k + \Delta E_p = mgl(1 - \cos\theta)$。

由功能关系得水平拉力做的功 $W = \Delta E = mgl(1 - \cos\theta)$。

评析： 小球所受的水平拉力 F 尽管方向不变，但大小变化，不能用 $W = Fl \cdot \cos\alpha$ 计算所做的功。根据功能关系，重力之外的其他力（水平拉力 F）所做的功就等于机械能的增量。运用功能关系法求解变力做功，关键要列出功与能量转换的对应关系。

五、图像法

教材必修 1 通过 "微分" 的方法得出变速运动的位移为 $v-t$ 图像与 t 轴所围的 "面积"。同理，由功 $W = Fx$ 可得，变力所做的功为 $F-x$ 图像与 x 轴所围的 "面积"；由功 $W = Pt$ 可得，变力所做的功为 $P-t$ 图像与 t 轴所围的 "面积"。所以，可以通过 $F-x$ 图像、$P-t$ 图像求解变力所做的功。

例题 5： 从 10 m 深的井中匀速提一桶重 10 kg 的水，若提升中每上升 1 m，桶漏水 0.2 kg，每提一次水需做多少功？（g 取 10 m/s²）

解析： 根据题意，力 F 和位移 x 之间满足关系式 $F = (100 - 2 \cdot x)$ N，

当上升位移为 $x = 10$ m 时，$F = 80$ N，所以 $F-x$ 图像如图 4-1-5 所示。

$F-x$ 图像与 x 轴所围的 "面积" 即为提一次水力 F 所做的功，即 $W = \dfrac{100 + 80}{2} \times 10$ J $= 900$ J。

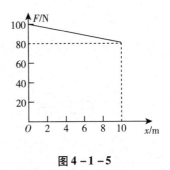

图 4-1-5

评析： 本题中求解变力做功问题的关键是根据题意，寻求力 F 和位移 x 的关系式，并准确地画出 $F-x$ 图像，变力所做的功数值上等于 $F-x$ 图像与 x 轴所围的 "面积"。

例题 6： 放在粗糙水平面上的物体受到水平拉力的作用，在 0~6 s 内其速度与时间的图像和该拉力的功率与时间的图像如图 4-1-6 所示。下列说法正确的是（　　　）

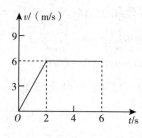 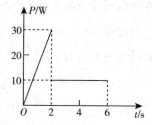

图 4 - 1 - 6

A. 0~6 s 内物体的位移大小为 30 m

B. 0~6 s 内拉力做的功为 70 J

C. 合外力在 0~6 s 内做的功与 0~2 s 内做的功相等

D. 滑动摩擦力的大小为 5 N

解析：由 $v-t$ 图像可得，0~6 s 内物体的位移大小为 30 m；由 $P-t$ 图像可得，0~6 s 内拉力做的功为 70 J；由动能定理可得，合外力在 0~6 s 内做的功与 0~2 s 内做的功相等；由 2~6 s 内物体匀速运动可得，滑动摩擦力的大小为 $\frac{5}{3}$ N。所以，正确选项为 ABC。

评析：本题中根据 $v-t$ 图像与 t 轴所围的"面积"和 $P-t$ 图像与 t 轴所围的"面积"直观简洁地求解 0~6 s 内物体的位移大小和 0~6 s 内拉力所做的功。

六、平均力法

求变力做的功时，若变力 F 的方向不变，大小随物体的位移成线性规律变化，将变力等效为平均力 $\overline{F} = \frac{1}{2}(F_{初} + F_{末})$，利用 $W = \overline{F}l \cdot \cos\alpha$ 来计算变力 F 所的功。

例题 7：用铁锤把小铁钉钉入木板，设木板对钉子的阻力与钉进木板的深度成正比，已知铁锤第一次将钉子钉进 d。如果铁锤第二次敲钉子时对钉子做的功与第一次相同，那么，第二次钉子进入木板的深度是（　　　　）

A. $(\sqrt{3} - 1)d$　　　　　　　　B. $(\sqrt{2} - 1)d$

C. $\frac{(\sqrt{5} - 1)}{2}d$　　　　　　　　D. $\frac{\sqrt{2}}{2}d$

解析：由动能定理可知，铁锤每次敲钉子时铁锤对钉子所做的功等于克服阻力所做的功。所以题目中两次敲钉子过程中钉子克服阻力所做的功相等。

设第二次钉子发生的位移为 d'，则

第一次：$W_1 = \overline{f_1} \cdot d = \dfrac{1}{2}(0 + kd) \cdot d = \dfrac{1}{2}kd^2$。

第二次：$W_2 = \overline{f_2} \cdot d' = \dfrac{1}{2}[kd + k(d + d')] \cdot d'$。

由 $W_1 = W_2$，解得 $d' = (\sqrt{2} - 1)\ d$。故选 B。

评析：运用平均值法求解变力做功，关键要依据"变力 F 的方向不变，大小随物体的位移成线性规律变化"这一重要条件正确书写 $F_{初}$，$F_{末}$，$\overline{F}$ 的表达式。

七、微元累积法

微元累积法是指把整个过程分成极短的很多小段，在每一小段里，力可以看成恒力，可以用恒力做功公式先求每一段的元功，再求每一小段元功的代数和，每一小段元功的代数和就等于整个过程中变力所做的功。由微元累积法可以总结出，当力的大小保持不变，方向与物体的运动方向总是相同或总是相反时（如滑动摩擦力、空气阻力等），该力做的功等于力的大小与路程的乘积。

例题 8：一个人推磨，其推磨杆的力的大小始终为 F，方向与磨杆始终垂直，作用点到轴心的距离为 r，磨盘绕轴缓慢转动，则在转动一周的过程中推力 F 做了多少功？

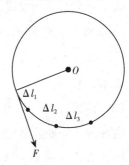

图 4 - 1 - 7

解析：如图 4 - 1 - 7 所示，当各小段的弧长 Δl_i 足够小（$\Delta l_i \rightarrow 0$）时，F 的方向与该小段的位移方向一致，所以有 $W_F = F\Delta l_1 + F\Delta l_2 + F\Delta l_3 + \cdots + F\Delta l_i = F \cdot 2\pi r = 2\pi rF$（等效于把曲线拉直）。

评析：磨盘转动一周，力的作用点的位移为 0，因为在转动过程中推力 F 为变力，所以不能直接套用公式 $W = Fl \cdot \cos\alpha$ 求解。我们可以用微元累积法来分析这一过程。F 的方向在每一时刻都保持与作用点的速度方向一致，因此可把圆周划分成很多小段来研究。运用微元累积法求解变力做功，关键在于力 F

的方向在每一时刻都保持与作用点的速度方向一致（或力 F 的方向在每一时刻都保持与作用点的速度方向相反，如曲线运动中的滑动摩擦力）。

八、变形公式法

功的计算式 $W = Fl \cdot \cos\alpha$ 通常理解为功等于力与力方向的位移的乘积；但有时我们可以根据需要将表达式变形为 $W = l(F \cdot \cos\alpha)$，将力 F 沿位移方向和垂直位移方向进行分解，变力做的功就等于位移与位移方向的力的乘积。

例题9：如图 $4-1-8$ 所示，固定的光滑竖直杆上套着一个滑块，用轻绳系着滑块绕过光滑的定滑轮，以大小恒定的拉力 F 拉绳，使滑块从 A 点起由静止开始上升。若从 A 点上升到 B 点和从 B 点上升 C 点的过程中拉力 F 做的功分别为 W_1，W_2，滑块经 B，C 两点时的动能分别为 E_{kB}，E_{kC}，图中 $AB = BC$，则一定有（　　）

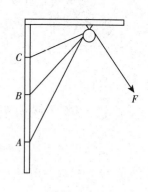

A. $W_1 > W_2$　　　　　　　B. $W_1 < W_2$

C. $E_{kB} > E_{kC}$　　　　　　D. $E_{kB} < E_{kC}$

图 $4-1-8$

解析：滑块从 A 点到 B 点和从 B 点到 C 点的过程中位移 l 相等，拉力 F 的大小一定但方向改变，且拉力 F 和位移 s 间的夹角 α 逐渐增大。由 $W = Fl \cdot \cos\alpha$ 的变形式 $W = l(F \cdot \cos\alpha)$ 可知 $W_1 > W_2$；由动能定理得 $E_{kB} = W_1 - mgh_{AB}$，$E_{kC} - E_{kB} = W_2 - mgh_{BC}$。由以上两式解得 $2E_{kB} > E_{kC}$，无法比较 E_{kB} 和 E_{kC} 的大小关系，故选 A。

评析：拉力 F 的大小恒定，方向变化时，拉力做的功就等于位移与位移方向的力的乘积。通过这一思维转换，便可定性地比较使滑块从 A 点上升到 B 点和从 B 点上升到 C 点的两个过程中拉力做功的大小关系。

第二节 "$\Delta E_{减} = \Delta E_{增}$" 的理解及应用

能量观点是物理学中重要的观点，对能量转化和守恒定律的考查是历年高考的热点。在高考复习过程中，学生运用能量转化和守恒思想解决物理问题时，经常会出现物理过程选取不当、能量形式分析不全、能量转化判断不准、守恒表达式书写不规范等问题。其原因主要是对能量变化理解不深刻，缺乏良好的解题习惯和清晰的解题思路，盲目地得出结论，死套公式。那么，如何更好地运用能量转化和守恒思想解决物理问题呢？笔者结合自己的教学实践，总结了如下的解题思路。

一、明确研究对象，巧取物理过程

高考对能量转化和守恒定律考查的题目往往综合性强，过程复杂。选取合适的研究对象是分析能量转化和守恒问题的基础。例如，如图 4 - 2 - 1 所示，在轻弹簧的下端悬挂质量为 m 的小球，在小球沿竖直方向上下运动的过程中（不计空气阻力），若取小球与地球组成的系统作为研究对象，机械能不守恒；若取小球、轻弹簧与地球组成的系统为研究对象，则系统的机械能守恒。

图 4 - 2 - 1

当研究的物理过程比较复杂时，可以在总过程中分析能量转化情况，也可以将总过程分解为若干子过程，分析每个子过程中能量转化情况。选取的物理过程不同，能量转化的情况往往也不同，解题的难易程度也不同。尽可能选取能量形式变化较少的物理过程来应用能量转化和守恒定律，能量守恒表达式将更加简单，从而降低了解题难度。

诱思导学

————高中物理疑难问题解析————

二、分析变化的能量形式

能量转化和守恒问题中的能量形式主要有动能、重力势能、弹性势能、内能、电势能等。处理能量转化问题时，要仔细分析在具体的物理过程中有哪些形式的能量发生变化。根据物体的速度大小分析动能是否变化，根据物体在竖直方向上的高度分析重力势能是否变化，根据弹簧的形变量大小分析弹簧弹性势能是否变化，根据滑动摩擦力和物体间的相对位移分析系统内能是否增加，根据带电粒子在电场中所处位置的电势高低分析电势能是否变化。通过分析变化的能量形式，可以确定有几种形式的能量发生变化。

三、能量分类，求解 $\Delta E_{减}$ 和 $\Delta E_{增}$

在确定好有几种形式的能量发生变化的基础上，结合功和能一一对应的关系，判断具体的变化情况，即能量增加还是减小，以及能量增加（或减小）了多少。将以上变化的能量按变化趋势分为"减小的能量"和"增加的能量"两类，求解总的能量减小量 $\Delta E_{减}$ 和总的能量增加量 $\Delta E_{增}$。

四、列表达式求解

例题 1： 如图 4-2-2 所示，一物体质量 $m = 2$ kg，在倾角为 $\theta = 37°$ 的斜面上的 A 点以初速度 $v_0 = 3$ m/s 下滑，A 点距弹簧上端 B 的距离 $AB = 4$ m。当物体到达 B 后将弹簧压缩到 C 点，最大压缩量 $BC = 0.2$ m，然后物体又被弹簧弹上去，弹到的最高位置为 D 点，D 点距 A 点 $AD = 3$ m。挡板及弹簧质量不计，g 取 10 m/s²，$\sin 37° = 0.6$，求：

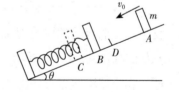

图 4-2-2

（1）物体与斜面间的动摩擦因数 μ。

（2）弹簧的最大弹性势能 E_{pm}。

解析：

（1）在物体从 A 点到 D 点的总过程中，初、末状态弹性势能相等，动能减小量为 $\frac{1}{2}mv_0^2$，重力势能减小量为 $mgl_{AD}\sin 37°$，物体通过的总路程为 $x = 5.4$ m，

90

系统内能的增加量等于克服摩擦力做功产生的热量为 $Q = f \cdot x$。所以，总的能量的减小量 $\Delta E_{减} = \dfrac{1}{2}mv_0^2 + mgl_{AD}\sin37°$，总的能量的增加量 $\Delta E_{增} = Q$。

由能量守恒定律得 $\Delta E_{减} = \Delta E_{增}$，代入已知条件解得 $\mu = 0.52$。

（2）在物体从 A 点到 C 点的总过程中，动能减小量为 $\dfrac{1}{2}mv_0^2$，重力势能减小量为 $mgl_{AC}\sin37°$，内能增加量即克服摩擦力产生的热量 $Q = f \cdot l_{AC} = \mu mgl_{AC} \cdot \cos37°$，弹性势能增加量为 E_{pm}。所以，总的能量减小量 $\Delta E_{减} = \dfrac{1}{2}mv_0^2 + mgl_{AC} \cdot \sin37°$，总的能量增加量 $\Delta E_{增} = Q + E_{pm}$。

由能量守恒定律得 $\Delta E_{减} = \Delta E_{增}$，代入已知条件解得 $E_{pm} = 24.5$ J。

例题2： 如图 4 – 2 – 3 所示，固定斜面的倾角 $\theta = 30°$，物体 A 与斜面之间的动摩擦因数为 $\mu = \dfrac{\sqrt{3}}{4}$，轻弹簧下端固定在斜面底端，弹簧处于原长时上端位于 C 点。用一根不可伸长的轻绳通过轻质光滑的定滑轮连接物体 A 和 B，滑轮右侧绳子与斜面平行，A 的质量为 $2m$，B 的质量为 m，初始时物体 A 到 C 点的距离为 L。现给 A，B 一初速度 $v_0 = \sqrt{gL}$，使 A 开始沿斜面向下运动，B 向上运动，物体 A 将弹簧压缩到最短后又恰好能弹到 C 点。已知重力加速度为 g，不计空气阻力，整个过程中，轻绳始终处于伸直状态且 B 不会碰到滑轮，求此过程中：

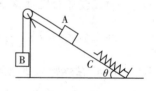

图 4 – 2 – 3

（1）物体 A 向下运动刚到 C 点时的速度；

（2）弹簧的最大压缩量；

（3）弹簧被压缩时的最大弹性势能。

解析：

（1）A 与斜面间的滑动摩擦力 $f = 2\mu mg\cos\theta$，

在物体 A 向下运动到 C 点的过程中，

A 物体重力势能减小量为 $2mgL\sin\theta$，

A，B 两物体动能增加量为 $\dfrac{1}{2} \times 3mv^2 - \dfrac{1}{2} \times 3mv_0^2$，

B 物体重力势能增加量为 mgL，

系统内能的增加量为 $f \cdot L$，

所以，总的能量减小量 $\Delta E_{减} = 2mgL\sin\theta$，

总的能量增加量 $\Delta E_{增} = \dfrac{1}{2} \times 3mv^2 - \dfrac{1}{2} \times 3mv_0^2 + mgL + f \cdot L$。

由能量守恒定律得 $\Delta E_{减} = \Delta E_{增}$，

联立各式解得 $v = \sqrt{\dfrac{1}{2}gL}$。

(2) 设弹簧最大压缩量为 x，在物体 A 接触弹簧，将弹簧压缩到最短后又恰好回到 C 点的过程中，

A，B 两物体的重力势能和弹簧的弹性势能在初、末状态相等，

A，B 两物体动能的减小量为 $\dfrac{1}{2} \times 3mv^2$，

系统内能的增加量为 $f \cdot 2x$，

总的能量减小量 $\Delta E_{减} = \dfrac{1}{2} \times 3mv^2$，总的能量增加量 $\Delta E_{增} = f \cdot 2x$。

由能量守恒定律得 $\Delta E_{减} = \Delta E_{增}$。

联立各式解得 $x = \dfrac{1}{2}L$。

(3) 在弹簧从压缩最短到恰好弹到 C 的过程中，

A，B 两物体的动能在初、末状态相等，

弹性势能减小量为 E_p，

B 物体重力势能减小量为 mgx，

A 物体重力势能增加量为 $2mgx\sin\theta$，

系统内能增加量为 $f \cdot x$，

总的能量减小量 $\Delta E_{减} = E_p + mgx$，

总的能量增加量 $\Delta E_{增} = 2mgx\sin\theta + f \cdot x$。

由能量守恒定律得 $\Delta E_{减} = \Delta E_{增}$，

联立各式解得 $E_p = \dfrac{3}{8}mgL$。

　　应用能量转化和守恒定律解决物理问题时，按照"明确研究对象，巧取物理过程—分析变化的能量形式—能量分类，求解 $\Delta E_{减}$ 和 $\Delta E_{增}$—列表达式求解"这一思路，通过能量分类、求解总的能量减小量 $\Delta E_{减}$ 和总的能量增加量 $\Delta E_{增}$，可以更清晰地分析能量变化情况，更深刻地理解能量的转化和守恒思想，更准确、快捷地列出能量守恒定律的表达式，真正体现了运用能量观点解决物理问题的优越性。

第三节 人船模型的理解及其应用

动量守恒定律是高中物理重要内容之一，人船模型是动量守恒定律应用的具体体现。那么，如何理解人船模型？人船模型有哪些特点呢？

一、情境分析

如图 4 - 3 - 1 所示，质量为 m 的人站在质量为 M，长为 L 的静止小船的船尾，当人向前运动到船头时，人和船相对地面的位移各是多少？忽略水的阻力。

设人、船在任意时刻的速度大小分别为 $v_人$，$v_船$。人、船组成的系统水平方向不受外力，系统动量守恒，且总动量为零。规定人向前的方向为

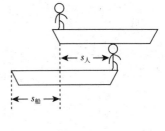

图 4 - 3 - 1

正方向，则 $mv_人 - Mv_船 = 0$，或 $mv_人 = Mv_船$。设运动时间为 t，人、船的平均速度大小分别为 $\bar{v}_人$、$\bar{v}_船$，人、船的位移大小分别为 $s_人$，$s_船$。因为全过程动量守恒，所以 $m\bar{v}_人 - M\bar{v}_船 = 0$，两边乘以时间 t 得 $m\bar{v}_人 \cdot t - M\bar{v}_船 \cdot t = 0$，而 $s_人 = \bar{v}_人 \cdot t$，$s_船 = \bar{v}_船 \cdot t$，所以 $ms_人 = Ms_船$，即 $\dfrac{s_船}{s_人} = \dfrac{m}{M}$。因为 $s_人 + s_船 = L$，所以，$s_人 = \dfrac{M}{m + M}L$，

$s_船 = \dfrac{m}{m + M}L$。

二、特点总结及模型建构

由以上情境分析可得人船模型具有以下特点：

（1）动量特点：人、船组成的系统某一方向满足动量守恒定律且系统总动

量为零。

（2）运动特点：人动船动，人停船停；人快船快，人慢船慢；人、船运动方向相反。

（3）位移特点：人、船的位移大小之和等于船的长度（人相对于船的位移）是一定值，即 $s_人 + s_船 = L$。

（4）比例特点：人、船的位移大小与质量成反比；人、船的速度大小跟质量成反比，即 $\dfrac{s_人}{s_船} = \dfrac{v_人}{v_船} = \dfrac{M}{m}$。注意：以上公式中的 s，v 均为相对地面的位移和速度。

在动量守恒定律应用的具体问题情境中，若相互作用的两物体满足以上特点，这类问题模型称为人船模型。

三、人船模型的应用

例题 1： 如图 4-3-2 所示，一个倾角为 α 的直角斜面体静置于光滑水平面上，斜面体质量为 M，顶端高度为 h。今有一质量为 m 的小物块，沿光滑斜面下滑，当小物块从斜面顶端自由下滑到底端时，斜面体在水平面上移动的距离是（　　）

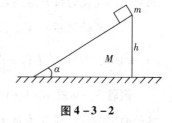

图 4-3-2

A. $\dfrac{mh}{M+m}$

B. $\dfrac{Mh}{M+m}$

C. $\dfrac{mh}{(M+m)\,\tan\alpha}$

D. $\dfrac{Mh}{(M+m)\,\tan\alpha}$

解析： 该问题情境属于人船模型。m 与 M 组成的系统在水平方向上动量守恒，设 m 在水平方向上对地位移为 x_1，M 在水平方向上对地位移为 x_2，由人船模型特点可知，$0 = mx_1 - Mx_2$，且 $x_1 + x_2 = \dfrac{h}{\tan\alpha}$，联立解得 $x_2 = \dfrac{mh}{(M+m)\,\tan\alpha}$，选项 C 正确。

例题 2：如图 4 – 3 – 3 所示，小车（包括固定在小车上的杆）的质量为 M，质量为 m 的小球通过长度为 L 的轻绳与杆的顶端连接。开始时小车静止在光滑的水平面上，现把小球从与 O 点等高的地方释放（小球不会与杆相碰），小车向左运动的最大位移是（　　）

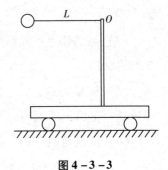

图 4 – 3 – 3

A. $\dfrac{2LM}{M+m}$

B. $\dfrac{2Lm}{M+m}$

C. $\dfrac{ML}{M+m}$

D. $\dfrac{mL}{M+m}$

解析：小球和小车组成的系统在水平方向上动量守恒，且总动量为零。由人船模型的特点可知，小球在下摆过程中，小车向左加速，小球从最低点向上摆动，小车向左减速。当小球摆到右边且与 O 点等高时，小车的速度减为零，此时小车向左的位移达到最大，小球相对于小车的位移为 $2L$。

设小球的位移为 x_1，小车向左运动的最大位移为 x_2，则 $x_1 + x_2 = 2L$，且 $mx_1 = Mx_2$，联立解得 $x_2 = \dfrac{2Lm}{M+m}$，选项 B 正确。

例题 3：如图 4 – 3 – 4 所示，质量为 M，半径为 R 的光滑圆环静止在光滑水平面上，有一质量为 m 的小滑块从与环心 O 等高处开始无初速下滑到达最低点时，圆环发生的位移为（　　）

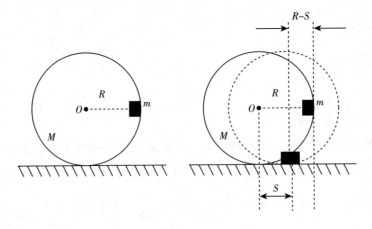

图 4 – 3 – 4

A. $S = \dfrac{m}{M+m} R$ B. $S = \dfrac{M}{M+m} R$

C. $S = R$ D. $S = \dfrac{R}{M+m} \sqrt{M^2 + (M+m)^2}$

解析：设运动时间为 t，圆环发生的位移为 S，小滑块在水平方向相对地面的位移为 $R - S$，由动量守恒定律得 $0 = M \dfrac{S}{t} - m \left(\dfrac{R-S}{t} \right)$，即 $MS = m(R-S)$，

解得 $S = \dfrac{mR}{M+m}$，选项 A 正确。

例题 4：如图 $4-3-5$ 所示，一辆质量 $M = 3$ kg 的小车 A 静止在光滑的水平面上，小车上有一质量 $m = 1$ kg 的光滑小球 B，将一轻质弹簧压缩并锁定，此时弹簧的弹性势能为 $E_p = 6$J，小球与小车右壁距离为 L，解除锁定，小球脱离弹簧后与小车右壁的油灰阻挡层碰撞并被粘住，求：

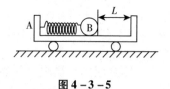

图 $4-3-5$

(1) 小球脱离弹簧时小球和小车各自的速度大小。

(2) 在整个过程中，小车移动的距离。

解析：

(1) 设小球脱离弹簧时小球和小车各自的速度大小分别为 v_1 和 v_2，
由动量守恒定律得 $mv_1 - Mv_2 = 0$，

由机械能守恒定律得 $\dfrac{1}{2} mv_1^2 + \dfrac{1}{2} Mv_2^2 = E_p$，

解得 $v_1 = 3$ m/s，$v_2 = 1$ m/s。

(2) 设整个过程运动时间为 t，小球和小车位移大小分别为 x_1 和 x_2，

由动量守恒定律得 $m \dfrac{x_1}{t} - M \dfrac{x_2}{t} = 0$，且 $x_1 + x_2 = L$，

解得 $x_2 = \dfrac{1}{4} L$。

由以上例题分析可以看出，人船模型的具体应用必须明确以下要点：第一，由相互作用的两个物体组成的系统在某一方向满足动量守恒定律，且系统总动量为零。第二，两物体相对地面的位移大小之和即为两物体间的相对位移，是一定值，通过画出示意图明确两物体位移大小关系。

第四节　动量和能量观点综合应用的

四大模型

综合应用动量观点和能量观点解决力学问题是高中物理的学习难点，其原因一方面是物理情境复杂，学生不能准确建构模型；另一方面是物理规律的应用综合性强，学生缺乏清晰的解题思路，不能正确应用物理规律。现将动量和能量观点综合应用中的四大重要模型及求解思路梳理如下。

一、"滑块 + 弹簧"模型

1. 情境展示

情境1：如图 4-4-1 甲所示，质量为 m_2 的滑块与轻弹簧相连静止在光滑水平面上，质量为 m_1 的滑块以速度 v_0 向右运动开始压缩弹簧，两滑块通过弹簧相互作用，在光滑水平面上运动。

情境2：如图 4-4-1 乙所示，光滑水平面上用轻弹簧连接质量分别为 m_1，m_2 的两滑块。现给滑块 m_1 一水平向右的初速度 v_0，两滑块通过弹簧相互作用，在光滑水平面上运动。

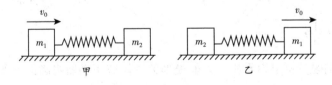

图 4-4-1

2. 思路点拨

（1）动量观点：两滑块与弹簧组成的系统水平方向不受外力，满足动量守恒定律。

（2）能量观点：两滑块与弹簧组成的系统内部，滑块的动能与弹簧的弹性势能相互转化，没有其他形式的能量参与转化，系统满足机械能守恒定律。

（3）临界状态分析：在轻弹簧作用下，两滑块做变速运动，当速度相等时，两滑块相距最近（或相距最远），此时弹簧的弹性势能最大。

设两滑块的共同速度为 v，由动量守恒定律得 $m_1 v_0 = (m_1 + m_2) v$；设弹簧的最大弹性势能为 E_p，由系统机械能守恒定律得 $E_p = \dfrac{1}{2} m_1 v_0^2 - \dfrac{1}{2} (m_1 + m_2) v^2$。

3. 模型迁移

图 4 - 4 - 1 甲情境 1 中，在从滑块 m_1 开始压缩弹簧到弹簧第一次恢复原长过程中，系统既满足动量守恒定律，又满足机械能守恒定律，属于弹性碰撞模型。弹簧第一次恢复原长时，对应两物块碰撞结束，两滑块的速度分别为 $v_1 = \dfrac{m_1 - m_2}{m_1 + m_2} v_0$，$v_2 = \dfrac{2m_1}{m_1 + m_2} v_0$。

例题 1： 如图 4 - 4 - 2 所示，质量分别为 1 kg，3 kg 的滑块 A，B 位于光滑水平面上，现使滑块 A 以 4 m/s 的速度向右运动，与左侧连有轻弹簧的滑块 B 发生碰撞。在二者发生碰撞的过程中，求：

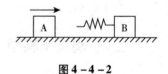

图 4 - 4 - 2

（1）弹簧的最大弹性势能。

（2）滑块 B 的最大速度。

解析：

（1）当弹簧压缩最短时，弹簧的弹性势能最大，此时滑块 A，B 同速。

由动量守恒定律得 $m_A v_0 = (m_A + m_B) v$，

解得 $v = \dfrac{m_A v_0}{m_A + m_B} = \dfrac{1 \times 4}{1 + 3}$ m/s = 1 m/s。

弹簧的最大弹性势能即滑块 A，B 损失的动能：

$$E_{pm} = \frac{1}{2}m_A v_0^2 - \frac{1}{2}(m_A + m_B)v^2 = 6 \text{ J}。$$

（2）当弹簧恢复原长时，滑块 B 获得最大速度，

由动量守恒和能量守恒得 $\frac{1}{2}m_A v_0^2 = \frac{1}{2}m_B v_m^2 + \frac{1}{2}m_A v_A^2$，

解得 $v_m = 2$ m/s，方向向右。

训练 1：甲、乙两个物块质量分别为 m 和 $2m$，在光滑水平面上沿同一直线相向运动，如图 4-4-3 所示。甲物块（左端固定一轻弹簧）速率为 3 m/s，乙物块速率为 2 m/s，在两物块相遇并发生相互作用的过程中（弹簧始终未超出弹性限度），下列说法中正确的是（　　）

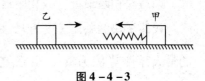

图 4-4-3

A. 乙物块先减速到零

B. 甲物块减速到零时，弹簧压缩到最短

C. 弹簧压缩到最短时，乙物块速率为 $\frac{1}{3}$ m/s

D. 弹簧恢复原长时，两物体各自以相遇前的速率反向运动

参考答案：C。

二、"滑块 + 斜面（或曲面）"模型

1. 情境展示

如图 4-4-4 所示，质量为 M 表面光滑的斜面体（或曲面体）静止在光滑的水平面上，质量为 m 的滑块以速度 v_0 滑上斜面体（或曲面体），底端无机械能损失，斜面（或曲面）部分足够长。M 与 m 在弹力作用下做变速运动，当 m 上升到最大高度 h 时，两者具有共同速度；当 m 与 M 分离时，m 有最小速度，M 有最大速度。

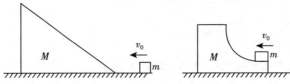

图 4-4-4

2. 思路点拨

（1）动量观点：M 与 m 组成的系统在水平方向不受外力，水平方向满足动量守恒定律，竖直方向不满足动量守恒定律。

（2）能量观点：M 与 m 组成的系统动能、重力势能发生相互转化，无其他形式能量参与转化，所以，系统的机械能守恒。

（3）临界状态分析：当 m 上升到最大高度 h 时，两者具有共同速度 v，由水平方向动量守恒定律得 $mv_0 = (m + M)v$，由系统机械能守恒定律得 $mgh = \frac{1}{2}mv_0^2 - \frac{1}{2}(m + M)v^2$。

当 m 与 M 分离时，m 有最小速度 v_1，M 有最大速度 v_2，由水平方向动量守恒定律得 $mv_0 = mv_1 + Mv_2$，由系统机械能守恒定律得 $\frac{1}{2}mv_0^2 = \frac{1}{2}mv_1^2 + \frac{1}{2}Mv_2^2$。

3. 模型迁移

从滑块滑上斜面体（或曲面体）到分离，m 与 M 组成的系统满足水平方向动量守恒、系统机械能守恒，属于弹性碰撞模型。所以，分离时滑块与斜面的速度大小分别为 $v_1 = \frac{m_1 - m_2}{m_1 + m_2}v_0$，$v_2 = \frac{2m_1}{m_1 + m_2}v_0$。

例题 2：如图 $4-4-5$ 所示，在光滑水平面上有一质量为 M 的滑块，滑块的左侧是一光滑的圆弧，圆弧的半径 $R = 1$ m。一质量为 m 的小球以速度 v_0 向右运动冲上滑块。已知 $M = 4$ m，g 取 10 m/s²。设小球刚好没跃出圆弧的上端。

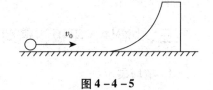

图 $4-4-5$

（1）小球的初速度 v_0 是多大？

（2）滑块获得的最大速度是多大？

解析：

（1）当小球上升到最高点时，小球与滑块在水平方向上的速度相同，设为 v_1，根据水平方向上动量守恒，有 $mv_0 = (m + M)v_1$，

根据系统的机械能守恒，有 $\frac{1}{2}mv_0^2 = \frac{1}{2}(m + M)v_1^2 + mgR$，

联立解得 $v_0 = 5$ m/s。

（2）小球到达最高点以后又滑回，滑块做加速运动，当小球离开滑块时，滑块的速度最大，设此时小球的速度为 v_2，滑块的速度为 v_3。小球从开始冲上滑块一直到离开滑块的过程，根据动量守恒定律和能量守恒定律有

$$mv_0 = mv_2 + Mv_3,$$

$$\frac{1}{2}mv_0^2 = \frac{1}{2}mv_2^2 + \frac{1}{2}Mv_3^2,$$

联立解得 $v_3 = 2$ m/s。

训练 2：如图 4-4-6 所示，在足够长的光滑水平面上有一静止的质量为 M 的斜面，斜面表面光滑，高度为 h，倾角为 θ。一质量为 m（$m < M$）的小物块以一定的初速度沿水平面向右运动，不计冲上斜面过程中的机械能损失。如果斜面固定，则小物块恰能冲到斜面顶端；如果斜面不固定，则小物块冲上斜面后能达到的最大高度为（　　）

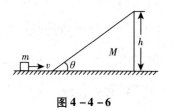

图 4-4-6

A. h B. $\frac{m}{M+m}h$ C. $\frac{m}{M}h$ D. $\frac{M}{M+m}h$

参考答案：D。

三、"滑块 + 平板"模型

1. 情境展示

情境 1：滑块带平板

如图 4-4-7 甲所示，质量为 M 的粗糙平板静止在光滑的水平面上，质量为 m 的滑块从平板的左端以速度 v_0 冲上平板，在摩擦力作用下滑块做减速运动，平板做加速运动，经过时间 t，两者速度相等。

情境 2：平板带滑块

如图 4-4-7 乙所示，质量为 M 的粗糙平板以速度 v_0 在光滑水平面上匀速运动，某时刻质量为 m 的滑块无初速度释放到平板右端，在摩擦力作用下滑块做加速运动，平板做减速运动，经过时间 t，两者速度相等。

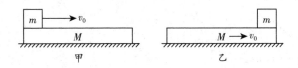

图 4 – 4 – 7

2. 思路点拨

（1）动量观点：滑块 m 与平板 M 组成的系统在水平方向上不受外力，系统满足动量守恒定律。

（2）能量观点：系统克服摩擦力做功，机械能减小，内能增大，且内能的增加量等于机械能的减小量，满足能量守恒定律。

（3）临界状态分析：当滑块恰好不相对平板滑动时，滑块与平板的速度相等，系统产生的内能最大。

设滑块与平板间的动摩擦因数为 μ，经过时间 t 达到共同速度 v，滑块的位移为 x_1，平板的位移为 x_2，相对位移为 L，则

情境 1：

根据动量定理，

对 m：$-\mu mg \cdot t = mv - mv_0$，

对 M：$\mu mg \cdot t = Mv$，

整理得 $mv_0 = (m + M) v$。

所以，系统满足动量守恒定律。

根据动能定理，

对 m：$-\mu mg \cdot x_1 = \dfrac{1}{2}mv^2 - \dfrac{1}{2}mv_0^2$，

对 M：$\mu mg \cdot x_2 = \dfrac{1}{2}Mv^2$，

联立得 $\mu mg(x_1 - x_2) = \dfrac{1}{2}mv_0^2 - \dfrac{1}{2}(m + M)v^2$。

系统内能的增加量 $Q = \mu mgL = \mu mg(x_1 - x_2)$，

所以，系统内能的增加量等于系统机械能的减小量，满足能量守恒定律。

103

情境2：

根据动量定理，

对 m：$\mu mg \cdot t = mv$，

对 M：$-\mu mg \cdot t = Mv - Mv_0$，

整理得 $Mv_0 = (m+M)v$。

所以，系统满足动量守恒定律。

根据动能定理，

对 m：$\mu mg \cdot x_1 = \dfrac{1}{2}mv^2$，

对 M：$-\mu mg \cdot x_2 = \dfrac{1}{2}Mv^2 - \dfrac{1}{2}Mv_0^2$，

联立得 $\mu mg (x_2 - x_1) = \dfrac{1}{2}Mv_0^2 - \dfrac{1}{2}(m+M)v^2$。

系统内能的增加量 $Q = \mu mgL = \mu mg(x_2 - x_1)$，

所以，系统内能的增加量等于系统机械能的减小量，满足能量守恒定律。

（4）物理规律优先原则：

① 涉及滑块或者平板的时间时，优先考虑动量定理。

② 涉及滑块或者平板的位移时，优先考虑动能定理。

③ 涉及滑块与平板间的相对位移时，优先考虑能量守恒定律。

3. 情境拓展

在情境1和情境2中，若平板的长度较小，滑块（或平板）的初速度较大，滑块会与平板分离。分离前，物理过程的分析思路同上。

例题3：如图4-4-8所示，质量 $m_1 = 0.3$ kg 的小车静止在光滑的水平面上，车长 $L = 1.5$ m，现有质量 $m_2 = 0.2$ kg 可视为质点的物块，以水平向右的速度 $v_0 = 2$ m/s 从左端滑上小车，最后在车面上某处与小车保持相对静止。物块与车面间的动摩擦因数 $\mu = 0.5$，取 $g = 10$ m/s^2，求：

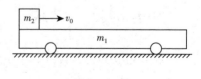

图 4-4-8

（1）物块与小车共同速度；

（2）物块在车面上滑行的时间 t；

（3）小车运动的位移 x；

（4）要使物块不从小车右端滑出，物块滑上小车左端的速度 v_0' 不超过多少？

解析：

（1）设物块与小车共同速度为 v，以水平向右为正方向，

根据动量守恒定律，$m_2v_0 = (m_1 + m_2)v$，$v = 0.8$ m/s。

（2）对物块应用动量定理，$-\mu m_2 g \cdot t = m_2 v - m_2 v_0$，

解得 $t = \dfrac{m_1 v_0}{\mu(m_1 + m_2)g}$，代入数据得 $t = 0.24$ s。

（3）对小车应用动能定理，$\mu m_2 g x = \dfrac{1}{2}m_1 v^2$，

解得 $x = 0.096$ m。

（4）要使物块恰好不从车面滑出，须使物块到车最右端时与小车有共同的速度，设其为 v'，则 $m_2 v_0' = (m_1 + m_2)v'$。

根据系统能量守恒，有 $\mu m_2 g L = \dfrac{1}{2}m_2 v_0'^2 - \dfrac{1}{2}(m_1 + m_2)v'^2$。

代入数据解得 $v_0' = 5$ m/s，

故要使物块不从小车右端滑出，物块滑上小车左端的速度 v_0' 不超过 5 m/s。

训练 3：如图 4-4-9 甲所示，质量 $M = 2$ kg 的木板以初速度 $v_0 = 5$ m/s 在光滑的水平面上运动，质量 $m = 0.5$ kg 的滑块落在木板的右端没有弹起，最终恰好没掉下来，从滑块落到木板上开始计时，二者的 v-t 图像如图 4-4-10 乙所示，g 取 10 m/s^2，求：

（1）滑块与木板间的动摩擦因数 μ；

（2）木板的长度 L 和系统产生的内能 Q。

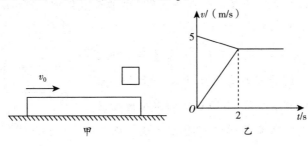

图 4-4-9

参考答案：（1）$\mu = 0.2$；（2）$L = 5$ m，$Q = 5$ J。

四、"子弹 + 木块"模型

在"子弹 + 木块"模型中，子弹打木块过程中子弹与木块相互作用，系统水平方向不受外力，满足动量守恒定律；系统由于克服阻力做功，机械能减小，内能增加，满足能量守恒定律。"子弹 + 木块"模型的解题思路及物理规律的优先原则与"滑块 + 平板"模型完全相同。

例题 4：如图 4 - 4 - 10 所示，质量为 $m = 245$ g 的物块（可视为质点）放在质量为 $M = 0.5$ kg 的木板（足够长）左端，木板静止在光滑水平面上，物块与木板间的动摩擦因数为 $\mu = 0.4$。质量为 $m_0 = 5$ g 的子弹以速度 $v_0 = 300$ m/s 沿水平方向射入物块并留在其中（时间极短），g 取 10 m/s^2。子弹射入后，求：

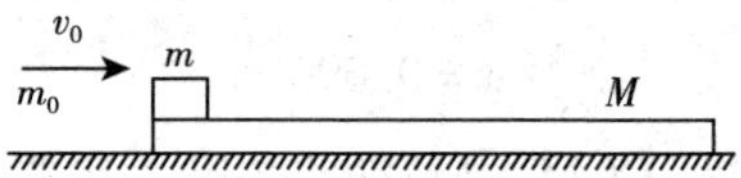

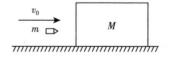

图 4 - 4 - 10

（1）子弹和物块一起向右滑行的最大速度 v_1；

（2）木板向右滑行的最大速度 v_2；

（3）物块在木板上滑行的时间 t。

解析：

（1）以子弹和物块组成的系统为研究对象，取向右为正方向，则该过程系统动量守恒。分析可知子弹进入物块瞬间（两者共速）的速度最大，则有 $m_0 v_0 = (m_0 + m) v_1$，解得 $v_1 = 6$ m/s。

（2）当子弹、物块、木板三者共速时，木板的速度最大，根据动量守恒定律，有 $(m_0 + m) v_1 = (m_0 + m + M) v_2$，解得 $v_2 = 2$ m/s。

（3）对物块在木板上滑动的整个过程，根据动量定理，有 $-\mu(m_0 + m)gt = (m_0 + m)v_2 - (m_0 + m)v_1$，解得 $t = 1$ s。

训练 4：如图 4 - 4 - 11 所示，一质量 $M = 490$ g 的长方形匀质木块静置在光滑水平桌面上，一颗质量 $m = 10$ g 的子弹以 $v_0 = 200$ m/s 的水平速度沿其轴线射向木块，结果子弹没有射穿木块，则在子弹和木块相互作用的过程中（　　）

图 4 - 4 - 11

A. 子弹对木块的冲量大小为 1.96 N·s

B. 子弹对木块做的功等于子弹克服木块阻力所做的功

C. 子弹和木块组成的系统增加的内能为 196 J

D. 子弹受到的阻力对子弹做的功为 –196 J

参考答案：AC。

在动量和能量观点综合应用中，根据物理情境建构物理模型是基础，正确选用物理规律是关键。对于模型组合问题，可以将模型分解，将物理过程分段处理。

第五章

恒定电流与电路

第一节 "闭合电路的欧姆定律" 教材内容的二次开发

一、问题的提出

人教版高中物理选修 3 - 1 第二章第七节 "闭合电路的欧姆定律" 内容是对电流、电压及电阻等电学基础知识的有机整合，是对串、并联电路的特点、部分电路欧姆定律等内容的应用和拓展，也为多用电表的原理及使用、测定电池的电动势和内阻等内容做铺垫。所以，本节内容在教材第二章起着承前启后的关键作用。

按照教材编写内容和思路进行教学时，笔者发现学生对以下几处理解不够深刻，思维遇到障碍，无法灵活运用所学知识解决实际问题。

（1）在学习 "闭合电路的组成" （图 5 - 1 - 1）时，部分学生误认为外电路只由一个电阻 R 构成，并且外电路只能是纯电阻电路。面对多个电阻串联、并联的情况和含有非纯电阻元件（如电动机）的电路，学生无法正确理解某一元件两端的电压和电源的路端电压的关系、干路电流和支路电流的关系。

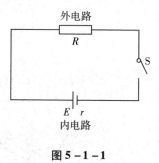

图 5 - 1 - 1

（2）在由能量守恒定律推导闭合电路的欧姆定律过程中，教材将外电路中电流所做的功等值于产生的热量 $Q_外 = I^2Rt$ 进行推导。学生学习后普遍认为闭合电路欧姆定律的 "电动势与内、外电压的大小关系 $E = U_外 + U_内$" "路端电压与干路电流的关系 $U = E - Ir$" 只适用于纯电阻电路。这导致学生的理解出现偏差甚至错误，在解决闭合电路中的非纯电阻问题时束手无策。

（3）在"闭合电路的欧姆定律"的拓展教学环节，一般都要补充闭合电路中的功率关系。在讨论电源输出功率最大的条件时，按照教材编写思路，推导过程如下：

$$P_{出} = I^2 R = \frac{E^2 R}{(R+r)^2} = \frac{E^2 R}{(R-r)^2 + 4Rr} = \frac{E^2}{\frac{(R-r)^2}{R} + 4r}。$$

当满足条件 $R = r$ 时，$P_{出}$ 最大，且最大值 $P_{出max} = \frac{E^2}{4r}$。

显然，这一结论只限于外电路负载只能是纯电阻元件的情况，对于外电路中含有非纯电阻元件的问题不适用。

二、教材内容二次开发的理论依据和策略

苏联教育家维果茨基提出的学生"最近发展区"教育理论指出：个体的发展水平包括已经达到的发展水平和可能达到的、潜在的发展水平，两种水平之间的区域称作"最近发展区"。物理教师的教学设计要在充分考虑学生原有的发展水平，合理预测学生潜在的发展水平的基础上，力争在"最近发展区"开展有效的教学活动，培养学生的思维能力。就本节内容而言，能量守恒定律、电源电动势、纯电阻与非纯电阻元件的电功和电功率、部分电路的欧姆定律等知识的理解及应用是学生已有的发展水平。在教师的有效指导下，学生充分运用已有的知识和经验，推导非纯电阻元件在闭合电路中电动势与内、外电压的关系，路端电压与干路电流的关系，以及电源输出功率最大的一般性条件等。这就是学生在本节内容学习中可能达到的发展水平。为此，笔者基于生本原则，依据课程标准的要求，对本节教材内容进行了二次开发，现将具体策略整理如下：

策略一：对闭合电路中外电路的进一步拓展。

如图 5 - 1 - 2 所示，可以将外电路 R 拓展为一个非纯电阻元件（如电动机），再拓展为纯电阻元件和非纯电阻元件的组合。这样，对闭合电路的外电路从更全面的角度帮助学生分析，从而避免学生理解的片面性。

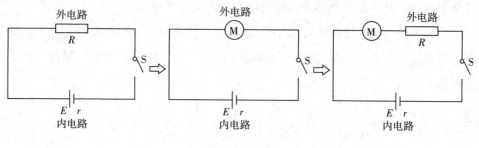

图 5 – 1 – 2

策略二：对闭合电路的欧姆定律的理论推导过程的改编。

设外电路中总的电势降落即外电路两端的电压为 $U_外$，干路电流为 I，则在时间 t 内，化学反应层中非静电力做功 $W_非 = Eq = EIt$。由功能关系可知，$W_非$ 是其他形式的能量转化为电能的量度；外电路中电流做的功 $W = U_外 It$ 是外电路中电能转化为其他形式能量的量度；内电路中电流做功产生的热量 $Q = I^2 rt$ 是内电路中电能转化为内能的量度。根据能量守恒和转化定律得 $W_非 = W + Q$，即 $EIt = U_外 It + I^2 rt$。

整理得出 $E = U_外 + Ir$，用 $U_内$ 表示 Ir，则

$E = U_外 + U_内$。①

习惯上 $U_外$ 又叫作电源的路端电压，简单地用 U 表示，则

$U = E - Ir$。②

当外电路为纯电阻电路，并用 R 表示外电路的总电阻时，则 $U = IR$，代入②式可整理得

$$I = \frac{E}{R + r}。③$$

由以上推导过程可以看出，①②两式适用于所有电路，分别表示电源电动势的大小与内、外电压的大小关系和电源的路端电压与干路电流的关系，体现了所有的闭合电路中能量转化和守恒思想；③式只适用于纯电阻电路，表示在纯电阻闭合电路中，干路电流（电源中的电流）跟电源的电动势成正比，与内、外电路的电阻之和成反比。在教学过程中，经过这样改编后的理论推导，学生很自然地明确闭合电路欧姆定律的三种表达形式的适用范围，并为应用欧姆定律解决电路问题打下了扎实的理论基础。

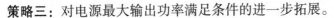

策略三： 对电源最大输出功率满足条件的进一步拓展。

由闭合电路中能量转化和守恒关系可以推导出 $EI = UI + I^2r$，电源的总功率 $P_总 = EI$，电源的输出功率 $P_出 = UI$，电源内部的热功率 $P_热 = I^2r$。

$$P_出 = UI = U\frac{E-U}{r} = -\frac{1}{r}U^2 + \frac{E}{r}U。 ④$$

④式表示 $P_出$ 与 U 满足一元二次方程，根据一元二次方程最值求解方法可得，当 $U = \frac{E}{2}$ 时，电源的输出功率 $P_出$ 最大，并且最大值 $P_{出max} = \frac{E^2}{4r}$。

由于推导过程没有对电路性质做任何限制，拓展后的电源输出功率最大时的条件 $U = \frac{E}{2}$ 可以满足外电路为纯电阻和非纯电阻的一切闭合电路。当外电路为纯电阻电路时的条件 $R = r$ 只是条件 $U = \frac{E}{2}$ 的特例。

以上对教材内容的二次开发，能够很好地避免学生理解的片面性，清除学生在学习过程中的思维障碍，有利于学生更加深刻、全面地理解闭合电路的欧姆定律，提高学生的分析综合能力和灵活运用所学知识解决实际问题的能力。

第二节　一道电路问题引发的教学思考

原题： 在图5-2-1甲所示的电路中，闭合开关S，在滑动变阻器的滑动触头P向下滑动的过程中，4个理想电表的示数都发生了变化。图5-2-1乙中三条图线分别表示三个电压表示数随电流表示数变化的情况，以下说法正确的是（　　）

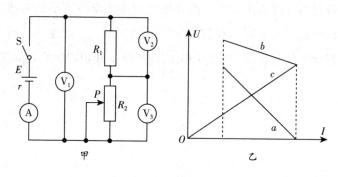

图 5 - 2 - 1

A. 图线 a 表示的是电压表 V_3 的示数随电流表示数变化的情况

B. 图线 c 表示的是电压表 V_2 的示数随电流表示数变化的情况

C. 此过程中电压表 V_1 示数的变化量 ΔU_1 和电流表示数变化量 ΔI 的比值变大

D. 此过程中电压表 V_3 示数的变化量 ΔU_3 和电流表示数变化量 ΔI 的比值不变

这是一道典型的电路动态分析题，既考查电路的连接方式、各电表的作用等电路基础知识，又考查图像的理解能力和分析综合能力。笔者通过对这一典型问题进行深入分析，提出了六个方面的教学思考。现整理如下，以供参考。

一、等效电路的组成及分析

如图 $5-2-1$ 甲所示，定值电阻 R_1 与可变电阻 R_2 串联构成闭合电路的外电路。当讨论可变电阻 R_2 两端的电压变化量绝对值与电流变化量绝对值的比值或者讨论可变电阻 R_2 消耗的电功率时，可将与可变电阻 R_2 串联的定值电阻 R_1 等效在电源的内部组成等效电路，等效电路的外电阻为 R_2，其两端的电压就是等效电路的路端电压，等效电源的内阻为 R_1+r。

二、闭合电路的 $U-I$ 图像及整合应用

闭合电路的 $U-I$ 图像分为两种：电阻的 $U-I$ 图像和电源的 $U-I$ 图像。电阻的 $U-I$ 图像反映了某一电阻两端的电压 U 随电阻中电流 I 的变化，并且电压 U 随电流 I 的增大而增大，图像的斜率表示该电阻的阻值大小。图 $5-2-1$ 乙中的 c 图线表示电阻 R_1 的 $U-I$ 图像。电源的 $U-I$ 图像反映了电源的路端电压 U 随电源中电流 I 的变化，并且路端电压 U 随电源中电流 I 的增大而减小，图像斜率的绝对值表示电源的内阻大小。图 $5-2-1$ 乙中的 b，a 图线分别表示电源的 $U-I$ 图像和等效电源的 $U-I$ 图像。对两种图像的对比分析可以加深学生对部分电路欧姆定律和闭合电路欧姆定律的进一步理解，帮助学生在解决电路的图像问题时理清思路、掌握方法。

在很多电路问题中，两种 $U-I$ 图像会整合在同一坐标系中，如图 $5-2-2$ 甲所示。图像交点对应的电压 U_0 既是电阻 R 两端的电压，也是闭合电路中的路端电压；图像交点对应的电流 I_0 既是电阻中 R 的电流，也是通过电源的电流。所以，两图像的交点表示将某一电阻 R 与电源构成闭合电路的状态，如图 $5-2-2$ 乙所示。图 $5-2-1$ 乙中图线 b，c 交点表示电阻 R_1 和电源构成的回路状态（此时 $R_2=0$），图线 a，c 交点表示电阻 R_1 和等效电源构成回路状态。

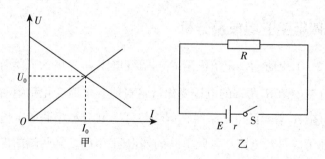

图 5 - 2 - 2

三、线性元件与非线性元件电阻的求解

线性元件的 $U - I$ 图像是一条过原点的倾斜直线，图线的斜率不变。由 $U - I$ 图像可得，线性元件的电阻 $R = \dfrac{U}{I} = \dfrac{\Delta U}{\Delta I}$。非线性元件的 $U - I$ 图像是一条过原点的曲线，图线的斜率随电压发生变化。由 $U - I$ 图像可得，非线性元件在某一电压下的电阻 $R = \dfrac{U}{I} \neq \dfrac{\Delta U}{\Delta I}$。

四、电压表示数 U 与电流表示数 I 的比值的含义

若电压表测某一电阻两端的电压，电流表测通过该电阻的电流，则电压表示数 U 与电流表示数 I 的比值 $\dfrac{U}{I}$ 表示该电阻的阻值。如图 5 - 2 - 1 甲所示，根据电路的连接特点和电流表、电压表的作用可得 $R_1 = \dfrac{U_2}{I}$，$R_2 = \dfrac{U_3}{I}$，$R_1 + R_2 = \dfrac{U_1}{I}$。

五、电压表示数变化量的绝对值 ΔU 与电流表示数变化量的绝对值 ΔI 的比值的含义

如图 5 - 2 - 1 甲所示，电压表 $\text{\textcircled{V}}_2$ 测定值电阻 R_1 两端的电压，电压表 $\text{\textcircled{V}}_2$ 示数变化量的绝对值与电流表示数变化量的绝对值的比值即 c 图线的斜率，表示定值电阻的阻值，即 $\dfrac{\Delta U_2}{\Delta I} = R_1$；电压表 $\text{\textcircled{V}}_1$ 测电路中的路端电压，由电源的

$U-I$图像可知，电压表 (V_1) 示数变化量的绝对值与电流表示数变化量的绝对值的比值即图线 b 斜率的绝对值，表示电源的内阻，即$\frac{\Delta U_1}{\Delta I}=r$；电压表 (V_3) 测可变电阻 R_2 两端的电压，运用等效电路的思想，由等效电源的 $U-I$ 图像可知，电压表 (V_3) 示数变化量的绝对值与电流表示数变化量的绝对值的比值即图线 a 斜率的绝对值，表示等效电源的内阻，即$\frac{\Delta U_3}{\Delta I}=R_1+r$。

六、电压表示数 U 之间的关系与电压表示数变化量绝对值 ΔU 之间的关系

如图 5-2-1 甲所示，根据电路的连接特点和电流表、电压表的作用可知，电压表示数 U 之间的关系是 $U_1=U_2+U_3$，那么，电压表示数变化量的绝对值 ΔU 之间的关系是 $\Delta U_1=\Delta U_2+\Delta U_3$ 吗？由思考五的分析可知 $\frac{\Delta U_3}{\Delta I}=\frac{\Delta U_2}{\Delta I}+\frac{\Delta U_1}{\Delta I}$，所以，电压表示数变化量的绝对值 ΔU 之间的关系应该是 $\Delta U_3=\Delta U_2+\Delta U_1$，并且 $\Delta U_3>\Delta U_1$，$\Delta U_3>\Delta U_2$。由此可见，电压表示数变化量的绝对值 ΔU 之间的关系不能直接由电压表示数 U 之间的关系得出，而是由$\frac{\Delta U}{\Delta I}$的具体含义决定。

笔者通过以上教学思考，对原题的分析加以拓展，帮助学生更加深刻地理解直流电路中的 $U-I$ 图像及其应用，学会直流电路中电压表示数变化量绝对值的分析方法，掌握等效思想在直流电路中的应用技巧，从而提高高考复习效率。

第三节　恒定电路中等效电源模型的
建构及应用

　　闭合电路由外电路和内电路两部分组成，外电路中流过的电流大小等于电源中的电流大小，外电路两端的电压又叫路端电压，外电路消耗的功率等于电源的输出功率。一个结构比较复杂的闭合电路，外电路往往由多个电阻串联（或并联或混联），涉及多个电压关系、电流关系和功率关系。学生分析复杂结构的恒定电路时，往往会出现思维混乱、逻辑不清等问题。建构等效电源模型可以简化电路结构，降低问题分析难度。建构等效电源模型时，突出研究某一电阻，将这一电阻两端的电压和通过这一电阻的电流转换为等效电源的路端电压和通过等效电源的电流。这样，便于灵活应用闭合电路欧姆定律，创造性地解决恒定电路中的疑难问题。例如，分析某一变化电阻消耗的功率时，可以建构等效电源，将变化电阻等效为外电路，变化电阻消耗的功率即为等效电源的输出功率。

一、基于思维进阶理论，建构等效电源模型

　　建构等效电源，关键在于确定等效电源的等效电动势和等效内阻。根据闭合电路的欧姆定律，当某一电源与外电路断开时，将一理想电压表接在电源的两端，电压表的示数等于电源电动势的大小。电源内阻是指电源内部结构的阻值，大小等于电源的路端电压 U 与流过电源的电流 I 的变化关系图像斜率的绝对值。基于思维进阶理论，可以确定等效电源的等效电动势和等效内阻。

1. 思维进阶起点

　　如图 5-3-1 所示，将闭合电路的外电阻 R 与电源断开，且在电源两端 a，

b 之间接上理想电压表，此时理想电压表的示数等于电源的电动势 E。a，b 之间的电阻等于电源的内阻 r。

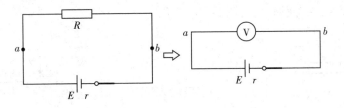

图 5 - 3 - 1

2. 思维进阶节点

节点 1：如图 5 - 3 - 2 甲所示，闭合电路的外电路由滑动变阻器 R 和定值电阻 R_0 串联组成，当研究滑动变阻器 R 两端的电压或滑动变阻器 R 消耗的电功率时，可将虚线框内部分看作等效电源。当 a，b 两端与外电路断开，a，b 间接上理想电压表（图 5 - 3 - 2 乙）时，理想电压表的示数 $U = E$，即等效电源的等效电动势 $E' = E$。虚线框内定值电阻 R_0 与电源内阻 r 串联，a，b 间的等效电阻为 $R_0 + r$，即等效电源的等效内阻 $r' = R_0 + r$。图 5 - 3 - 2 甲简化为图5 - 3 - 2 丙。

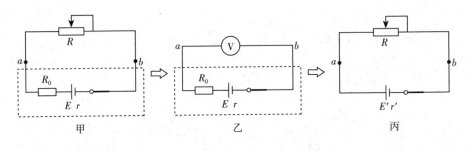

甲　　　　　　乙　　　　　　丙

图 5 - 3 - 2

节点 2：如图 5 - 3 - 3 甲所示，闭合电路的外电路由滑动变阻器 R 和定值电阻 R_0 并联组成，当研究滑动变阻器 R 两端的电压或滑动变阻器 R 消耗的电功率时，可将虚线框内部分看作等效电源。当 a，b 两端与外电路断开，a，b 间接上理想电压表（图 5 - 3 - 3 乙）时，设理想电压表的示数 U，则 $\dfrac{E}{R_0 + r} = \dfrac{U}{R_0}$，

$U = \dfrac{R_0 \cdot E}{R_0 + r}$，即等效电源的等效电动势 $E' = U = \dfrac{R_0 \cdot E}{R_0 + r}$；虚线框内定值电阻 R_0 与

电源内阻 r 并联，a，b 间的等效电阻为 $\dfrac{R_0 \cdot r}{R_0 + r}$，即等效电源的等效内阻 $r' =$ $\dfrac{R_0 \cdot r}{R_0 + r}$。图 5－3－3 甲简化为图 5－3－3 丙。

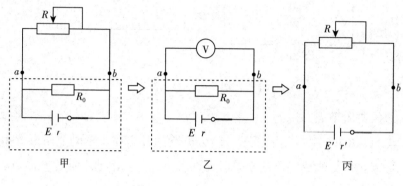

图 5－3－3

3. 思维进阶终点

将图 5－3－2 和图 5－3－3 中的思维进一步拓展，如图 5－3－4 所示。虚线框内部分看作等效电源，等效电源的等效电动势为 E'，等效电源的等效内阻为 r'，则

甲图：$E' = \dfrac{R_1 \cdot E}{R_0 + r + R_1}$，$r' = \dfrac{(R_0 + r) \cdot R_1}{R_0 + r + R_1}$。

乙图：$E' = \dfrac{R_0 \cdot E}{R_0 + r}$，$r' = \dfrac{R_0 \cdot r}{R_0 + r} + R_1$。

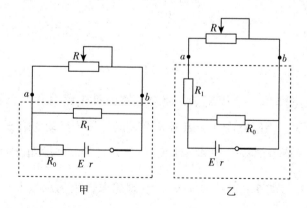

图 5－3－4

依次类推，可以建构更加复杂电路的等效电源，确定等效电动势和等效内阻。

二、等效电源模型在恒定电路中的应用

1. 判断比较电压表示数的变化量大小

对一个定值电阻而言，根据欧姆定律，其阻值 $R = \dfrac{U}{I} = \dfrac{\Delta U}{\Delta I}$；对一个电源而言，路端电压为 U，通过的电流为 I，则 $\dfrac{U}{I}$ 等于外电阻大小，而 $\dfrac{\Delta U}{\Delta I}$ 的绝对值等于电源内阻大小。通过建构等效电源模型，可以判断比较不同电压表示数变化量的大小，破解恒定电路中动态分析问题中的难点。

例题 1：如图 5-3-5 所示的电路，电源电动势 E 恒定不变，内阻 r 不可忽略，R_1，R_2，R_3 为定值电阻，R_4 为滑动变阻器，A_1，A_2 为理想电流表，V_1，V_2，V_3 为理想电压表。闭合开关后，I_1，I_2 分别表示两个电流表的示数，U_1，U_2，U_3 分别表示三个电压表的示数。现将滑动变阻器 R_4 的滑片稍向上滑动一些，ΔI_1、ΔI_2 分别表示两个电流表示数变化的大小，ΔU_1，ΔU_2，ΔU_3 分别表示三个电压表示数变化的大小。下列说法正确的是（　　　）

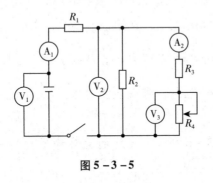

图 5-3-5

A. U_2 变小

B. $\dfrac{U_2}{I_2}$ 变小

C. ΔU_2 小于 ΔU_3

D. $\dfrac{\Delta U_1}{\Delta I_1}$ 大于 $\dfrac{\Delta U_2}{\Delta I_1}$

解析： 滑动变阻器 R_4 的滑片稍向上滑动时，R_4 接入电路的电阻增大，回路中总电阻增大，流过电源的电流 I 减小，由闭合电路的欧姆定律得 $U_2 = E - I$

$(r+R_1)$，可知 U_2 增大，A 选项错误；$\dfrac{U_2}{I_2}$ 等于 R_3，R_4 串联后的阻值，因为 R_4

增大，所以 $\dfrac{U_2}{I_2}$ 增大，B 选项错误；将电源 E，电阻 R_1，电阻 R_2 看作等效电源，

U_2 为路端电压，$\dfrac{\Delta U_2}{\Delta I_2}$ 等于等效电源的内阻，即 $\dfrac{\Delta U_2}{\Delta I_2}=\dfrac{(R_1+r)R_2}{R_1+r+R_2}$，同理，将电源

E，电阻 R_1，电阻 R_2，电阻 R_3 看作等效电源，U_3 为路端电压，$\dfrac{\Delta U_3}{\Delta I_2}$ 等于等效电

源的内阻，即 $\dfrac{\Delta U_3}{\Delta I_2}=\dfrac{(R_1+r)R_2}{R_1+r+R_2}+R_3$，所以，$\Delta U_2$ 小于 ΔU_3，选项 C 正确；U_1 为

路端电压，$\dfrac{\Delta U_1}{\Delta I_1}=r$，将电源 E，电阻 R_1 看作等效电源，U_2 为等效电源的路端

电压，$\dfrac{\Delta U_2}{\Delta I_1}=r+R_1$，所以 $\dfrac{\Delta U_1}{\Delta I_1}$ 小于 $\dfrac{\Delta U_2}{\Delta I_1}$，选项 D 错误。

2. 分析求解变阻器消耗的功率问题

闭合电路中，电源的输出功率随着外电阻的变化而变化。当外电阻阻值等

于电源内阻时，电源的输出功率最大，且 $P_{出max}=\dfrac{E^2}{4r}$；当外电阻的最大阻值小于

电源内阻（或外电阻的最小阻值大于电源内阻）时，外电阻的阻值 R 接近电源

内阻 r 时，电源的输出功率最大。在闭合电路中，求解某一变阻器消耗的功率

时，无法根据功率公式 $P=I^2R$ 或 $P=\dfrac{U^2}{R}$ 直接求解，应用等效电源思想，将变

阻器作为等效回路的外电路，则变阻器消耗的功率就等于等效电源的输出

功率。

例题 2：如图 5-3-6 所示，电源的电动势为 E，内阻为 r，R_0 为定值电

阻，滑动变阻器的最大阻值为 R。

（1）甲图中，已知 $R>R_0+r$，当变阻器的阻值调至多少时，变阻器消耗的

功率最大，求最大功率。

（2）乙图中，已知 $R>R_0>r$，当变阻器的阻值调至多少时，变阻器消耗的

功率最大，求最大功率。

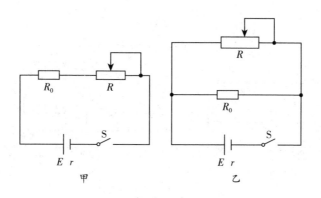

图 5 - 3 - 6

解析：如图 5 - 3 - 6 甲所示，将定值电阻 R_0，电源 E 组成等效电源，变阻器消耗的功率即为等效电源的输出功率，此时等效电源的等效电动势 $E' = E$，等效内阻 $r' = R_0 + r$，根据闭合电路中电源的输出功率随着外电阻变化的规律可知，当变阻器的阻值等于等效电源的等效内阻 $R_0 + r$ 时，等效电源的输出功率最大，且最大值为 $\dfrac{E^2}{4(R_0 + r)}$。

如图 5 - 3 - 6 乙所示，将定值电阻 R_0，电源 E 组成等效电源，滑动变阻器即为外电路，变阻器消耗的功率等于等效电源的输出功率，此时等效电源的等效电动势 $E' = \dfrac{R_0 E}{R_0 + r}$，等效内阻 $r' = \dfrac{R_0 \cdot r}{R_0 + r}$。当变阻器的阻值等于等效电源的等效内阻 $\dfrac{R_0 \cdot r}{R_0 + r}$ 时，等效电源的输出功率最大，且最大值为 $\dfrac{E'^2}{4(R_0 + r)} = \dfrac{R_0 E^2}{4(R_0 + r) \cdot r}$。

3. 作出等效电源的 $U - I$ 图像（或 $I - U$ 图像），确定用电器的工作状态

在同一坐标系中，电源的 $U - I$ 图像（或 $I - U$ 图像）与某一用电器的 $U - I$ 图像（或 $I - U$ 图像）的交点表示该用电器直接接在电源两端时的工作状态，交点对应的电压值等于用电器两端的电压，也等于电源的路端电压；交点对应的电流值等于流过该用电器的电流，也等于流过电源的电流。根据交点坐标值既能求出该状态下用电器的阻值，又能求解用电器消耗的实际功率。

例题 3：在图 5 - 3 - 7 甲所示的电路中，电源电动势为 3.0 V，内阻不计，L_1，L_2 为相同规格的小灯泡，这种小灯泡的伏安特性曲线如图 5 - 3 - 7 乙所示，R 为定值电阻，阻值为 10 Ω。当开关 S 闭合后（　　）

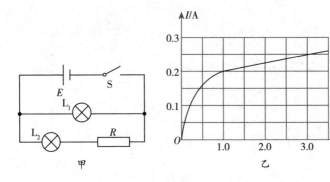

图 5-3-7

A. L_1 的电阻为 12 Ω

B. L_1 消耗的电功率为 0.75 W

C. L_2 的电阻为 5.0 Ω

D. L_2 消耗的电功率为 0.3 W

解析： 由题意可知，L_1 两端的电压为 3.0 V，流过的电流为 0.25 A，所以 L_1 的电阻 $R_1 = \dfrac{U_1}{I_1} = 12$ Ω，L_1 消耗的电功率 $P_1 = U_1 I_1 = 0.75$ W，所以 AB 选项正确；将小灯泡 L_2 作为外电路，将电源 E，小灯泡 L_1 及定值电阻 R 组成等效电源，等效电源的等效电动势 $E' = 3.0$ V，等效内阻 $r' = R = 10$ Ω，作出等效电源的 $I-U$ 图像，与小灯泡的伏安特性曲线交于一点，如图 5-3-8 所示，交点坐标（$U_2 = 1.0$ V，$I_1 = 0.2$ A），所以 L_2 的电阻 $R_2 = \dfrac{U_2}{I_2} = 5.0$ Ω，L_2 消耗的电功率 $P_2 = U_2 I_2 = 0.2$ W，所以选项 C 正确，D 错误。

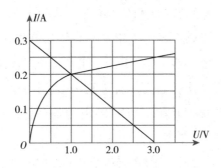

图 5-3-8

4. 分析实验"测电源电动势和内阻"的系统误差

在"测电源电动势和内阻"的实验中，误差分析是学生学习的难点。理论推导方法过程烦琐，学生容易出错；图像分析法比较抽象，理解难度太大，耗时较长。应用等效电源法，能取得事半功倍之良效。

"测电源电动势和内阻"实验的方法一般有三种：伏安法、安阻法和伏阻法，其中伏安法包括电流表的内接法和外接法。所以，本实验的原理图有以下四种，如图5-3-9所示。

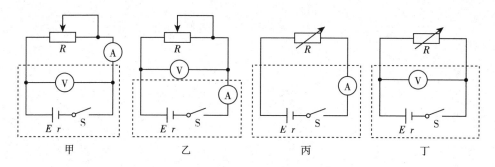

图 5-3-9

依据系统误差来源分析，图5-3-9甲和图5-3-9丁是由电压表的分流引起系统误差的和图5-3-9乙、图5-3-9丙是由电流表的分压引起系统误差的。现分两类做系统误差分析：

（1）图5-3-9甲和图5-3-9丁：由于电压表分流，通过电流表（或电阻箱）的电流小于通过电源的电流，将实际电压表（电阻为 R_V）与电源（虚线框所示部分）看作等效电源，则通过电流表（或电阻箱）的电流恰好等于通过等效电源的电流。所以，本实验测定的 $E_测$，$r_测$ 就是等效电源的等效电动势 E' 和等效内阻 r'，则 $E_测 = E' = \dfrac{R_V \cdot E}{R_V + r} < E$，$r_测 = r' = \dfrac{R_V \cdot r}{R_V + r} < r$，即 $E_测$ 小于真实值 E，$r_测$ 小于真实值 r。

（2）图5-3-9乙和图5-3-9丙：由于电流表分压，电压表的示数（或电阻箱两端的电压）小于闭合电路的路端电压，将实际电流表（电阻为 R_A）与电源（虚线框所示部分）看作等效电源，则电压表的示数（或电阻箱两端的电压）恰好等于等效电源两端的电压（等效闭合回路的路端电压）。所以，本实验测定的 $E_测$，$r_测$ 就是等效电源的等效电动势 E' 和等效内阻 r'，则 $E_测 = E' = E$，

$r_测 = r' = R_A + r > r$，即 $E_测$ 等于真实值 E，$r_测$ 大于真实值 r。

在恒定电路中，学生学习的重点在于电路结构的分析及相关物理量的求解，应用等效物理思想建构等效电源模型，既能帮助学生体验和领悟物理的思想方法，突出物理学科的本质，又能简化电路结构，便于相关物理量的分析求解，有效促进学生模型建构、推理论证、质疑创新等思维能力和运用物理知识解决实际问题能力的提升。

第六章

电场与磁场

第一节　类比建模型，分解破难点

一、试题呈现及评析

如图 6 - 1 - 1 所示，一带负电荷的油滴在匀强电场中运动，其轨迹在竖直面（纸面）内，且相对于过轨迹最低点 P 的竖直线对称。忽略空气阻力，由此可知（　　）

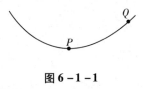

图 6 - 1 - 1

A. Q 点的电势比 P 点高

B. 油滴在 Q 点的动能比它在 P 点的大

C. 油滴在 Q 点的电势能比它在 P 点的大

D. 油滴在 Q 点的加速度大小比它在 P 点的小

本题考查带电粒子在复合场中运动、曲线运动中物体受力特点、带电粒子电场力做功与电势能变化的关系，以及电势能变化与电势变化的关系。难点在于如何根据带电粒子的运动轨迹特点确定带电粒子所受电场力的方向。要突破这一难点，关键是对"轨迹最低点"和"对称"的理解，构建出正确的物理模型。

二、巧用类比建模型

在高考复习中，学生对斜抛运动并不陌生。如图 6 - 1 - 2 所示，将一质量为 m 的物体斜向上抛出，初速度 v_0 的方向与水平方向的夹角为 θ，忽略空气阻力。以抛出点为坐标原点，沿水平方向和竖直方向建立直角坐标系，分析如下：

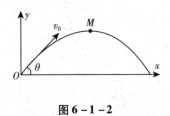

图 6 - 1 - 2

（1）受力分析：物体只受重力作用。

（2）处理问题方法：运动的分解。运用"化曲为直"的物理思想，将初速度 v_0 沿水平方向和竖直方向分解。根据运动和力的关系可知，水平方向上做匀速直线运动，竖直方向上先做匀减速直线运动后做匀加速直线运动。

（3）运动轨迹特点：M 点为运动轨迹的最高点，且在 M 点速度与所受合力（重力）方向垂直；运动轨迹相对于过最高点 M 的竖直线对称。

将高考题中带电油滴的运动与斜抛运动进行类比，根据运动轨迹特点的相似性分析受力特点的相似性，进而得出处理问题思想方法的相同性。

三、活用分解破难点

如图 6 - 1 - 3 所示，过油滴运动轨迹上 Q 点的对称点 O 为坐标原点，沿水平方向和竖直方向建立直角坐标系，将油滴在 O 点的速度 v 沿水平方向和竖直方向分解为 v_x 和 v_y。

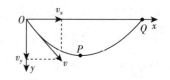

图 6 - 1 - 3

根据运动和力的关系，y 轴方向坐标先减小后增大，说明带电油滴一定受 y 轴负方向的恒定合外力，并且由运动轨迹的对称性可知，带电粒子从 O 点到 P 点和从 P 点到 Q 点所用时间相等，即运动时间具有对称性；由运动轨迹的对称性和运动时间的对称性可知，油滴在 x 轴方向上做匀速直线运动，说明油滴沿 x 轴方向上不受力的作用。所以，由力的合成可知，带电油滴在运动过程中所受的合外力沿着 y 轴的负方向，即竖直向上，所以电场力方向竖直向上，并且电场力大于重力。

通过将带电油滴的运动与斜抛运动进行类比，构建了学生熟悉的物理模型，运用运动的分解思想很容易分析带电粒子的受力特点，突破了瓶颈，为进一步比较带电油滴在 P 点和 Q 点的动能大小、电势能大小以及电势高低做好了铺垫。因为匀强电场中的电场力和重力都是恒力，所以合外力为恒力，加速度恒定不变，所以 D 选项错；当带电油滴从 P 点运动到 Q 时，电场力做正功，电势能减小，C 选项错误；油滴带负电，电势能减小，电势增加，所以 Q 点电势高于 P 点电势，A 选项正确；在油滴从 P 点运动到 Q 的过程中，合外力做正功，动能增加，所以 Q 点动能大于 P 点，B 选项正确。所以选 AB。

第二节　静电场中五类图像问题求解

高中物理静电场部分在描述电场力的性质和能的性质时，既涉及带电粒子的受力情况和运动情况，又涉及电场力做功与能量变化之间的关系。本章内容物理概念抽象，物理规律的应用综合性强，既是学生学习的难点，又是近年高考的热点。静电场中的图像能够呈现带电粒子在电场中的运动过程，直观地反映电场强度、电势、电势能等物理概念之间的关系，力与运动之间的关系，以及做功与能量转化之间的关系。通过图像考查对静电场有关概念及规律的理解是一个重要的物理问题，现将静电场中的图像问题予以归类解析。

一、$\varphi - x$ 图像

静电场中的 $\varphi - x$ 图像反映静电场中的电势 φ 随位置坐标 x 的变化规律。处理 $\varphi - x$ 图像问题必须把握以下要点：

（1）沿着电场线方向电势逐渐降低。由 $\varphi - x$ 图像直接判断各点的电势高低，并根据电势高低确定 x 轴上电场强度 E 的方向。注意：电势的正、负表示电势的高低。

（2）电场力做功 $W_{AB} = qU_{AB}$。由 $\varphi - x$ 图像直接确定任意两点间的电势差 U_{AB}，求解电场力做功 W_{AB}，进而通过功能关系分析带电粒子的动能变化及电势能变化情况。注意：$W_{AB} = qU_{AB}$ 中各物理量需带正、负号。

（3）$\Delta\varphi$ 表示两点间的电势差，Δx 表示电场方向上两点间的距离，x 轴方向上的电场强度 $E = \dfrac{\Delta\varphi}{\Delta x}$。所以，$\varphi - x$ 图像的斜率表示 x 轴方向上的电场强度，斜率的大小表示场强 E 的大小，斜率的正、负表示场强的方向。

例题1：两电荷量分别为 q_1 和 q_2 的点电荷放在 x 轴上的 O，M 两点，两电荷连线上各点电势 φ 随 x 变化的关系如图 $6-2-1$ 所示，其中 A，N 两点的电势为零，ND 段中 C 点电势最高，不计重力，则（ ）

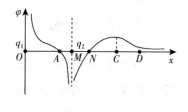

图 $6-2-1$

A. A，N 点的电场强度大小为零

B. 将一正点电荷静止放在 x 轴负半轴，它将一直做加速运动

C. N，C 间场强方向沿 x 轴正方向

D. 将一负点电荷从 N 点移到 D 点，电场力先做正功后做负功

解析：

（1）A，N 点的电势为零，但过 A，N 点的切线的斜率不为零，所以，电场强度大小不为零。A 选项错误。

（2）由 O，M 间的电势分布可知，O 点电势趋于正无穷大，M 点电势趋于负无穷大，说明 q_1 带正电，q_2 带负电。C 点场强为零，由点电荷场强决定式 $E=k\dfrac{Q}{r^2}$ 可知，$|q_1|>|q_2|$。根据场强叠加原理，x 轴负半轴上场强方向指向 x 轴负方向。所以，将一正点电荷静止放在 x 轴负半轴上，电场力指向 x 轴负半轴方向，与运动方向相同，一直做加速运动。B 选项正确。

（3）从 N 到 C 电势升高，N，C 间的场强方向沿 x 轴负方向。同理，C，D 间的场强方向沿 x 轴正方向。C 选项错误。

（4）负点电荷在 N，C 间所受电场力沿 x 轴正方向，在 C，D 间所受电场力沿 x 轴负方向。所以，负点电荷从 N 点移到 D 点，电场力先做正功后做负功。D 选项正确。

评析：

（1）A 选项可以很好地让学生明白"电势为零，电场强度一定为零"的错误，加深学生对电场强度和电势概念的理解。

（2）由斜率的正、负表示场强的方向可以得出：A，N 两点的场强方向相反，NC 段与 CD 段的场强方向相反。

（3）根据电场力做功情况可以进一步分析点电荷电势能的变化情况。

二、$E-x$ 图像

静电场中的 $E-x$ 图像反映静电场中的电场强度 E 随位置坐标 x 的变化规律。处理 $E-x$ 图像问题必须把握以下几个要点：

（1）电场强度 E 是矢量，$E>0$ 与 $E<0$ 表示电场强度的方向相反。图线上的一点到 x 轴之间的距离表示电场强度的大小。

（2）电势差 $U=Ed$，d 为场强方向上两点间的距离。类比 $v-t$ 图像可知，$E-x$ 图像与 x 轴围成的"面积"大小表示电势差大小，两点的电势高低依据电场方向判断。

例题 2： 空间某区域有一沿 x 轴对称分布的电场，其电场强度 E 随坐标 x 变化的图像如图 6-2-2所示，x_0 和 $-x_0$ 为 x 轴上对称的两点。现将一电子从 x_0 处由静止释放，它沿 x 轴负方向运动，到达 $-x_0$ 处时速度刚好为零。下列说法正确的是（　　）

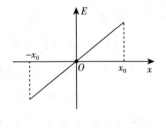

图 6-2-2

A. x_0 处的场强大于 $-x_0$ 处的场强

B. x_0 处的电势小于 $-x_0$ 处的电势

C. 电子在 x_0 处的电势能等于 $-x_0$ 处的电势能

D. 电子先做匀加速运动后做匀减速运动

解析：

（1）x_0 处和 $-x_0$ 处的场强大小相等，方向相反。A 选项错误。电子在 x_0 处由静止释放后沿着 x 轴负方向运动，说明电子在 0 到 x_0 之间所受电场力方向沿 x 轴负方向，场强方向沿 x 轴正方向。由矢量性可知，0 到 $-x_0$ 之间的场强方向沿 x 轴负方向，所受电场力方向沿 x 轴正方向。所以，电子先做加速运动后做减速运动，但加速度 a 变化，不是匀变速运动。D 选项错误。

（2）0 到 x_0 之间与 0 到 $-x_0$ 之间图线与 x 轴所围面积大小相等，电势差大小相等，即 $\varphi_0-\varphi_{x0}=\varphi_0-\varphi_{-x0}$。所以，$\varphi_{x0}=\varphi_{-x0}$。B 选项错误。

（3）由 $E_p=\varphi \cdot q$ 可知，电子在 x_0 处的电势能等于 $-x_0$ 处的电势能。C 选项正确。

评析：

（1）根据电场强度 E 的大小可以判定电场力的大小和加速度的大小。

（2）根据场强 E 的矢量性和题干条件可以确定电场强度的方向，进而判断电势的高低，分析带电粒子电势能的变化以及电场力的做功情况。

三、$E_p - x$ 图像

静电场中 $E_p - x$ 图像反映带电粒子的电势能 E_p 随位置坐标 x 的变化规律，理解要点如下：

（1）由图像可以直接判断带电粒子在各点的电势能 E_p 的大小，并根据电势能大小变化确定电场力做功情况。

（2）结合 $E_p = \varphi \cdot q$ 关系式，由电势能 E_p 的大小确定各点的电势 φ 的高低，进而确定电场强度的方向、电场力方向以及加速度方向。

（3）根据电势能变化与电场力做功之间的关系可知，电势能的增加量等于克服电场力所做的功。在匀强电场中 $|\Delta E_p| = F_电 \cdot \Delta x$，取 $\Delta x > 0$ 的极限，即 $F_电 = \dfrac{d|E_p|}{dx}$。所以，$E_p - x$ 图像的斜率大小表示电场力大小。根据 $E_p - x$ 图像的斜率可以分析电场力大小、加速度大小以及电场强度的大小。

例题 3：一带电粒子在电场中仅受静电力作用，做初速度为零的直线运动，取该直线为 x 轴，起始点 O 为坐标原点，其电势能 E_p 与位移 x 的关系如图 $6 - 2 - 3$ 所示，下列图像中合理的是（　　）

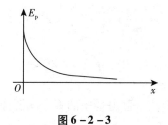

图 $6 - 2 - 3$

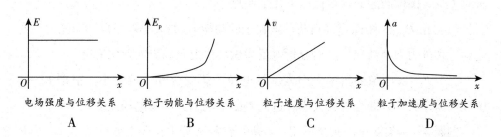

电场强度与位移关系	粒子动能与位移关系	粒子速度与位移关系	粒子加速度与位移关系
A	B	C	D

解析：

（1）$E_p - x$ 图像的斜率逐渐减小，表示电场力逐渐减小，带电粒子的加速度逐渐减小，场强 E 逐渐减小。A 选项错误，D 选项正确。

由动能定理可知，$\Delta E_k = F_合 \cdot \Delta x$，类比 $|\Delta E_p| = F_电 \cdot \Delta x$ 可知，$E_k - x$ 图像的斜率表示 $F_合$，而带电粒子仅受电场力作用，电场力即为合外力。所以，电势能逐渐减小时，动能逐渐增大，但 $E_k - x$ 图像的斜率逐渐减小。B 选项错误。

（2）由于 $\dfrac{dv}{dx} = \dfrac{dv}{dt} \cdot \dfrac{dt}{dx}$，其中 $\dfrac{dv}{dt}$ 是 $v - t$ 图像的斜率等于加速度 a，$\dfrac{dx}{dt}$ 是 $x - t$ 图像的斜率，等于速度 v。所以 $\dfrac{dv}{dx} = \dfrac{a}{v}$，即 $v - x$ 图像的斜率表示 $\dfrac{a}{v}$。带电粒子运动过程中加速度 a 减小而速度 v 增大，所以 $v - x$ 图像的斜率减小。C 选项错误。

评析：

（1）解决 $E_p - x$ 图像问题时，既要根据电势能 E_p 的大小变化判断电场力做功情况，又要根据图像斜率的变化判断电场力大小变化、电场强度大小变化以及加速度大小变化。

（2）分析 $v - x$ 图像的斜率表示的意义时，必须做合理的推导。同理，可推导 $\dfrac{dE_k}{dt} = \dfrac{dE_k}{dx} \cdot \dfrac{dx}{dt} = F_合 \cdot v$，即 $E_k - t$ 图像的斜率表示合外力的功率。

四、$E_k - x$ 图像

静电场中的 $E_k - x$ 图像反映带电粒子的动能 E_k 随位置坐标 x 的变化规律。解决 $E_k - x$ 图像问题必须掌握以下几个要点：

（1）由 $E_k - x$ 图像直接判断带电粒子的动能 E_k 的大小，并根据动能大小变化确定合外力做功情况，进而分析电场力做功情况及电势能变化情况。

（2）$E_k - x$ 图像的斜率大小表示带电粒子所受合外力的大小。根据 $E_k - x$ 图像的斜率大小判断合外力大小，进而判断电场力大小及电场强度大小。

例题 4： 如图 6-2-4 甲所示，x 轴处在静电场中，一个电荷量为 q，质量为 m 的带负电的粒子在原点 O 处由静止释放，仅在电场力的作用下沿 x 轴正方向运动，粒子运动过程中的动能随位置变化的关系如图 6-2-4 乙所示。图

6 – 2 – 4乙中的量均为已知，则下列说法正确的是（　　）

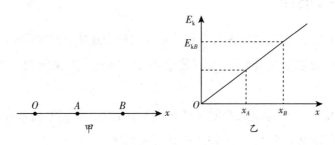

图 6 – 2 – 4

A. 场强沿 x 轴正方向逐渐增大

B. 图 6 – 2 – 4 乙中图线的斜率表示粒子所受电场力的大小

C. x 轴上 A 点处的场强大小为 $\dfrac{E_{kB}}{qx_B}$

D. 粒子运动到 A 点时的速度大小为 $\sqrt{\dfrac{2x_A E_{kB}}{mx_B}}$

解析：

（1）$E_k - x$ 图像的斜率大小表示带电粒子所受合外力的大小，而粒子仅受电场力作用，所以图 6 – 2 – 4 乙中图线的斜率表示粒子所受电场力的大小。B 选项正确。

（2）$E_k - x$ 图像的斜率一定，电场力一定，所以电场强度大小一定。A 选项错误。

在粒子从 O 点到 x_B 的过程中，由动能定理得 $Eq \cdot x_B = E_{kB}$。所以，A 处的场强大小为 $\dfrac{E_{kB}}{qx_B}$。C 选项正确。

（3）在粒子从 O 点到 x_A 的过程中，$Eq \cdot x_A = \dfrac{1}{2}mv_A^2$，而 $Eq = \dfrac{E_{kB}}{x_B}$，解得 $v_A = \sqrt{\dfrac{2x_A E_{kB}}{mx_B}}$。D 选项正确。

评析： 带电粒子仅在电场力作用下运动时，合外力等于电场力。由牛顿第二定律得 $a = \dfrac{qE}{m}$，加速度 a 的大小由场强 E 的大小决定。合外力所做的功等于电场力做的功，带电粒子的动能和电势能相互转化，动能和电势能之和保持不变。

五、$v - x$ 图像

静电场中的 $v - x$ 图像反映带电粒子运动过程中速度 v 随时间 x 的变化规律。若带电粒子只受电场力作用，求解静电场中的 $v - x$ 图像问题必须把握以下两点：

（1）根据 $v - x$ 图像直接判断速度 v 的大小变化，确定电场力方向，分析电场力做功情况以及动能 E_k，电势能 E_p 的变化情况。

（2）由于 $v - x$ 图像的斜率 $\dfrac{\Delta v}{\Delta x} = \dfrac{\Delta v}{\Delta t} \cdot \dfrac{\Delta t}{\Delta x} = a \cdot \dfrac{1}{v}$，根据 $v - x$ 图像的斜率变化可以判断带电粒子加速度的变化、电场力变化以及电场强度的变化情况。

例题 5：如图 6-2-5 甲所示，两个点电荷 Q_1，Q_2 固定在 x 轴上，其中 Q_1 位于原点 O，a，b 是它们连线延长线上的两点。现有一带正电的粒子 q 以一定的初速度沿 x 轴从 a 点开始经 b 点向远处运动（粒子只受电场力作用），设粒子经过 a，b 两点时的速度分别为 v_a，v_b，其速度随坐标 x 变化的图像如图 6-2-5 乙所示，则以下判断正确的是（　　）

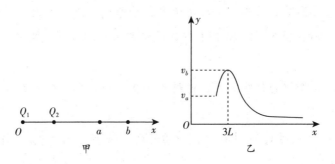

图 6-2-5

A. b 点的场强一定为零

B. Q_2 带负电且电荷量小于 Q_1

C. a 点的电势比 b 点的电势高

D. 粒子在 a 点的电势能比 b 点的电势能小

解析：

（1）$v - x$ 图像上 b 点的切线斜率为零，加速度为零，场强一定为零。A 选项正确。

（2）粒子从 a 到 b 速度增大，电场力沿 x 轴正方向，场强沿 x 轴正方向，所以 Q_2 带正电，而 b 点场强为零，由场强叠加原理可知，Q_2 电荷量小于 Q_1。B 选项错误。

（3）沿着电场方向电势降低，所以 a 点的电势比 b 点的电势高。C 选项正确。

（4）粒子在从 a 到 b 过程中电场力做正功，电势能减小，粒子在 a 点的电势能比 b 点的电势能大。或者根据电势能与电势的关系，a 点的电势比 b 点的电势高，a 点的电势能比 b 点的电势能大。D 选项错误。

评析：

（1）分析静电场中的 $v-x$ 图像问题需要从速度变化和图线斜率变化两个角度入手，分两条思路求解相关问题。

（2）静电场中的 $v-x$ 图像问题往往与电场分布相结合，综合分析带电粒子的受力情况、运动情况及能量变化情况。

静电场中的图像能够直观形象地呈现静电场中各物理量之间的关系，反映物理过程中物理量的变化规律。处理静电场中的图像问题，首先要认清坐标轴表示的物理量，明确图像反映的物理意义；其次，将物理图像与物理过程紧密结合，正确选用物理规律，巧用图像的斜率和面积；最后，通过图像对静电场中的物理问题从力与运动关系、做功与能量变化关系等方面全面分析、深刻理解。

第三节　带电粒子在交变电场中
运动问题的分类解析

带电粒子在交变电场中运动问题是高中物理学习的难点之一，其原因主要有三个：第一，粒子运动问题涉及力与运动的关系、功与能的关系，物理知识综合性强；第二，粒子运动在时间上具有周期性，在空间上具有对称性，运动过程复杂；第三，交变电场中，粒子所受的电场力的时间周期性变化，通过 $\varphi - t$ 图像，$u - t$ 图像，$E - t$ 图像确定粒子所受电场力的大小和方向具有一定的抽象性。

如何正确解答带电粒子在交变电场中的运动问题？

首先，准确确定电场力的大小、方向，结合粒子运动的初始条件建构合理的运动模型，如匀变速直线运动、类平抛运动等。

其次，正确应用力与运动的关系分析带电粒子的运动过程。运动过程往往分为多个阶段，既要分析每一阶段粒子的运动情况，又要注意两个阶段之间的联系，如前一阶段的末速度等于后一阶段的初速度，两阶段的时间、空间关系等。

最后，综合运用动力学规律、功能关系等物理规律求解问题。

现将带电粒子在交变电场中的运动问题的解答策略分直线运动和曲线运动两类情况予以讨论。

一、带电粒子在交变电场中的直线运动

1. 情境描述

通常以 $\varphi - t$ 图像，$u - t$ 图像和 $E - t$ 图像呈现交变电场。带电粒子进入电

场时初速度为零，或初速度方向与电场方向平行，带电粒子在交变电场力的作用下做加速、减速交替的直线运动。

2. 解答策略

求解带电粒子在交变电场中的运动问题关键在于交变电场力的确定和运动过程的分析。交变电场力的确定既要确定大小，又要确定方向。运动过程的分析通常运用动力学规律，重点分析每段时间内的运动性质及速度、加速度、位移等物理量的变化。为了降低思维活动的难度，直观、形象地呈现带电粒子的运动过程，可以运用以下策略。

策略一：图像的理解及转换

带电粒子在两平行金属板间只受电场力作用时，电场强度 $E = \dfrac{U}{d}$，电场力 $F = qE = \dfrac{qU}{d}$，粒子的加速度 $a = \dfrac{qE}{m} = \dfrac{qU}{md}$。可见，在两金属板间距不变时，电场力 $F \propto E \propto U$，加速度 $a \propto E \propto U$。所以，可以将题目中已知的 $\varphi - t$ 图像，$u - t$ 图像和 $E - t$ 图像转换为 $F - t$ 图像（或 $a - t$ 图像）。$F - t$ 图像（或 $a - t$ 图像）与 $\varphi - t$ 图像，$u - t$ 图像和 $E - t$ 图像的形状相似。转换后的 $F - t$ 图像（或 $a - t$ 图像）与 t 轴所围的"面积"表示粒子动量的变化量（或速度的变化量）。

策略二：标注电场力 F（或加速度 a）

分析带电粒子的运动过程重点在于力与运动关系的应用。在题目所给的图像中的每一段时间上标注电场力 F（或加速度 a）的大小和方向，便于分析粒子的运动过程，便于计算粒子的速度、速度变化量、位移、电场力做功等物理量。

策略三：画出粒子的运动示意图

大多数教辅资料上的方法是通过画出粒子的 $v - t$ 图像呈现粒子的运动过程，分析求解相关物理量。在教学过程中笔者发现，对于基础较差的学生，正确画出 $v - t$ 图像本身就是难点，又将 $v - t$ 图像作为分析问题的工具，更是难上加难。相反，根据题目的已知条件画出粒子的运动示意图既符合部分学生的学习习惯，又利于降低学生学习的难度，以便更有效地分析求解相关问题。

3. 典例分析与针对训练

例题 1：如图 6 - 3 - 1 甲所示，两平行正对的金属板 A，B 间加有图 6 - 3 - 1

乙所示的交变电压，一重力可忽略不计的带正电粒子被固定在两板的正中间 P 处。若在 t_0 时刻由静止释放该粒子，粒子会时而向 A 板运动，时而向 B 板运动，并最终打在 A 板上，则 t_0 可能属于的时间段（图 6-3-1 乙）是（　　）

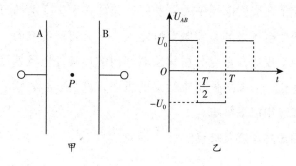

图 6-3-1

A. $0 < t_0 < \dfrac{T}{4}$

B. $\dfrac{T}{2} < t_0 < \dfrac{3T}{4}$

C. $\dfrac{3T}{4} < t_0 < T$

D. $T < t_0 < \dfrac{9T}{8}$

解析：

（1）将 $U_{AB}-t$ 图像转换为 $a-t$ 图像，根据题意标注出加速度 a 的大小和方向，如图 6-3-2 所示。

（2）根据分段运动过程，画出粒子的运动示意图。

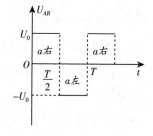

图 6-3-2

A 选项：若 t_0 属于时间段 $0 < t_0 < \dfrac{T}{4}$，则 $0 \sim \dfrac{T}{2}$ 内粒子向右加速运动 Δt_1 时间，且 $\Delta t_1 > \dfrac{T}{4}$，由运动对称性可知，粒子在 $\dfrac{T}{2} - T$ 内向右减速运动时间也为 Δt_1 时，粒子速度为零。紧接着在 $\dfrac{T}{2} \sim T$ 内向左加速运动时间 Δt_2，且 $\Delta t_2 = \dfrac{T}{2} - \Delta t_1 < \dfrac{T}{4}$，由运动对称性可知，粒子在 $T \sim \dfrac{3T}{2}$ 内向左减速运动时间也为 Δt_2 时，粒子速度为零。因为 $\Delta t_1 > \Delta t_2$，所以向右运动的总位移大于向左运动的总位移。以上运动恰好经历一个周期，以后运动重复第一周期。运动示意图如图 6-3-3 所示。可见，粒子时而

向B板运动，时而向A板运动，并最终打在B板上。同理可得BCD选项粒子的
运动示意图如图6-3-4所示。所以，B选项符合题意。

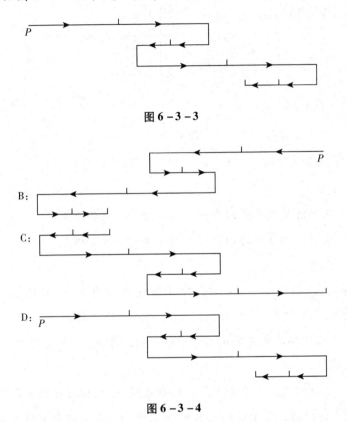

图6-3-3

图6-3-4

答案：B。

评析：画粒子运动示意图，必须注意粒子运动每一加速阶段与对应的每一
减速阶段空间上的对称性及整个运动过程的周期性。

例题2：如图6-3-5甲所示，真空中两平行金属板A，B水平放置，间距
为d，P点在A，B间，A板接地，B板的电势φ_B随时间t的变化情况如图6-3-5
乙所示，已知$\varphi_1 < \varphi_2$。$t=0$时，在P点由静止释放一质量为m，电荷量为e的
电子，到$t=3T$时刻，电子回到P点。电子运动过程中始终未与极板相碰，电
子重力不计，则下列说法正确的是（　　　）

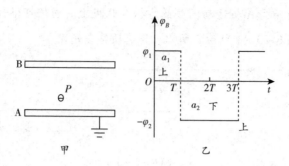

图 6 - 3 - 5

A. $\varphi_1 : \varphi_2 = 3 : 4$

B. $\varphi_1 : \varphi_2 = 4 : 5$

C. 电子从 P 点出发至返回 P 点，动能增加，电势能减小

D. 电子从 P 点出发至返回 P 点，动能和电势能都增加

解析：

(1) 由题意可知，$\varphi_B = \varphi_1$ 时，电子所受电场力 F_1 竖直向上；$\varphi_B = -\varphi_2$ 时，电子所受电场力 F_2 竖直向下，且 $F_1 < F_2$。设加速度大小分别为 a_1，a_2，在图 6 - 3 - 5 乙中标注加速度 a 的大小和方向，将 $\varphi_B - t$ 图像转换为 $F - t$ 图像（或 $a - t$ 图像）。

(2) $0 \sim T$ 时间内，电子竖直向上以加速度 a_1 做初速度为零的匀加速直线运动；$T \sim 3T$ 时间内，电子以加速度 a_2 先竖直向上做匀减速直线运动，后竖直向下做匀加速直线运动，整个过程为匀减速直线运动。因为 $a_1 < a_2$，在 $T \sim 2T$ 内某时刻电子的速度变为零，所以 $t = 2T$ 时刻电子已经向下做匀加速直线运动。电子的运动示意图如图 6 - 3 - 6 所示。$0 \sim T$ 时间内电子的位移 $x_1 = \frac{1}{2}a_1 T^2$，$t = T$ 时刻电子的速度 $v_1 = a_1 T$，$t = 3T$ 时刻电子的速度 $v_2 = v_1 - a_2 \cdot 2T$；$T \sim 3T$ 时间内电子的位移 $x_2 = v_1 \cdot 2T - \frac{1}{2}a_2(2T)^2$。由于 $x_1 = -x_2$，解得 $\frac{a_1}{a_2} = \frac{4}{5}$，$\frac{v_1}{v_2} = -\frac{2}{3}$。因为 $a_1 \propto \varphi_1$，$a_2 \propto \varphi_2$，所以 $\varphi_1 : \varphi_2 = 4 : 5$，选项 B 正确。

6 - 3 - 6

(3) $t = 3T$ 时刻电子的速度 $v_2 > 0$，所以电子从 P 点出发至返回 P 点，动能增加。由于电势能 $E_p = -e \cdot \varphi$，$t = 0$ 时刻 $\varphi > 0$，电势能 $E_{p1} < 0$；$t = 3T$ 时刻 $\varphi < 0$，电势能 $E_{p2} > 0$，$E_{p2} > E_{p1}$，即电子从 P 点出发至返回 P 点，电势能增加。选项 D 正确。

答案：BD。

评析：本题的易错点是不能根据电子动能增加就直接推断其电势能减小，因为 $t = T$ 时刻，电场发生了突变，P 点的电势突变，电子的电势能突然增加。

针对训练：如图 6-3-7 甲所示，两平行金属板竖直放置，左极板接地，中间有小孔，右极板电势随时间变化的规律如图 6-3-7 乙所示，电子原来静止在左极板小孔处（不计电子的重力）。下列说法正确的是（   ）

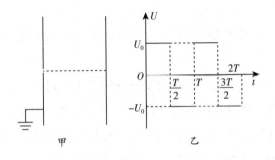

图 6-3-7

A. 从 $t = 0$ 时刻释放电子，电子始终向右运动，直到打到右极板上

B. 从 $t = 0$ 时刻释放电子，电子可能在两板间振动

C. 从 $t = \dfrac{T}{4}$ 时刻释放电子，电子可能在两板间振动，也可能打到右极板上

D. 从 $t = \dfrac{T}{4}$ 时刻释放电子，电子必将打到左极板上

解析：

（1）由题意可知，$U = U_0$ 时电子所受的电场力水平向右（加速度方向水平向右），$U = -U_0$ 时电子所受的电场力水平向左（加速度方向水平向左），且电场力（加速度）的大小相等，在图 6-3-7 乙中可以标出加速度的大小和方向。

（2）将 $U-t$ 图像转换为 $a-t$ 图像，由力与运动的关系以及 $a-t$ 图像面积表示的意义可知，从 $t = 0$ 时刻释放电子，$0 \sim \dfrac{T}{2}$ 内电子向右加速，$\dfrac{T}{2} \sim T$ 内电子向右减速，由周期性可知，电子一直向右运动，选项 A 正确，B 错误。从 $t = \dfrac{T}{4}$ 时刻释放电子，如果极板间距比较大，$\frac{T}{4} \sim \frac{T}{2}$ 内电子向右加速，$\frac{T}{2} \sim \frac{3T}{4}$ 内电子向右减速，$\frac{3T}{4} \sim T$ 内电子向左加速，$T \sim \frac{5T}{4}$ 内向左减速，由周期性可知电子在两极板间振动；如果极板间距比较小，$\frac{T}{4} \sim \frac{T}{2}$ 内电子向右加速，$\frac{T}{2} \sim \frac{3T}{4}$ 内电子向右减速，可能已经打到右极板，选项 C 正确，D 错误。

答案：AC。

二、带电粒子在交变电场中的曲线运动

1. 情境描述

带电粒子以一定的初速度垂直于电场方向进入交变电场，粒子做曲线运动。

2. 解答策略

运用运动分解，将带电粒子在交变电场中的曲线运动分解为两个相互垂直方向上的直线运动，体现高中物理"化曲为直"的物理思想。与处理带电粒子在交变电场中的直线运动的策略相同，有必要标注电场力的大小和方向，作出粒子运动的示意图，直观、形象地呈现粒子的运动过程。

3. 典例分析与针对训练

例题3：如图 6-3-8 甲所示，热电子由阴极飞出时的初速度忽略不计，电子发射装置的加速电压为 U_0，电容器板长和板间距离均为 $L = 10$ cm，下极板接地，电容器右端到荧光屏的距离也是 $L = 10$ cm。在电容器两极板间接一交变电压，上极板的电势随时间变化的图像如图 6-3-8 乙所示。（每个电子穿过平行板的时间极短，可以认为电压是不变的）

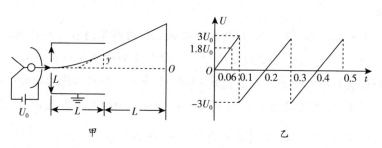

图 6-3-8

（1）在 $t = 0.06$ s 时刻进入的电子打在荧光屏上的何处？

（2）荧光屏上有电子打到的区间有多长？

（3）荧光屏上的亮点如何移动？

解析：

（1）电子经电场加速，由动能定理得 $qU_0 = \dfrac{1}{2}mv^2$，粒子飞出电场时的偏转位移 $y = \dfrac{1}{2}at^2 = \dfrac{1}{2}\dfrac{qU}{mL}\left(\dfrac{L}{v}\right)^2$，整理得 $y = \dfrac{UL}{4U_0}$。

在 $t = 0.06$ s 时刻，$U = 1.8U_0$，解得 $y = 4.5$ cm。

设电子打在荧光屏上偏离 O 点的距离为 Y 的点处，由于粒子离开偏转电场时速度的反向延长线经过偏转极板中轴线的中点，根据相似三角形得

$$\dfrac{Y}{y} = \dfrac{L + \dfrac{1}{2}L}{\dfrac{1}{2}L}，$$ 解得 $Y = 13.5$ cm。

（2）电子离开电场的偏转位移 y 的最大值为 $\dfrac{L}{2}$，此时偏转电压 $U = 2U_0$。电子打在屏上的位置到 O 点距离最大值为 $\dfrac{3L}{2}$，所以，荧光屏上电子能打到的区间长为 $3L = 20$ cm。

（3）亮点做上下直线运动。

答案：①打在荧光屏上的点位于 O 点上方，距 O 点 13.5 cm；②荧光屏上有电子打到的区间长 30 cm；③亮点做上下直线运动。

评析：解本题关键在于抓住"每个电子穿过平行板的时间极短，可以认为电压是不变的"这一重要条件，在此条件下电子在偏转电场中的曲线运动可以看作类平抛运动，能根据类平抛运动知识求解相关问题，灵活运用运动的合成与分解。

例题 4：如图 6 - 3 - 9 甲所示，两水平金属板间距为 d，板间电场强度的变化规律如图 6 - 3 - 9 乙所示。$t = 0$ 时刻，质量为 m 的带电微粒以初速度 v_0 沿中线射到两板间，$0 \sim \dfrac{T}{3}$ 时间内微粒匀速运动，T 时刻微粒恰好经金属板边缘飞出。微粒运动过程中未与金属板接触。重力加速度的大小为 g。关于微粒在 $0 \sim$

T 时间内运动的描述，正确的是（　　）

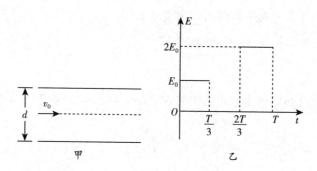

图 6 – 3 – 9

A. 末速度大小为 $\sqrt{2}v_0$

B. 末速度沿水平方向

C. 重力势能减少了 $\frac{1}{2}mgd$

D. 克服电场力做功为 mgd

解析：

带电微粒的运动过程分为三个阶段：

（1）$0 \sim \frac{T}{3}$ 时间内受电场力和重力作用，以速度 v_0 沿水平方向做匀速直线运动，说明 $mg = E_0q$。

（2）$\frac{T}{3} \sim \frac{2T}{3}$ 时间内只受重力作用，做平抛运动，在 $\frac{2T}{3}$ 时刻竖直方向速度 $v_{y1} = \frac{1}{3}gT$，方向竖直向下，竖直方向位移 $y_1 = \frac{1}{2}g\left(\frac{T}{3}\right)^2 = \frac{1}{18}gT^2$，方向竖直向下。

（3）$\frac{2T}{3} \sim T$ 时间内受电场力和重力作用，水平方向做匀速直线运动，竖直方向做匀减速直线运动，且加速度 $a = \frac{2E_0q - mg}{m} = g$，方向竖直向上。$T$ 时刻竖直方向末速度 $v_{y2} = v_{y1} - a\left(\frac{T}{3}\right) = 0$，$\frac{2T}{3} \sim T$ 时间内竖直方向位移 $y_2 = v_{y1}\left(\frac{T}{3}\right) - \frac{1}{2}a\left(\frac{T}{3}\right)^2 = \frac{1}{18}gT^2$，方向竖直向下。

可见，$y_2 = y_1 = \dfrac{1}{4}d$，$0 \sim T$ 时间内，微粒的运动示

意图如图 6-3-10 所示。所以，B 选项正确，A 选项

错误。$0 \sim T$ 时间内，重力势能减小量 $\Delta E_{\text{p}} = mg\dfrac{1}{2}d =$

$\dfrac{1}{2}mgd$，C 选项正确；克服电场力做功 $W_{\text{电}} = 2E_0q \cdot y_2$

$= 2mg \cdot \dfrac{1}{4}d = \dfrac{1}{2}mgd$，D 选项错误。

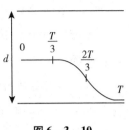

图 6-3-10

答案：BC。

评析：

（1）求解本题的关键在于运动分解思想的应用。将微粒的运动分解到水平
方向和竖直方向，水平方向上三段时间内的位移大小相等；竖直方向上后两段
时间内位移大小相等，速度变化量大小相等。

（2）试题以带电微粒在交变电场中做曲线运动为背景，考查功和能的相关
知识，求解重力势能的减小量和克服电场力做的功，体现了试题的综合性。

针对训练：图 6-3-11 甲为两水平金属板，在两板间加上周期为 T 的交变
电压 u，电压 u 随时间 t 变化的图线如图 6-3-11 乙所示。质量为 m，重力不
计的带电粒子以初速度 v_0 沿中线射到两板间，经时间 T 从两板间飞出。下列关
于粒子运动的描述错误的是（　　）

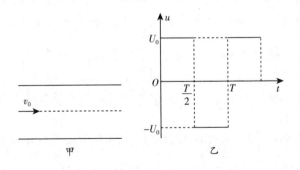

图 6-3-11

A. $t = 0$ 时入射的粒子，离开电场时偏离中线的距离最大

B. $t = \dfrac{1}{4}T$ 时入射的粒子，离开电场时偏离中线的距离最大

C. 无论哪个时刻入射的粒子，离开电场时的速度方向都是水平

D. 无论哪个时刻入射的粒子，离开电场时的速度大小都相等

解析：

（1）规定电压为正时，粒子所受电场力方向（加速度方向）竖直向上，在图 6-3-12 甲中标注电场力方向（加速度方向）。带电粒子的运动分解到水平方向和竖直方向，任意时刻入射的粒子，水平方向以速度 v_0 做匀速直线运动，竖直方向做匀变速直线运动。

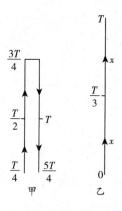

图 6-3-12

$t=0$ 时入射的粒子，$0 \sim \dfrac{T}{2}$ 时间内竖直向上做匀加速直线运动，$\dfrac{T}{2} \sim T$ 时间内竖直向上做匀减速直线运动，且两段时间内速度变化量大小相等，位移大小相等，所以离开电场时偏离中线的距离最大，竖直方向上的运动示意图如图 6-3-12 甲所示，选项 A 描述正确；$t=\dfrac{1}{4}T$ 时入射的粒子，$\dfrac{1}{4}T \sim \dfrac{1}{2}T$ 时间内竖直向上做匀加速直线运动，$\dfrac{1}{2}T \sim \dfrac{3}{4}T$ 时间内竖直向上做匀减速直线运动，$\dfrac{3}{4}T$ 时刻粒子速度为零，$\dfrac{3}{4}T \sim T$ 时间内竖直向下做匀加速直线运动，$T \sim \dfrac{5}{4}T$ 时间内竖直向下做匀减速直线运动，且两段时间内速度变化量大小相等，位移大小相等，$\dfrac{5}{4}T$ 时刻粒子离开电场时偏离中线的距离为零，竖直方向上的运动示意图如图 6-3-12 乙所示，选项 B 描述错误。

（2）将图 6-3-11 乙中的 $u-t$ 图像转换为 $a-t$ 图像。无论哪个时刻入射

的粒子，运动时间 T 内，竖直方向上加速和减速的时间必定相等，总的速度变化量 $\Delta v_y = 0$，离开电场时竖直方向上速度为零，即所有粒子以水平速度 v_0 飞出电场，选项 CD 描述正确。

答案：B。

解决带电粒子在交变电场中的运动问题时，标注电场力（或加速度）的大小和方向，便于分析带电粒子所受力与运动间的关系。带电粒子的运动示意图能够直观、形象地展现带电粒子的运动过程，有利于建构物理模型，应用物理规律。运用"化曲为直"的运动分解思想能够化繁为简，降低学习的思维难度。

第四节　带电粒子在等效重力场中

圆周运动模型的分析策略

　　带电粒子在等效重力场中的圆周运动模型能够充分体现高考评价体系中综合性的考查要求，高考备考过程中应当高度重视。问题的设置会涉及受力分析、牛顿运动定律、圆周运动、电场能的性质以及功能关系等主干知识的综合，问题解决需要物理学中的等效、类比、合成等物理思想方法。由于学生缺乏对物理知识的系统化、结构化建构意识和物理思想方法的深刻理解及灵活应用，所以难以全面分析和求解此类运动模型问题。基于学生从简单到复杂、从直观到抽象的认知逻辑规律，依据如下的思维路径，将带电粒子在电场中的圆周运动模型作为思维桥梁，应用等效、类比、迁移思想，逐步进阶，不断深入，就能取得事半功倍的学习效果。分析带电粒子在等效重力场中运动模型思维路径如图 6 - 4 - 1 所示。

图 6 - 4 - 1

一、思维进阶分析

进阶一：物体在重力场中竖直平面内的圆周运动

　　全面理解物体在重力场中竖直平面内的圆周运动的运动学特征是求解带电粒子在等效重力场中圆周运动问题的基础。

如图 6 – 4 – 2 所示，质量为 m 的小球在竖直平面内半径为 R 的光滑圆轨道内侧做圆周运动，A 点为圆轨道的最低点，B 点为圆轨道的最高点，C 点为圆轨道圆心 O 的等高点。设小球在 A，B 点的速度分别为 v_A，v_B，轨道对小球的弹力分别为 F_A，F_B，由牛顿第二定律得 $F_A - mg = m\dfrac{v_A^2}{R}$，$F_B + mg = m\dfrac{v_B^2}{R}$。小球在从 A 到 B 过程中由动能定理得 $-mg \cdot 2R = \dfrac{1}{2}mv_B^2 - \dfrac{1}{2}mv_A^2$，综合分析得出以下运动学特征：

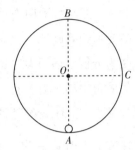

图 6 – 4 – 2

特征一：若小球处于平衡状态，则小球会静止在最低点 A，即最低点 A 为小球的平衡位置，最高点 B 到最低点 A 的连线方向恰好为重力加速度 g 的方向，圆心等高点 C 与圆心的连线 OC 垂直于最高点 B 到最低点 A 的连线方向。

特征二：小球在圆轨道内侧运动的过程中，通过最低点 A 时，速度最大，轨道对小球的弹力最大。

特征三：小球在圆轨道内侧运动的过程中，通过最高点 B 时，速度最小，轨道对小球的弹力最小。在 B 点，当轨道对小球的弹力 $F_B = 0$ 时，对应小球速度 $v_{B\min} = \sqrt{gR}$，$v_{B\min}$ 为小球做完整的圆周运动在最高点的最小速度，由动能定理可知，对应小球在 A 点的速度 $v_{A1} = \sqrt{5gR}$。

特征四：若小球运动到 C 点时速度恰好为零，对应在 A 点的速度为 v_{A2}，则 $\dfrac{1}{2}mv_{A2}^2 = mgR$，即 $v_{A2} = \sqrt{2gR}$。

特征五：若小球不脱离轨道运动，则通过最低点 A 点的速度 v_A 满足条件：$v_A \geqslant v_{A1} = \sqrt{5gR}$ 或 $0 < v_A \leqslant v_{A2} = \sqrt{2gR}$。

进阶二：带电粒子在电场中的圆周运动

分析带电粒子在匀强电场中做圆周运动的情境时，运用等效类比思想确定等效最低点、等效最高点和等效圆心等高点，合理应用进阶一的五个特征是分析带电粒子在等效重力场中运动问题的思维桥梁。

如图 6-4-3 所示，一质量为 m，电荷量为 q（$q>0$），不计重力的带电粒子在电场强度为 E，方向水平向右的匀强电场中沿半径为 R 的光滑绝缘圆轨道内侧运动。对带电粒子进行受力分析，运用类比思想，可将匀强电场看作等效重力场，则 A_1 点为等效最低点，B_1 点为等效最高点，C_1 点等效圆心等高点，等效重力加

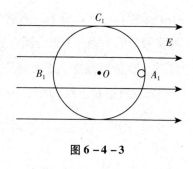

图 6-4-3

速度大小为 $g_1 = \dfrac{qE}{m}$，方向水平向右，粒子在运动过程中具有与进阶一相似的特征。

进阶三：带电粒子在等效重力场中的圆周运动

正确分析带电粒子在重力场、电场中的受力情况，将重力和电场力合成，并将其合力看作等效重力，将重力场、电场看作等效重力场，进而确定等效重力加速度、等效最低点、等效最高点、等效圆心等高点。这是处理带电粒子在等效重力场中运动问题的关键。

如图 6-4-4 所示，竖直平面内有水平向右、场强为 E 的匀强电场，一质量为 m，电荷量为 q（$q>0$）的带电粒子沿着光滑绝缘圆轨道内侧运动，已知重力加速度为 g。当粒子在重力、电场力、弹力作用下处于平衡状态时，重力 mg、电场力 qE 的合力与弹力 F 大小相等、方向相反，粒子静止在 A_2 点，则 A_2 点为等效重力场中的等效最低点，

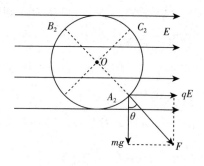

图 6-4-4

与 A_2 点在同一直径上的 B_2 点为等效重力场中的等效最高点，连线 A_2B_2 垂直方向上的 C_2 点为等效重力场中的等效圆心等高点。设重力 mg，电场力 qE 的合力 F 与竖直方向的夹角为 θ，则等效重力 $mg' = F = \sqrt{(mg)^2 + (qE)^2} = \dfrac{mg}{\cos\theta}$，等效重

力加速度 $g' = \dfrac{F}{m} = \dfrac{\sqrt{(mg)^2 + (qE)^2}}{m} = \dfrac{g}{\cos\theta}$，等效重力加速度 g' 的方向与竖直向

下的方向夹角为 θ。运用等效类比思想，将进阶一中的五个特征迁移应用，则

能迅速求解带电粒子在等效重力场中圆周运动问题。

二、典型例题展示

例题1：如图$6-4-5$所示，匀强电场中
有一半径为r的光滑绝缘圆轨道，轨道平面与
电场方向平行。a，b为轨道直径的两端，该直
径与电场方向平行。一电荷量为q（$q>0$）的
质点沿轨道内侧运动，经过a点和b点时对轨
道压力的大小分别为N_a和N_b，不计重力，求
电场强度大小E和质点经过a点和b点的动能。

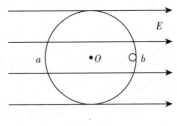

图$6-4-5$

解析：由牛顿第二定律得

$$N_a + qE = m\frac{v_a^2}{r}, \quad N_b - qE = m\frac{v_b^2}{r}。$$

在a到b的过程中，由动能定理得$qE \cdot 2r = \frac{1}{2}mv_b^2 - \frac{1}{2}mv_a^2$。

而$E_{ka} = \frac{1}{2}mv_a^2$，$E_{kb} = \frac{1}{2}mv_b^2$。

联立解得$E = \frac{1}{6q}(N_b - N_a)$，$E_{ka} = \frac{r(N_b + 5N_a)}{12}$，$E_{kb} = \frac{r(5N_b + N_a)}{12}$。

评析：试题考查牛顿第二定律与动能定理的综合应用。分析质点的运动模
型，类似于竖直平面内的圆周运动。通过类比方法可以更清晰地理解质点的动
力学特征和能量特征。

例题2：如图$6-4-6$所示，细线一端固定在O点，
另一端拴一带电小球，处于竖直向下的匀强电场中。现给
小球某一初速度，使小球在竖直平面内做圆周运动，则
（　　）

A. 小球可能做匀速圆周运动

B. 当小球运动到最高点时，细线的拉力一定最小

C. 当小球运动到最低点时，小球的线速度一定最大

D. 当小球运动到最低点时，小球的电势能一定最大

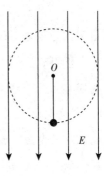

图$6-4-6$

解析: 设小球质量为 m,电荷量为 q,电场强度为 E,当小球带正电时,重力 mg 与电场力 qE 的合力 $F_合 = mg + qE$,方向竖直向下,将合力 $F_合$ 看作等效重力 mg',等效重力加速度 $g' = \dfrac{F_合}{m} = g + \dfrac{qE}{m}$,方向竖直向下。由等效类比进阶一的运动特征可知,等效重力场中等效最低点和等效最高点仍然为空间的最低点和最高点。所以,小球运动到最低点时线速度最大,线的拉力最大;小球运动到最高点时线速度最小,线的拉力最小;小球在最低点时电势能最小。

当小球带负电时,依据电场力与重力的大小关系分三种情况讨论:①当 $qE = mg$ 时,小球所受的合力等于细线的拉力,小球所受细线拉力提供向心力,可以做匀速圆周运动;②当 $qE < mg$ 时,电场力与重力的合力 $F_合 = mg - qE$,方向竖直向下,将 $F_合$ 看作等效重力,小球的运动规律与小球带正电时相似,小球在最低点时电势能最大;③当 $qE > mg$ 时,电场力与重力的合力 $F_合 = qE - mg$,方向竖直向上,将 $F_合$ 看作等效重力,等效重力加速度 $g' = \dfrac{F_合}{m} = \dfrac{qE}{m} - g$,方向竖直向上,建构等效重力场模型,等效类比进阶一的运动特征可知,等效重力场中的等效最低点为几何空间的最高点,等效最高点为几何空间的最低点。所以,小球运动到最低点时线速度最小,线的拉力最小;小球运动到最高点时线速度最大,线的拉力最大,小球在最低点时电势能最大。综上解析,可得选项 A 正确。

评析: 试题考查小球在电场力、重力和细线拉力作用下的圆周运动问题分析。运用等效思想建构等效重力场模型,根据受力分析确定等效重力场中圆周运动的等效最高点、等效最低点位置,将重力场中小球做圆周运动的特征迁移应用到等效重力场中,便能分析带电小球在不同带电情境下的运动规律。

例题 3: 如图 6-4-7 所示,在竖直平面内固定的圆形绝缘轨道的圆心在 O 点,半径为 r,内壁光滑,A,B 两点分别是圆形轨道的最低点和最高点。该区域存在方向水平向右的匀强电场,一质量为 m,带负电的小球在轨道内侧做完整的圆周运动(电荷量不变),经过 C 点时速度最大,O,C 连线与竖直方向的夹角

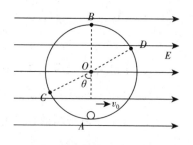

图 6-4-7

$\theta = 60°$，重力加速度为 g。求：

（1）小球受到的电场力的大小。

（2）小球在 A 点的速度 v_0 多大时，小球经过 B 点时对轨道的压力最小？

解析：

（1）小球在 C 点的速度最大，则 C 点为等效重力场做圆周运动的等效最低点，小球所受电场力 F 与重力 mg 的合力与轨道的弹力大小相等，方向相反，所以 $\tan\theta = \dfrac{F}{mg}$，即 $F = mg\tan\theta = \sqrt{3}mg$。

（2）将小球所受的电场力与重力的合力看作等效重力 mg'，则 $mg' = \dfrac{mg}{\cos\theta} = 2mg$。由于 D 点为等效重力场中的等效最高点，要使小球经过 B 点时对轨道的压力最小，必须满足小球通过 D 点时的速度最小，此时小球对轨道的压力恰好为零。由牛顿第二定律得 $mg' = m\dfrac{v_D^2}{r}$，解得 $v_D = \sqrt{g'r} = \sqrt{2gr}$。在小球从 A 到 D 的过程中，由动能定理得 $-mg'r(1 + \cos\theta) = \dfrac{1}{2}mv_D^2 - \dfrac{1}{2}mv_0^2$，解得 $v_0 = 2\sqrt{2gr}$。

评析： 试题考查牛顿运动定律、动能定理等力学规律在等效重力场中的综合应用。运用等效思想，C 点和 D 点分别为等效重力场中圆周运动的等效最低点和等效最高点，且 D 点为圆周运动的临界点，临界状态对应轨道的弹力恰好为零。若小球经过 B 点时对轨道的压力最小，说明经过 D 点时对轨道的压力恰好为零。

带电粒子在等效重力场中的圆周运动模型体现了力学规律在电学中的灵活应用，是高考复习的重点和难点内容。基于学生的认知规律，运用等效类比的物理思想逐步进阶，不断深入，既能体现物理思想方法的重要性，又能有效培养学生的思维能力。

第五节　带电粒子在有界磁场中
运动问题的深度剖析

　　带电粒子在有界磁场中的运动问题是历年来高考的热点，也是高中物理教学的难点。笔者在教学过程中紧扣洛伦兹力提供向心力这一核心主线，从确定轨迹圆的圆心，画运动轨迹入手，由浅入深，由易到难，层层递进地对一道典型题目适当改编并做深度剖析，注重培养学生分析综合和应用数学处理物理问题的能力，有效培养学生思维的灵活性、发散性和广阔性，从而提高课堂教学效率。

　　原题目：如图 6 - 5 - 1 所示，在 $0 \leqslant x \leqslant \sqrt{3}a$ 区域内存在与 xOy 平面垂直的匀强磁场，磁感应强度的大小为 B。在 $t = 0$ 时刻，一位于坐标原点的粒子源在 xOy 平面内发射出大量同种带电粒子，所有粒子的初速度大小相同，方向与 y 轴正方向的夹角分布在 $0 \sim 180°$ 范围内。已知沿 y 轴正方向发射的粒子在 $t = t_0$ 时刻刚好从磁场边界上 $P(\sqrt{3}a, a)$ 点离开磁场。求：

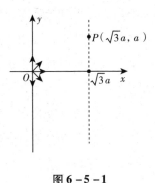

图 6 - 5 - 1

　　(1) 粒子在磁场中做圆周运动的半径 R 及粒子的比荷 q/m；

　　(2) 此时刻仍在磁场中的粒子的初速度方向与 y 轴正方向夹角的取值范围；

　　(3) 从粒子发射到全部粒子离开磁场所用的时间。

一、重视规范作图，突出核心主线

带电粒子垂直磁场方向进入匀强磁场时，粒子所受的洛伦兹力提供向心力，将做匀速圆周运动。根据题目条件确定轨迹圆圆心，规范作出运动轨迹是解决此类问题的基础，巧妙运用几何关系是解决此类问题的关键。

如图 $6-5-2$ 所示，当粒子沿 y 轴正方向进入磁场，在 $t=t_0$ 时刻刚好从磁场边界 P 点离开磁场时，连线 OP 为粒子运动轨迹圆上的弦，作 OP 的中垂线交 x 轴于 O_1 点，O_1 点即为轨迹圆的圆心。

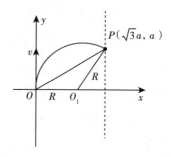

由几何关系得 $R^2 = a^2 + (\sqrt{3}a - R)^2$，解得

$R = \dfrac{2\sqrt{3}}{3}a$。

图 $6-5-2$

设 O_1P 与 x 轴的夹角为 θ，则 $\sin\theta = \dfrac{a}{R} = \dfrac{\sqrt{3}}{2}$，则圆弧所对应的圆心角为 $120°$，即 $t_0 = \dfrac{1}{3}T$，而 $qvB = m\dfrac{v^2}{R}$，$T = \dfrac{2\pi R}{v}$，整理得 $\dfrac{q}{m} = \dfrac{2\pi}{3Bt_0}$。

题目第一问重点考查确定圆心、规范作图并运用几何关系求解轨迹半径的基本技能和"洛伦兹力提供向心力"这一核心主线的应用。

二、找准运动时间与圆弧、弦、圆心角及弦切角的对应关系，全面理解运动过程

若一段轨迹圆弧长为 s，对应的圆心角为 α，则运动时间 $t = \dfrac{s}{v} = \dfrac{R\alpha}{v} = \dfrac{\alpha m}{Bq}$，即运动时间 t 与圆心角 α 成正比，与运动速度 v 大小无关，但弧长 s，半径 R 与速度 v 大小成正比。当速度大小一定时，相等时间内，圆弧长、圆弧对应的弦长、圆弧对应的圆心角及弦切角均相等。当粒子在磁场中运动时间最长时，对应的圆弧长和圆心角达到最大。

题目第二问中，t_0 时刻仍在磁场中的粒子，对应的圆弧长、弦长、圆心角及弦切角分别等于图 6-5-3 中 OP 对应的圆弧长、弦长、圆心角及弦切角，弦的端点 P 对应此时刻粒子所在的位置。如图 6-5-3 所示，以 O 为圆心，以 OP 为半径作辅助圆圆弧 PEF，分别交磁场右边界、y 轴于 E，F 两点，则圆弧 EF 表示 t_0 时刻仍在磁场中的粒子所在位置，E，F 两点为临界位置，OE，OF 为临界弦。根据弦切角相等可知，弦 OE，OF

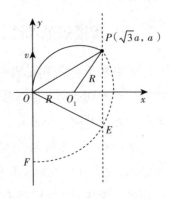

图 6-5-3

对应的速度方向与 y 轴的夹角分别为 60° 和 120°，所以，此时刻仍在磁场中的粒子的初速度方向与 y 轴正方向夹角的取值范围为 60° ~ 120°。

题目第三问中，只要在磁场中运动时间最长的粒子离开磁场，就说明所有粒子离开磁场。运动时间最长的粒子对应圆弧最长，圆心角最大，该粒子运动轨迹圆恰好与磁场的右边界相切。如图 6-5-4 所示，以 O 为圆心，以 R 为半径作辅助圆弧（粒子发射方向改变时，运动轨迹圆的圆心所在的位置），磁场右边界上找一点 G，并过 G 点作磁场右边界的垂线，交辅助圆弧于 O_2 点，使 $O_2G = R$；以 O_2 为圆心，R 为半径作轨迹圆，G 为轨迹圆与磁场右边界的切点，H 为轨迹圆与 y 轴的交点。设 OO_2 与 y 轴负方向的夹角为 β，则 $\sin\beta =$

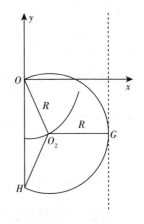

图 6-5-4

$\dfrac{\sqrt{3}a - R}{R} = \dfrac{1}{2}$，$\beta = 30°$，所以，轨迹圆弧对应的圆心角

$\alpha = 240°$，运动时间 $t = 2t_0$，即从粒子发射到全部粒子离开磁场所用的时间为 $2t_0$。

三、旋转动态圆的理解及进一步应用

（1）从粒子源向 xOy 平面与 y 轴夹角 $0 \sim$ 180°范围内发射的速度大小相同、方向不同的大量同种粒子，做匀速圆周运动的轨迹圆的半径相等，随着粒子入射速度方向的旋转，轨迹圆随之旋转，并且入射速度方向始终与轨迹圆相切。旋转过程中，轨迹圆与磁场右边界的交点不断变化，轨迹圆的圆心位置也不断改变，但到 O 点的距离 R 不变，即轨迹圆圆心位于以 O 为圆心，R 为半径的圆弧上（实线圆弧），如图 $6-5-5$ 所示。

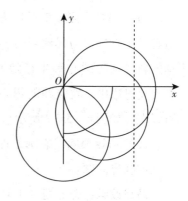

图 $6-5-5$

（2）旋转动态圆的进一步应用。

题目改编： 若原题目中匀强磁场存在的区域为 $x \leq \sqrt{3}a$，粒子发射方向与 y 轴的夹角范围为 $0 \sim 360°$，求粒子能从磁场右边界射出的区域长度。

解析： 如图 $6-5-6$ 所示，在半径 $R = \dfrac{2\sqrt{3}}{3}a$ 的轨迹圆逆时针旋转过程中，可以得出以下结论：

（1）x 轴上方，粒子从磁场右边界上的射出点离 x 轴距离最远时，弦 OK 为轨迹圆的直径，设磁场右边界与 x 轴的交点为 J，则由几何关系得 $y_{JK}^2 = (2R)^2 - (\sqrt{3}a)^2$，解得 $y_{JK} = \dfrac{\sqrt{21}}{3}a$。

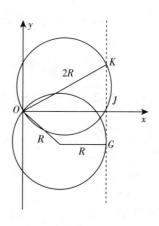

图 $6-5-6$

（2）x 轴下方，粒子从磁场右边界上的射出点离 x 轴距离最远时，轨迹圆恰好与磁场右边界相切于 G 点，由几何关系得

$$y_{JG}^2 = R^2 - (\sqrt{3}a - R)^2$$，解得 $y_{JG} = a$。

所以，粒子从磁场右边界射出的区域长度为 $\dfrac{\sqrt{21}}{3}a + a$。

四、放缩动态圆的理解及应用

（1）当粒子源发射速度方向一定，大小不同的带电粒子垂直进入匀强磁场时，这些粒子做匀速圆周运动的轨迹圆的圆心和半径随速度大小的变化而变化，在变化过程中，轨迹圆的圆心都在垂直于速度方向的直线上，如图 6-5-7 所示。

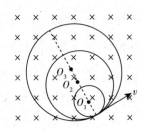

图 6-5-7

（2）应用放缩动态圆处理带电粒子在有界磁场中运动的临界问题。

题目改编： 若原题目中粒子的质量为 m，电荷量为 q，发射速度方向均沿 y 轴正方向，要使粒子不射出有界磁场区域，求粒子速度大小的范围。

解析： 如图 6-5-8 所示，轨迹圆的圆心在 x 轴上，轨迹圆在放大动态过程中可以得出，当轨迹圆与磁场右边界恰好相切时，粒子刚好不射出磁场，设此时粒子的速度为 v_m。

由几何关系得，轨迹半径 $R_m = \dfrac{\sqrt{3}}{2}a$，

由 $Bqv = m\dfrac{v_m^2}{R_m}$ 得 $v_m = \dfrac{\sqrt{3}aBq}{2m}$。

所以，粒子不射出有界磁场时，速度大小满足

$v \leqslant \dfrac{\sqrt{3}aBq}{2m}$。

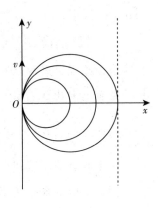

图 6-5-8

第七章

电磁感应与交变电流

第一节　电磁感应中"杆+导轨"类习题教学

《普通高中物理课程标准（2017 年版）》指出，创设情境教学对培养学生的物理学科核心素养具有关键作用。电磁感应中，"杆 + 导轨"类问题既涉及闭合电路欧姆定律、法拉第电磁感应定律等电磁学知识，又涉及受力分析、牛顿运动定律、动量和能量等力学知识。习题教学中紧扣"动力学、电磁学、动量和能量规律的综合应用"这一教学重点，基于学生已有的经验，以"导体杆 + 导轨"为主框架，创设不同的问题情境，以情境引问题，以问题导探究，以探究促真知。通过"读取题目、描述情境、分析过程、建立模型、选择规律、数学推演、问题解决、总结反思"的解决问题的思维过程，提升学生物理学科核心素养，提高学生运用物理知识解决实际问题的综合能力。

一、"杆 + 电阻"情境

如图 7 - 1 - 1 所示，在竖直向上的磁感应强度为 B 的匀强磁场中，两根足够长、相距为 L 的光滑平行金属导轨 MN，PQ 固定在水平面内，轨道左端接阻值为 R 的电阻，质量为 m，电阻为 r 的导体杆 ab 垂直于导轨放置，且与导轨接触良好，不计导轨的电阻。

问题 1：如图 7 - 1 - 1 甲所示，若给导体杆 ab 水平向右的初速度 v_0，分析导体杆 ab 的运动过程。

（1）电路分析：导体杆、导轨与电阻 R 组成闭合回路，导体杆相当于电源，其内阻为 r，产生的感应电动势 $E = BLv_0$，回路中的感应电流 $I = \dfrac{E}{R+r}$。

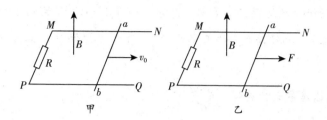

图 7 - 1 - 1

（2）动力学分析：导体杆受到水平向左的安培力作用 $F_{安} = BIL$，由牛顿第二定律得 $a = \dfrac{F_{安}}{m}$，联立得 $a = \dfrac{B^2L^2v}{m(R+r)}$。导体杆将做加速度减小的减速运动，当速度 $v = 0$ 时，加速度 $a = 0$，导体杆保持静止。

（3）能量分析：系统的机械能减小，内能增大，且内能的增加量等于机械能的减小量，即回路中产生的焦耳热 $Q = \dfrac{1}{2}mv_0^2$。

问题 2： 如图 7 - 1 - 1 乙所示，若给导体杆 ab 施加水平向右的恒力 F，分析导体杆 ab 的运动过程。

（1）电路分析：同问题 1。

（2）动力学分析：导体杆在水平恒力和安培力作用下运动，由牛顿第二定律得 $F - \dfrac{B^2L^2v}{R+r} = ma$。速度 v 增大时，加速度 a 减小。所以，导体杆做加速度减小的加速运动，当 $a = 0$ 时，达到最大速度 $v_m = \dfrac{F(R+r)}{B^2L^2}$。

（3）能量分析：设恒力做功 W_F，克服安培力做功 $W_{安}$，由动能定理得 $W_F - W_{安} = \dfrac{1}{2}mv_m^2$，回路中产生的焦耳热 $Q = W_{安} = W_F - \dfrac{1}{2}mv_m^2$。

例题 1： 如图 7 - 1 - 2 所示，固定在同一水平面内的两根平行长直金属导轨间距为 d，其右端接有阻值为 R 的电阻，整个装置处在竖直向上、磁感应强度为 B 的匀强磁场中。一质量为 m（质量分布均匀）的导体杆 ab 垂直于导轨放置，且与两导轨保持良好接触，杆与导轨之间的动摩擦因数为 μ。现在杆在水平向左、垂直于杆的恒力 F 作用

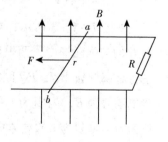

图 7 - 1 - 2

下从静止开始沿导轨运动距离 L 时，速度恰好达到最大（运动过程中杆始终与导轨保持垂直）。设杆接入电路的电阻为 r，导轨电阻不计，重力加速度大小为 g，则此过程中（　　）

    A. 杆的速度最大值为 $\dfrac{(F-\mu mg)R}{B^2 d^2}$

    B. 流过电阻 R 的电荷量为 $\dfrac{Bdl}{R+r}$

    C. 从静止到速度恰好达到最大经历的时间 $t=\dfrac{m(R+r)}{B^2 d^2}+\dfrac{B^2 d^2 L}{(F-\mu mg)(R+r)}$

    D. 恒力 F 做的功与安培力做的功之和大于杆动能的变化量

解析：

由牛顿第二定律得 $F-\mu mg-\dfrac{B^2 d^2 v}{R+r}=ma$。当 $a=0$ 时，达到最大速度 $v_\mathrm{m}=\dfrac{(F-\mu mg)(R+r)}{B^2 d^2}$；流过电阻 R 的电荷量 $q=\dfrac{\Delta\Phi}{R+r}=\dfrac{BdL}{R+r}$；由动量定理得 $(F-\mu mg-\overline{BId})\cdot t=mv_\mathrm{m}$，而 $q=\overline{I}\cdot t$，联立得 $t=\dfrac{m(R+r)}{B^2 d^2}+\dfrac{B^2 d^2 L}{(F-\mu mg)(R+r)}$；设克服摩擦力做功 W_f，由动能定理得 $W_F+W_{\mathrm{安}}-W_f=\Delta E_\mathrm{k}$，即 $W_F+W_{\mathrm{安}}=\Delta E_\mathrm{k}+W_f$。综上可得，BCD 项正确。

评析：试题以力 F 作用下导体杆做切割磁感线运动为物理情境，考查牛顿第二定律、动量定理和动能定理在电磁感应问题中的综合运用。其中，运用牛顿第二定律分析导体杆的运动情况，求解最大速度是解题的关键，运用动量定理求解导体杆做变加速运动的时间是试题的最大亮点。

二、"杆+电源" 情境

    如图 7-1-3 所示，在竖直向上的磁感应强度为 B 的匀强磁场中，两根足够长、相距为 L 的光滑平行金属导轨 MN，PQ 固定在水平面内，轨道左端接电动势为 E，内阻为 r_0 的直流电源和开关 S，质量为 m，电阻为 r 的导体杆 ab 垂直于导轨放置，且与导轨接触良好，不计导轨的电阻。

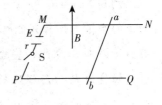

图 7-1-3

问题：分析闭合开关 S 后，导体杆由静止开始的运动过程。

（1）电路分析：直流电源 E 与导体杆 ab，开关 S 组成闭合回路，当导体杆在安培力作用下运动速度为 v 时，导体杆 ab 产生的感应电动势为 $E' = BLv$，流过导体杆的电流 $I = \dfrac{E - E'}{r + r_0} = \dfrac{E - BLv}{r + r_0}$。可见，回路中的电流 I 随速度 v 的增大而减小，当电源电动势大小等于感应电动势大小，即 $E = E'$ 时，回路中的电流为零。

（2）动力学分析：闭合开关后，导体杆在安培力作用下向右运动，当运动速度为 v 时，导体杆所受的安培力 $F_安 = BIL$，加速度 $a = \dfrac{F_安}{m}$。加速度 a 随速度 v 的增大而减小，当加速度为零，速度达到最大值 v_m，且 $v_m = \dfrac{E}{BL}$ 时，导体杆以最大速度做匀速直线运动。

例题 2：如图 $7-1-4$ 所示，在竖直向下的磁感应强度为 B 的匀强磁场中，两根足够长的平行光滑金属轨道 MN，PQ 固定在水平面内，相距为 L。一质量为 m 的导体杆 cd 垂直于轨道放置，与轨道接触良好，轨道和导体杆的电阻不计。若轨道左端接一电动势为 E，内阻为 r 的电源和一阻值

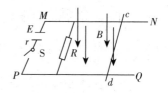

图 $7-1-4$

未知的电阻，闭合开关 S，导体杆从静止开始运动，经过一段时间后，导体杆达到最大速度 v_m，求此时电源的输出功率。

解析：导体杆 cd 在安培力作用下向右做切割磁感线运动，产生感应电动势。当感应电动势与未知电阻两端的电压 U 相等时，流过导体杆 cd 中的电流为零，速度达到最大 v_m，此时 $U = BLv_m$，流过电源的电流为 $I = \dfrac{E - U}{r}$。

所以，电源的输出功率 $P = UI = \dfrac{EBLv_m - B^2L^2v_m^2}{r}$。

评析：试题情境新颖，设问巧妙，将阻值未知的电阻接到两轨道之间，增大了试题难度。试题立意在于等效思想的考查，将电源与电阻的整体看作等效电源，则电阻两端的电压 U 为等效电源的电动势。

三、"杆＋电容"情境

如图 7-1-5 所示，在竖直向上的磁感应强度为 B 的匀强磁场中，两根足够长、相距为 L 的光滑平行金属导轨 MN，PQ 固定在水平面内，轨道左端接电容为 C 的电容器（原来不带电），质量为 m，电阻为 r 的导体杆 ab 垂直于导轨放置，且与导轨接触良好，不计导轨的电阻。

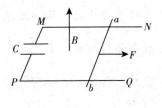

图 7-1-5

问题：在水平向右恒力 F 作用下，分析导体杆 ab 的运动过程。

（1）电路分析：导体杆与电容 C 组成回路，导体杆从静止开始运动，由于切割磁感线，产生感应电动势，将对电容 C 不断充电。当速度为 v 时，感应电动势为 $E = BLv$，经过时间 Δt，速度为 $v + \Delta v$ 时，感应电动势 $E' = BL(v + \Delta v)$，Δt 时间内流过导体杆 ab 的电荷量为 $\Delta q = CE' - CE = CBL\Delta v$，流过导体杆的电流 $I = \dfrac{\Delta q}{\Delta t} = \dfrac{CBL\Delta v}{\Delta t} = CBLa$（$a$ 为杆的加速度）。

（2）动力学分析：杆 ab 所受安培力 $F_{安} = BIL = CB^2L^2a$，由牛顿第二定律得 $F - F_{安} = ma$，联立解得 $a = \dfrac{F}{m + CB^2L^2}$。所以，导体杆 ab 做初速度为零的匀加速直线运动。

例题3：如图 7-1-6 甲所示，水平光滑金属导轨 MN，PQ 左端 M，P 之间接电容为 C 的电容器，磁感应强度为 B 的匀强磁场垂直导轨平面向下，导体杆 cd 在水平拉力作用下从静止开始向右运动，电容器两极板间电势差随时间变化的图像如图 7-1-6 乙所示，已知 t_1 时刻电势差为 U_1，求导体杆运动过程中受到的水平拉力大小。

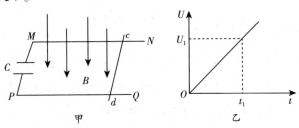

甲 乙

图 7-1-6

解析： 图 $7-1-6$ 乙中 $U-t$ 图像是一条过原点的倾斜直线，所以 U 与 t 满

足 $U = \dfrac{U_1}{t_1}t$，当杆 cd 的速度为 v 时，电容器两极板的电势差等于感应电动势，即

$U = BLv$。所以，$\dfrac{U_1}{t_1}t = BLv$，即 $v = \dfrac{U_1}{BLt_1}t$，可知杆 cd 做初速度为零的匀加速直线

运动，且加速度 $a = \dfrac{U_1}{BLt_1}$。t 时刻，电容器带电量 $q = CU = CBLv$，$t = \Delta t$ 时刻，电

容器带电量 $q' = CU' = CBL\ (v + \Delta v)$。导体杆 cd 中流过的电流 $I = \dfrac{q'-q}{\Delta t} = CBLa$。

导体杆 cd 所受安培力 $F_{安} = BIL$，由牛顿第二定律得 $F - F_{安} = ma$，联立解得 $F =$

$\dfrac{mU_1}{BLt_1} + \dfrac{BLCU_1}{t_1}$。

评析： 试题属于电磁感应中的电学和力学的综合问题，电学角度主要考查电容器充电过程的理解及电流大小求解方法的掌握，力学角度考查安培力的求解及牛顿第二定律的应用。试题给出电容器两端电势差随时间的变化关系的图像，考查通过图像获取信息、处理信息的能力和运用数学知识处理物理问题的能力。

四、"杆＋杆"情境

如图 $7-1-7$ 所示，在竖直向上的磁感应强度为 B 的匀强磁场中，两根足够长、相距为 L 的光滑平行金属导轨 MN，PQ 固定在水平面内，质量分别为 m_1，m_2，阻值分别为 R_1，R_2 的导体杆 ab，cd 垂直于导轨放置，且与导轨接触良好，不计导轨的电阻。

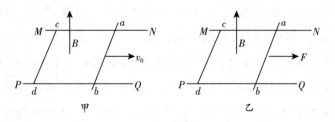

图 $7-1-7$

问题1: 若给导体杆 ab 水平向右的初速度 v_0,如图 $7-1-7$ 甲所示,分析两导体杆的运动过程。

(1) 电路分析:两导体杆与导轨组成回路,由于切割磁感线,两导体杆均产生感应电动势。设某一时刻导体杆 ab,cd 的速度分别为 v_1,v_2,则回路中感应电动势 $E = BL(v_1 - v_2)$,感应电流 $I = \dfrac{BL(v_1 - v_2)}{R_1 + R_2}$。

(2) 动力学分析:两导体杆所受安培力均为 $F_安 = \dfrac{B^2L^2(v_1 - v_2)}{R_1 + R_2}$,大小相等,方向相反。导体杆 ab 所受安培力方向水平向左,速度 v_1 逐渐减小;导体杆 cd 所受安培力方向水平向右,速度 v_2 逐渐增大,两杆的速度差 $\Delta v = v_1 - v_2$ 逐渐减小。当 $v_1 = v_2$ 时,$I = 0$,$F_安 = 0$,两导体杆达到稳定,以相同速度 v 做匀速直线运动。由于两导体杆组成的系统所受外力为零,满足动量守恒定律,则由 $m_1 v_0 = (m_1 + m_2)v$ 得 $v = \dfrac{m_1 v_0}{m_1 + m_2}$。

(3) 能量分析:系统的机械能减小,内能增大,且内能的增加量等于机械能的减小量,即回路中产生的焦耳热 $Q = \dfrac{1}{2}m_1 v_0^2 - \dfrac{1}{2}(m_1 + m_2)v^2$。

问题2: 若给导体杆 ab 施加水平向右的恒力 F,如图 $7-1-7$ 乙所示,分析两导体杆的运动过程。

(1) 电路分析:同问题1。

(2) 动力学分析:两导体杆所受安培力均为 $F_安 = \dfrac{B^2L^2(v_1 - v_2)}{R_1 + R_2}$,大小相等,方向相反。对两导体杆由牛顿第二定律分别得 $F - F_安 = ma_1$,$F_安 = m_2 a_2$,导体杆 ab 的速度 v_1 逐渐增大,导体杆 cd 的速度 v_2 也逐渐增大,但是导体杆 ab 的加速度 a_1 大于导体杆 cd 的加速度 a_2,所以两杆速度差 $\Delta v = v_1 - v_2$ 逐渐增大,所受安培力逐渐增大,导体杆 ab 的加速度 a_1 逐渐减小,导体杆 cd 的加速度 a_2 逐渐增大。当 $a_1 = a_2$ 时,速度差 Δv 恒定,加速度恒定,两杆达到稳定,以相同的加速度 a 做匀加速直线运动。对两杆组成的系统由牛顿第二定律得 $F = (m_1 + m_2)a$,即 $a = \dfrac{F}{m_1 + m_2}$。

例题4： 如图$7-1-8$所示，足够长的光滑水平直导轨的间距为L，电阻不计，垂直轨道平面有磁感应强度为B的匀强磁场，导轨上相隔一定距离放置两根长度均为L的金属棒，a棒质量为m，电阻为R，b棒质量为$2m$，电阻为$2R$，现给a棒

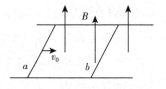

图$7-1-8$

一水平向右的初速度v_0，已知a棒在以后的运动过程中没有与b棒发生碰撞，当a棒的速度减为$\dfrac{v_0}{2}$时，b棒刚好碰到障碍物立即停止运动，而a棒仍继续运动，则下列说法正确的是（　　　）

A. b棒碰到障碍物前瞬间速度为$\dfrac{v_0}{2}$

B. b在棒停止运动前产生的焦耳热为$Q_b=\dfrac{5}{24}mv_0^2$

C. b棒停止运动后，a棒继续滑行的距离为$\dfrac{3mv_0R}{2B^2L^2}$

D. b棒停止运动后，a棒继续滑行的距离为$\dfrac{mv_0R}{2B^2L^2}$

解析： 设b棒碰到障碍物前瞬间的速度为v_b，由动量守恒定律得$mv_0=m\dfrac{v_0}{2}+2mv_b$，解得$v_b=\dfrac{1}{4}v_0$；由能量守恒定律得$\dfrac{1}{2}mv_0^2-\left[\dfrac{1}{2}m\left(\dfrac{v_0}{2}\right)^2+\dfrac{1}{2}2mv_b^2\right]=Q_a+Q_b$，而$\dfrac{Q_a}{Q_b}=\dfrac{1}{2}$，解得$Q_b=\dfrac{5}{24}mv_0^2$；设$b$棒停止运动后，$a$棒继续滑行的时间为$t$，距离为$x$，则由动量定理得$B\bar{I}L\cdot t=m\dfrac{v_0}{2}$，而$\bar{I}t=q$，$q=\dfrac{\Delta\Phi}{3R}$，$\Delta\Phi=BLx$，联立解得$x=\dfrac{3mv_0R}{2B^2L^2}$。所以，BC选项正确。

评析： 在b棒停止运动前，试题考查动量守恒、能量守恒两大定律的灵活应用；在b棒停止运动后，由动量定理和法拉第电磁感应定律，可求a棒继续滑行的距离。

综上所述，解决电磁感应中"杆+导轨"模型问题的基本解题思路如下：

电路分析→动力学分析→能量分析

电路分析中，在搞清电路组成的基础上，从闭合电路欧姆定律出发，灵活

运用法拉第电磁感应定律、楞次定律等规律求解相关电学物理量；动力学分析中，需要全面进行受力分析和运动过程分析，灵活应用牛顿第二定律、动量守恒定律、动量定理等物理规律，分析导体杆的运动过程，确定其运动的稳定状态；能量分析中，灵活运用能量守恒定律、动能定理等物理规律分析能量转化情况。电磁感应中"杆＋导轨"类问题还有不等距导轨、不光滑导轨等问题情境，其分析思路与以上四种情境相同。

第二节　获取关键信息，建构思维路径

　　依据《中国高考评价体系》"一核""四层""四翼"的基本理论框架，新课程改革理念下的高考物理计算题的命制在考查内容上旨在考查学生的学科素养，主要体现为模型建构、科学推理、科学论证等科学思维要素的考查，在考查要求上体现综合性和应用性。高考物理计算题往往从问题情境的复杂程度、知识和技能的结构化程度及思维方式的综合程度三个维度呈现一定的难度，以实现对学生核心素养的精准诊断与有效甄别。高考复习中，探索计算题的解答策略是一线教师共同关注的话题。本节基于物理学科核心素养内涵及学业质量标准，在中国高考评价体系的理论指导下，从分析问题情境、获取关键信息、合理推理论证等要素建构解答高考物理计算题解答的思维路径。

一、建构思维路径

　　《中国高考评价体系》明确指出：经过素质教育的培养，知识获取能力强的学习者应当能够阅读和理解学科的各种主要文本和基本符号；能够客观全面地获取相关信息，能够从情境中提取有效信息；能够准确概括和描述学科所涉及基本现象的特征及相互关系，并从中发现问题；能够透过现象看到本质，发现隐含的规律或原理；能够对学科基本知识进行结构化理解。可见，关键信息的获取、理解、加工及应用是高考命题考查学生关键能力的主要体现。

　　新高考的评价理念是"价值引领、素养导向，能力为重、知识为基"。物理学科的核心素养包括物理观念、科学思维、科学探究及科学态度与责任四个维度，高考物理计算题的素养导向主要体现为科学思维维度下的科学推理和科学论证。《普通高中物理课程标准（2017 年版）》对科学推理、科学论证的学业质量水平 4 强调：能对综合性物理问题进行分析和推理，获得结论并作出解释；能恰当使用证据证明物理结论。可见，高考物理计算题中"对综合问题的分析推理、恰当使用证据证明物理结论"既是评价学生学业质量水平的重要依据，又是培养学生学科素养的重要途径。

基于以上理论分析，以阅读问题情境为起点，以获取关键信息、合理推理论证、总结物理结论为桥梁，以学科素养提升为终极目标，建构解答高考物理计算题的思维路径，如图 7 - 2 - 1 所示。

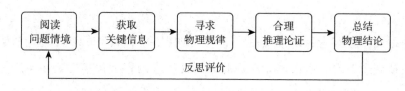

图 7 - 2 - 1

以上思维路径包括四个步骤：

步骤 1：阅读题目文本，依据问题情境的描述获取关键信息，分析已知信息与解答要求之间的关联。

步骤 2：通过关键信息，分析物理学科的本质体现，探索现象背后隐含的物理概念和物理规律。

步骤 3：将关键信息作为推理论证的事实依据，将物理规律作为理论依据，展开严谨细致的推理论证，整理总结物理结论。

步骤 4：根据物理结论反思评价证据的可靠性和推理论证过程的合理性和严谨性。

二、典例分析

【2020 年浙江省物理选考第 21 题】如图 7 - 2 - 2（a）所示，在绝缘光滑水平桌面上，以 O 为原点、水平向右为正方向建立 x 轴，在 $0 \leq x \leq 1.0$ m 区域内存在方向竖直向上的匀强磁场。桌面上有一边长 $L = 0.5$ m，电阻 $R = 0.25$ Ω 的正方形线框 $abcd$，当平行于磁场边界的 cd 边进入磁场时，在沿 x 方向的外力 F 作用下以 $v = 1.0$ m/s 的速度做匀速运动，直到 ab 边进入磁场时撤去外力。若以 cd 边进入磁场时作为计时起点，在 $0 \leq t \leq 1.0$ s 内磁感应强度 B 的大小与时

间 t 的关系如图 $7-2-2$（b）所示，在 $0 \leqslant t \leqslant 1.3$ s 内线框始终做匀速运动。

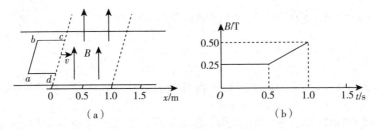

图 $7-2-2$

（1）求外力 F 的大小。

（2）在 1.0 s $\leqslant t \leqslant 1.3$ s 内存在连续变化的磁场，求磁感应强度 B 的大小与时间 t 的关系。

（3）求 $0 \leqslant t \leqslant 1.3$ s 内流过导线横截面的电荷量 q。

思维路径展示：

步骤 1：获取关键信息（在 $0 \leqslant t \leqslant 1.3$ s 内线框始终做匀速运动）。

步骤 2：寻求物理规律（法拉第电磁感应定律、平衡条件、安培力）。

步骤 3：推理论证。

第（1）问：

在线框进入磁场区域的过程中，由二力平衡可知，外力大小等于安培力，设这一过程中磁感应强度为 B_0，所以 $F = F_{安} = \dfrac{B_0^2 L^2 v}{R} = \dfrac{1}{16}$ N。

第（2）问：

在 1.0 s $\leqslant t \leqslant 1.3$ s 内，线框离开磁场区域，线框的 ab 边切割磁感线产生动生电动势，同时磁感应强度发生变化，回路中产生感生电动势。要使线框匀速运动，则线框所受的安培力一定为零，即感应电流为零。由法拉第电磁感应定律可知，穿过线框回路的磁通量保持不变。设磁场区域宽度为 x_0，1.0 s 时刻磁感应强度为 B_1，则 1.0 s 时刻的磁通量 $\Phi_1 = B_1 L^2$，t 时刻的磁通量 $\Phi_2 = BL[L - (vt - x_0)]$。因为 $\Phi_1 = \Phi_2$，所以 $B_1 L^2 = BL[L - (vt - x_0)]$，解得 $B = \dfrac{1}{6 - 4t}$。

第（3）问：

在 $0 \leqslant t \leqslant 0.5$ s 内流过导线横截面的电荷量 $q_1 = \dfrac{\Delta \Phi}{R \cdot \Delta t} \cdot \Delta t = \dfrac{\Delta \Phi}{R} = \dfrac{B_0 L^2}{R} = 0.25$ C。

在 0.5 s $\leqslant t \leqslant 1.0$ s 内，流过导线横截面的电荷量 $q_2 = \dfrac{(B_1 - B_0)L^2}{R} = 0.25$ C。

在 1.0 s $\leqslant t \leqslant 1.3$ s 内，由于感应电流为零，流过导线横截面的电荷量为零。

所以，在 $0 \leqslant t \leqslant 1.3$ s 内，流过导线横截面的电荷量 $q = q_1 + q_2 = 0.50$ C。

步骤 4：

反思评价：在 $0 \leqslant t \leqslant 1.3$ s 内线框始终做匀速运动，依据问题情境的描述，运动过程可分为三阶段：① $0 \leqslant t \leqslant 0.5$ s 内线框进入磁场区域，所受外力大小等于安培力；② 0.5 s $\leqslant t \leqslant 1.0$ s 内线框在磁场区域中运动，线框中有感应电流，但线框左、右两边所受安培力的合力为零；1.0 s $\leqslant t \leqslant 1.3$ s 内动生电动势等于感生电动势，回路中没有感应电流。可见，推理论证过程证据可靠，推理合理。

高考物理计算题决定整套试卷的区分度，是发挥高考"选拔人才"功能的重要载体，也是体现高考"引导教学"功能的重要导向。建构解答高考物理计算题的思维路径，能够提高学生科学思维能力和解决实际问题的能力，从而发展学生的思维品质，提升学科核心素养水平。

第三节　学科核心素养视角下的
试题评价及教学启示

　　"立德树人、服务选才、引导教学"是中国高考评价对素质教育中高考核心功能的概括，回答"为什么考"的问题。培养学生的学科核心素养是在学科教学中落实立德树人根本任务的具体体现。做好学科核心素养视角下的试题评价，挖掘高考物理试题中学科核心素养的考查思路，明确高考试题在培养学生学科核心素养方面的具体体现，能够有效指导面向核心素养培育的物理课堂教学。现以 2021 年理科综合全国乙卷第 25 题为例，从物理学科核心素养的主要考查维度出发，做出试题评价及学业质量水平分析，并提炼出教学启示。

一、试题呈现

　　如图 7 – 3 – 1 所示，一倾角为 α 的光滑固定斜面的顶端放有质量 $M = 0.06$ kg 的 U 形导体框，导体框的电阻忽略不计；一电阻 $R = 3$ Ω 的金属棒 CD 的两端置于导体框上，与导体框构成矩形回路 $CDEF$。EF 与斜面底边平行，长

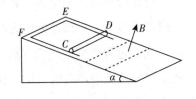

图 7 – 3 – 1

度 $L = 0.6$ m。初始时 CD 与 EF 相距 $s_0 = 0.4$ m，金属棒与导体框同时由静止开始下滑，金属棒下滑距离 $s_1 = \dfrac{3}{16}$ m 后进入一方向垂直于斜面的匀强磁场区域，磁场边界（图中虚线）与斜面底边平行；金属棒在磁场中做匀速运动，直至离开磁场区域。金属棒离开磁场的瞬间，导体框的 EF 边正好进入磁场，并在匀速运动一段距离后开始加速。已知金属棒与导体框之间始终接触良好，磁场的

磁感应强度大小 $B = 1$ T，重力加速度大小取 $g = 10$ m/s^2，$\sin\alpha = 0.6$。求：

（1）金属棒在磁场中运动时所受安培力的大小。

（2）金属棒的质量以及金属棒与导体框之间的动摩擦因数。

（3）导体框匀速运动的距离。

二、学科核心素养视角下的试题评价

1. 求解金属棒在磁场中运动时所受安培力的大小

（1）物理观念及学业质量水平评价。

素养描述及学业质量水平：理解所学的物理概念和规律及其相互关系，能正确解释自然现象，综合应用所学物理知识解决实际问题——水平4。

金属棒在磁场中运动时所受安培力大小的正确求解，必须深刻理解牛顿运动定律、运动学公式（或动能定理）、闭合电路欧姆定律、法拉第电磁感应定律及安培力公式等物理知识，明确加速度、速度、感应电动势、感应电流、安培力等概念之间的相互联系。试题突出考查对高中物理主干知识的理解及综合应用，体现对学生物理观念素养在较高层次上的评价和培养。

（2）模型建构及学业质量水平评价。

素养描述及学业质量水平：能在熟悉的问题情境中根据需要选用所学的恰当的模型解决简单的物理问题——水平3。

将光滑斜面上的金属棒和导体框整体作为研究对象，结合受力和运动分析，突出初速度为零、加速度恒定的主要特征，建构"初速度为零的匀加速直线运动"这一过程模型，进而求解金属棒进入磁场时的初速度、回路中的感应电流和金属棒所受安培力的大小。试题突出对科学思维中模型建构能力的评价，体现高考物理试题在培养学科核心素养层面上的教育功能。

（3）科学推理及学业质量水平评价。

素养描述及学业质量水平：能对综合性物理问题进行分析推理，获得结论并做出解释——水平4。

初速度为零的匀加速直线运动是学生比较熟悉的物理模型，但本试题求解涉及金属棒和导体框两个对象，需要运用多个物理规律，属于综合性物理问题，推理过程有明显的综合性、层阶性、递进性和逻辑性。逻辑推理过程如图

7 –3 –2 所示。

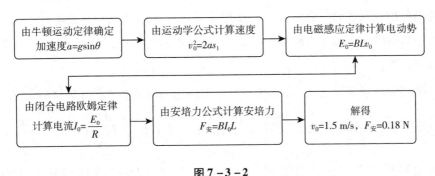

图 7 – 3 – 2

2. 求解金属棒的质量以及金属棒与导体框之间的动摩擦因数

（1）物理观念及学业质量水平评价。

素养描述及学业质量水平：理解所学的物理概念和规律及其相互关系，能正确解释自然现象，综合应用所学物理知识解决实际问题——水平4。

从物理观念的视角评价，试题第（2）问主要考查运动与相互作用观念，需对系统的运动和受力做全面分析，综合应用平衡条件、牛顿运动定律、运动学公式等知识形成的系统化、结构化的认知结构解决实际问题，体现对物理知识的提炼和升华。

（2）模型建构及学业质量水平评价。

素养描述及学业质量水平：能将实际问题中的对象和过程转换成所学的物理模型——水平4。

金属棒在磁场中是匀速直线运动模型，导体框是匀加速直线运动模型。在识别两个过程模型的基础上，如何建构系统的模型是本题隐形考查的素养。通过类比力学中"追及相遇"问题情境，建构电磁感应中"追及相遇"的系统过程模型，即匀加速直线运动的导体框追及前方匀速直线运动的金属棒，两者间距不断减小。或者根据金属棒与导体框之间的摩擦力的约束关系，通过类比思维方式，建构斜面上的"木板＋物块"模型。系统模型的建构是对基本模型的创造性应用及系统性整合，是科学思维素养中模型建构要素的高层阶体现。

（3）科学推理及学业质量水平评价。

素养描述及学业质量水平：能对综合性物理问题进行分析推理，获得结论并做出解释——水平4。

试题第（2）问涉及复杂的运动过程和较多的未知物理量，学生必须具备较高的分析综合能力、严密规范的推理能力及数学运算能力，需综合考虑金属棒、导体框的运动和受力特征，且确定两者运动的关联点是时间相等。逻辑推理过程如下：

设磁场区域宽度为 x，金属棒在磁场内的运动时间为 t_1，导体框的加速度为 a_1，导体框进入磁场时的速度为 v_1，则依据电学规律有 $E_1 = BLv_1$，$I_1 = \dfrac{E_1}{R}$，依据运动学规律有 $t_1 = \dfrac{x}{v_0}$，$v_1 = v_0 + a_1 t_1$，$v_1^2 - v_0^2 = 2as_0$，由牛顿运动定律得 $mg\sin\alpha + \mu mg\cos\alpha = F_{安}$，$Mg\sin\alpha - \mu mg\cos\alpha = Ma_1$，$Mg\sin\alpha = \mu mg\cos\alpha + BI_1 L$。

联立解得 $v_1 = 2.5$ m/s，$x = 0.3$ m，$m = 0.02$ kg，$\mu = 0.375$。

（4）科学论证及学业质量水平评价。

素养描述及学业质量水平：能恰当使用证据证明物理结论——水平4。

科学论证是学科核心素养中的要素之一，也是高考重点考查的关键能力之一，包括观点、证据及推理。恰当使用证据证明观点、得出物理结论是学生通过体验、感受形成物理观念的重要途径，也是核心素养的基本要求，而不是死记硬背物理结论，机械式套用物理公式。试题第（2）问解答需明确金属棒在磁场中匀速运动过程中，导体框匀加速运动的情境。那为什么导体框不是与金属棒一起匀速运动呢？可以运用假设法推理这一结论。假设两者一起匀速运动，需要满足 $F_{安} = Mg\sin\alpha + mg\sin\alpha$，而 $F_{安} = 0.18$ N，$Mg\sin\alpha = 0.36$ N，$F_{安} < Mg\sin\alpha$。所以假设不成立，即导体框沿斜面向下做匀加速运动。经历这一论证过程，将会更加清晰地判断两者间摩擦力的方向，呈现两者间距离逐渐减小的运动情境，更加有利于形成正确、合理的运动与相互作用观念。

3. 求解导体框匀速运动的距离

（1）模型建构及学业质量水平评价。

素养描述及学业质量水平：能将实际问题中的对象和过程转换成所学的物理模型——水平4。

导体框的 EF 边进入磁场后做匀速直线运动，金属棒离开磁场做匀加速直线运动。识别导体框和金属棒的运动过程模型后，通过类比、迁移的思维方法，可以建构系统运动过程模型，即"速度较大的导体框匀速追及前方速度较小匀加速运动的金属棒"的追及相遇系统模型，或者"斜面上木板＋物块"系统模型。

（2）科学推理、科学论证及学业质量水平评价。

素养描述及学业质量水平：能对综合性物理问题进行分析推理，获得结论并做出解释，能恰当使用证据证明物理结论——水平 4。

依据系统模型的特征可知，假设经过时间 t_2，金属棒与导体框速度相等，对金属棒由牛顿第二定律得 $mg\sin\alpha + \mu mg\cos\alpha = ma_2$，而 $v_1 = v_0 + a_2 t_2$，解得 $a_2 = 9 \text{ m/s}^2$，$t_2 = \dfrac{1}{9}$ s，导体框位移 $s_2 = v_1 t = \dfrac{5}{18}$ m，$s_2 < d = 0.3$ m，说明假设成立。

金属棒与导体棒速度相等后，摩擦力方向发生变化。

对金属棒：$mg\sin\alpha - \mu mg\cos\alpha = ma_3$，解得 $a_3 = 3 \text{ m/s}^2$。

对导体框：$Mg\sin\alpha + \mu mg\cos\alpha - F'_{安} = Ma_4$，由于 $F'_{安}$ 随速度的增大而增大，加速度逐渐减小。所以，导体框在磁场中先做匀速运动，后做加速度减小的加速运动，导体框匀速运动的距离是 $s_2 = \dfrac{5}{18}$ m，而不是 $d = 0.3$ m。

以上分析过程遵循"假设＋推理＋论证"的逻辑推理原则，是科学思维素养在实际问题解决中高层阶的体现，综合考查学生的学科关键能力。

三、教学启示

在高中物理教学中，落实学科核心素养，科学思维是关键。高考对基础教育具有选拔作用，充分挖掘高考物理试题中学科核心素养的评价要素，能够积极有效地指导课堂教学实践，促进学生运用物理知识解决实际问题的能力和学科素养的提升。

1. 重视系统模型的整合与建构，拓展思维空间

《普通高中物理课程标准（2017 年版）》在课程性质中指出：高中物理课程在义务教育的基础上，帮助学生从物理学的视角认识自然、理解自然，建构关于自然界的物理图景。科学思维是从物理学的视角对客观事物的本质属性、内在规律及相互关系的认识方式。课程标准及学科核心素养引领高中物理教学应该重视学生对客观世界的整体认识。在物理教学中，运用物理知识解决实际问题时往往涉及多个物体（如本试题中的金属棒和导体框）。问题解决过程中，首先明确各个物体的物理模型（如匀速直线运动、匀加速直线运动）；其次，在每一个物理过程中，将多个物体看作系统，运用类比、联想、迁移、推理等思想方法，建构系统的物理模型（如电磁感应中的追及相遇模型）；最后，运用系统的观点分析问题，有利于物理概念、物理规律在头脑中的整合、关联及升华。系统物理模型建构的提出，拓展了学生的思维空间，有效发展了学生的学科思维能力。

2. 采用"先分后合"分析综合策略，发展思维进阶

在高中物理教学中，复杂的物理问题体现为多个研究对象和多个物理过程。学生对物理过程的完整认识是解决问题的基础和关键。采用"先分后合"的分析综合策略，可以给学生搭建认知平台，帮助学生的思维从局部到整体、从简单到复杂逐步进阶，符合学生的认知规律。正如本题中金属棒和导体框在斜面上的运动过程分为三个阶段，先逐步分析每一阶段的运动和受力特征，然后综合整个物理过程，形成对系统总过程运动图景的认识与描述。

3. 善用思维可视化图景，优化思维路径

复杂问题的过程分析仅靠抽象的文字描述难以形成清晰准确的思维过程，思维过程的无序、混乱导致推理、论证的困难。解决这一问题的最好方法是"思维可视化"。例如，求解本试题的"思维可视化"策略如下：首先，引导学生画出图 7 - 3 - 3 所示的运动情境图，强调每一状态下的运动和受力特征。其次，结合运动情境图引导学生分析每两个状态之间的三个物理过程。最后，启发学生运用物理知识推理论证相关结论。学科素养理念下的物理教学，"思维可视化"策略是优化思维路径、训练学生思维能力的最佳途径。

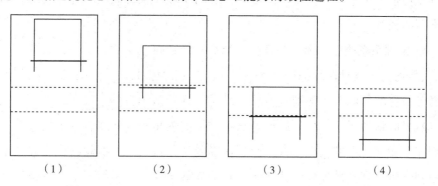

（1）   （2）   （3）   （4）

图 7 - 3 - 3

4. 强化证据意识，提升思维品质

课程标准将科学论证作为学科核心素养的重要因素，并且在学业质量水平描述中指出，能恰当使用证据表达自己的观点；能恰当使用证据证明物理结论；能考虑证据的可靠性，合理使用证据。可以看出，课程标准重视强化学生的证据意识，提升学生的科学论证能力。高中物理教学要充分挖掘高考试题资源，强化学生的证据意识，引导学生形成科学论证习惯，从而提升学生的思维品质。例如，本试题对科学论证素养的发展体现在两个环节：第一，将"金属棒进入磁场时所受安培力、导体框的重力"等作为证据，证明"导体框匀加速直线运动"这一结论；第二，将"导体框在磁场中的运动距离、磁场区域宽度"等作为证据，证明"导体框匀速运动的距离不等于磁场区域的宽度"这一结论。

新课程理念要求教师把"发展学生的核心素养"这一课程目标落实到教育教学的各个环节。学科核心素养下的试题评价是新课程背景下教师专业化发展的必由之路，更是落实学科核心素养下的课堂教学及促进学生全面发展的重要途径。

第四节　电阻等效法处理原线圈中

有负载的变压器问题

　　通常情况下，处理只有一个副线圈的理想变压器问题的策略是综合运用原、副线圈上的电压关系、电流关系和功率关系。副线圈两端的电压 U_2 由原线圈两端的电压 U_1 和线圈匝数比决定，即 $U_2 = \dfrac{n_2}{n_1} U_1$；原线圈中的电流 I_1 由副线圈中的电流 I_2 和线圈匝数比决定，即 $I_1 = \dfrac{n_2}{n_1} I_2$；原线圈的输入功率 P_1 由副线圈的输出功率 P_2 决定，即 $P_1 = P_2$。当原线圈中接入负载时，理想变压器的输入电压不等于原线圈两端的电压，问题变得复杂。此时常规方法显得运算量大、耗时多且计算容易出错。运用电阻等效法可以迅速、准确地求解此类理想变压器问题。

一、理想变压器等效负载电阻的理解及公式推导

　　如图 7-4-1 所示，设理想变压器原、副线圈的匝数分别为 n_1，n_2，原、副线圈两端的电压分别为 U_1，U_2，原线圈负载电阻为 R_0，副线圈负载电阻为 R。若将整个变压器及副线圈上的负载电阻 R〔（a）图中虚线框部分〕看作一个整体，其等效电阻为 R'，那么，整个电路为原线圈中的负载电阻 R_0 与等效电阻 R' 串联〔（b）图〕。

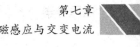

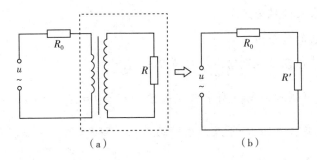

图 7 – 4 – 1

（a）图中由变压器的电压规律 $\dfrac{U_1}{U_2}=\dfrac{n_1}{n_2}$，解得 $U_2=\dfrac{n_2}{n_1}U_1$。

负载电阻 R' 消耗的功率 $P=\dfrac{U_2^2}{R}=\dfrac{n_2^2 U_1^2}{n_1^2 R}$。

（b）图中等效电阻 R' 消耗的功率 $P'=\dfrac{U_1^2}{R'}$。

因为 $P=P'$，所以等效电阻为 $R'=\left(\dfrac{n_1}{n_2}\right)^2 R$。

由以上分析可知，在只有一个副线圈的理想变压器电路中，原、副线圈的匝数分别为 n_1，n_2，副线圈上的负载电阻为 R，则变压器原、副线圈及副线圈的负载电阻可以等效为一个电阻 R'，且 $R'=\left(\dfrac{n_1}{n_2}\right)^2 R$。这种方法叫作理想变压器电阻等效法。

二、理想变压器电阻等效法的应用

例题 1：如图 7 – 4 – 2 所示，理想变压器的原、副线圈的匝数比为 $1:2$，A，B 两端接在 $u=8\sqrt{2}\sin100\pi t$（V）的电源上。定值电阻 $R_0=2\ \Omega$，电压表和电流表均为理想交流电表，不计电源内阻。当滑动变阻器消耗的电功率最大时，下列说法正确的是（　　）

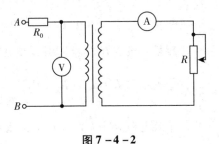

图 7 – 4 – 2

A. 变压器副线圈中电流的频率为 100 Hz

B. 电流表的读数为 2 A

C. 电压表的读数为 8 V

D. 滑动变阻器接入电路中的阻值 $R = 8$ Ω

解析：变压器原、副线圈中电流的频率相等 $f = \dfrac{\omega}{2\pi} = 50$ Hz，A 选项错误。将原线圈中的定值电阻 R_0 等效为电源的内阻，即 $r = R_0$，变压器原、副线圈及副线圈的负载电阻的等效电阻 R' 为电源的外电阻，即 $R' = \left(\dfrac{n_1}{n_2}\right)^2 R = \dfrac{1}{4}R$。当滑动变阻器消耗电功率最大时，原线圈电功率最大，即电源输出功率最大，满足条件 $R_0 = R' = \dfrac{1}{4}R$，解得 $R = 8$ Ω，D 选项正确。此时电路的内电压等于外电压，即 $U_1 = U_0 = 4$ V，电压表读数为 4 V，C 选项错误。原线圈中的电流 $I_1 = \dfrac{U_0}{R_0} = 2$ A，由电流决定关系得 $I_2 = \dfrac{n_1}{n_2}I_1 = 1$ A，电流表读数为 1 A，B 选项错误。

答案：D。

例题 2：如图 7－4－3 所示，一含有理想变压器的电路，图中电阻 R_1，R_2 和 R_3 的阻值分别为 3 Ω、1 Ω 和 4 Ω，A 为理想交流电流表，U 为正弦交流电源，输出电压的有效值恒定。当开关 S 断开时，电流表的示数为 I；当 S 闭合时，电流表的示数为 $4I$。该变压器原、副线圈匝数比为（　　　）

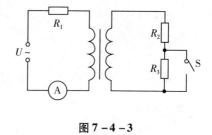

图 7－4－3

A. 2　　　　B. 3　　　　C. 4　　　　D. 5

解析：设变压器原、副线圈匝数比为 k，运用电阻等效法，当开关 S 断开时，等效电阻 $R' = k^2 (R_2 + R_3) = 5k^2$ Ω，由欧姆定律得 $I = \dfrac{U}{R_1 + R'}$。当 S 闭合时，等效电阻 $R'' = k^2 R_2 = k^2$ Ω，由欧姆定律得 $4I = \dfrac{U}{R_1 + R''}$。联立解得 $k = 3$，选项 B 正确。

答案：B。

例题3：如图 7 – 4 – 4 所示，理想变压器的输入端通过灯泡 L_1 与输出电压恒定的正弦交流电源相连，副线圈通过导线与两个相同的灯泡 L_2 和 L_3 相连，开始时开关 S 处于断开状态。当 S 闭合后，所有灯泡都能发光，下列说法中正确的有（　　）

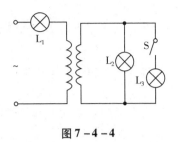

图 7 – 4 – 4

A. 副线圈两端电压不变

B. 灯泡 L_1 的亮度变亮，L_2 的亮度不变

C. 副线圈中电流变大，灯泡 L_1 变亮，L_2 变暗

D. 因为不知变压器原、副线圈的匝数比，所以 L_1 及 L_2 的亮度变化不能判断

解析：运用电阻等效法，原、副线圈及灯泡 L_1 和 L_2 的等效电阻为 R'，电路简化为灯泡 L_1，等效电阻 R' 与输出电压恒定的正弦交流电源串联。当开关 S 闭合后，等效电阻 R' 阻值减小，根据串联电路的特点，灯泡中的电流（原线圈中的电流）增大，灯泡 L_1 两端的电压增大，原线圈两端的电压减小；由变压器的电压、电流关系可知，副线圈中的电流增大，副线圈两端的电压减小。所以，灯泡 L_1 亮度变亮，L_2 的亮度变暗。选项 C 正确。

答案：C。

例题4：如图 7 – 4 – 5 所示，一理想降压变压器原、副线圈匝数比为 k，原线圈与阻值为 $4R_0$ 的电阻串联后，接入有效值为 25 V 的正弦交流电源；副线圈电路中固定电阻的阻值为 R_0，当负载电阻的阻值 $R = 5R_0$ 时，理想电压表的示数为 5 V。保持变压器输入电流不变，现将负载

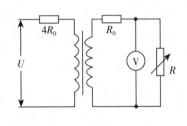

图 7 – 4 – 5

电阻的阻值增大到 $R' = 11R_0$，此时输入电压有效值为 U'，则（　　）

A. $k = \dfrac{25}{6}$，$U' = 49$ V

B. $k = \dfrac{25}{6}$，$U' = 48$ V

C. $k = 4$，$U' = 49$ V

D. $k = 4$，$U' = 48$ V

解析：当负载电阻的阻值 $R = 5R_0$ 时，副线圈中的电流 $I_2 = \dfrac{5}{5R_0}$ A $= \dfrac{1}{R_0}$ A，

由原、副线圈中的电流关系得 $I_1 = \dfrac{1}{kR_0}$ A，此时原、副线圈及副线圈上负载的等效电阻为 $6k^2R_0$，由欧姆定律可得 $I_1 = \dfrac{25}{4R_0 + 6k^2R_0}$ A，联立解得 $k = 4$；同理，负载电阻的阻值增大到 $R' = 11R_0$ 时，$I_1 = \dfrac{U'}{4R_0 + 12k^2R_0}$，解得 $U' = 49$ V。选项 C 正确。

答案：C。

由以上例题求解可以看出，运用理想变压器电阻等效法处理原线圈中有负载的理想变压器问题时，等效思想简化了电路的结构，将变压器问题转化为串联电路问题，降低了学生学习的难度；同时，电阻等效法避免了复杂的运算过程，提高了解题效率。

第五节　创设问题情境，提升学科素养

交变电流一节的教学，高中物理教材以实验情境"手摇发电机使小灯泡发光"导入新课，建构"闭合线圈在匀强磁场中绕垂直于磁场的轴匀速转动"的物理模型，分析正弦交变电流的产生过程，并根据电磁感应定律，结合速度分解思想推导正弦交变电流的瞬时值表达式 $e = E_m \sin\omega t$。可见，法拉第电磁感应定律是正弦交变电流产生的核心概念。

一、问题提出

教学实践中发现，学生容易将"闭合线圈在匀强磁场中绕垂直于磁场的轴匀速转动"理解为产生正弦交变电流的充分必要条件，形成错误的物理观念。本节教学内容的复习环节围绕核心概念，对正弦交变电流的产生条件做进一步的拓展教学，是培养学生清晰、系统的物理观念，提升学生科学思维和科学探究能力的最佳契机。

二、创设问题情境，拓展延伸教学

法拉第电磁感应定律的推导式 $E = BLv$ 中，要求 B，L，v 三个量两两垂直。如不垂直，需要分解 B 或 v（或投影 L）。若 B，L，v 三个量中的一个量按正弦（或余弦）规律变化，回路中产生的感应电动势按照正弦规律变化，即可产生正弦交变电流。现分以下三种情境对正弦交变电流的产生做拓展延伸教学。

1. 导体棒的有效速度变化产生正弦交变电流

（1）问题情境。

如图 7 - 5 - 1 所示，两根平行金属丝 AB，CD 组成半径为 r，圆心为 O，间

距为 L 的半圆形导轨，导轨左端用导线相连，右端开口。整个导轨处于竖直向上、磁感应强度为 B 的匀强磁场中。一根长度也为 L 的金属杆垂直于导轨，从导轨右端最高点开始，在外力作用下沿半圆形导轨以恒定速率 v_0 做匀速圆周运动到左端最高点，然后反向，依次往复运动。试分析回路中产生的感应电动势。

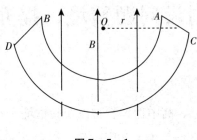

图 7 – 5 – 1

（2）模型建构。

闭合回路的部分导体在匀强磁场中切割磁感线，产生动生电动势。

（3）推理论证。

截面图如图 7 – 5 – 2 所示，从金属杆开始运动计时，t 时刻金属杆与圆心的连线转过的角度为 θ，将金属杆的速度 v_0 分解为水平方向的 v_1 和竖直方向的 v_2，则 $\theta = \dfrac{v_0 t}{r} = \omega t$，$v_1 = v_0 \sin\theta$，感应电动势 $e = BLv_1$，

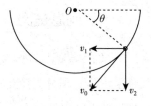

图 7 – 5 – 2

联立以上各式得 $e = BLv_0 \sin\omega t$。设 $E_m = BLv_0$，则 $e = E_m \sin\omega t$。由右手定则可知，金属杆运动方向反向时，感应电动势的方向也反向。

所以，金属杆往返运动过程中，回路中产生正弦交变电流。

（4）模型应用。

如图 7 – 5 – 3 所示，光滑平行的金属导轨由半径为 r 的四分之一圆弧金属轨道 MN 和 $M'N'$ 与足够长的水平金属轨道 NP 和 $N'P'$ 连接组成，轨道间距为 L，电阻不计。电阻为 R，质量为 m，长度为 L 的金属棒 cd 锁定在水平轨道上距离 NN' 足够远的位置，整个装置处于磁感应强度大小为 B，方向竖直向上的匀强磁场中。现在外力作用下，使电阻为 R，质量为 m，长度为 L 的金属棒 ab 从轨道最高端 MM' 位置开始，以大小为 v_0 的速度沿圆弧轨道做匀速圆周运动，金属棒 ab 始终与导轨垂直且接触良好，重力加速度为 g，下列说法正确的是（　　　）

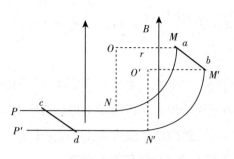

图 7-5-3

A. ab 刚运动到 NN' 位置时，cd 受到的安培力大小为 $\dfrac{B^2L^2v_0}{2R}$，方向水平向左

B. ab 从 MM' 运动到 NN' 位置的过程中，回路中产生的焦耳热为 $\dfrac{\pi rB^2L^2v_0}{4R}$

C. 若 ab 运动到 NN' 位置时撤去外力，则 ab 能够运动的距离为 $\dfrac{mv_0R}{B^2L^2}$

B. 若 ab 运动到 NN' 位置撤去外力的同时解除 cd 棒的锁定，则从 ab 开始运动到最后达到稳定状态的整个过程中回路产生的焦耳热为 $\dfrac{\pi B^2L^2v_0r}{8R}+\dfrac{1}{4}mv_0^2$

解析：ab 刚运动到 NN' 位置时，由 $E=BLv_0$，$I=\dfrac{E}{2R}$，$F=BIL$ 整理得 $F=\dfrac{B^2L^2v_0}{2R}$，由左手定则可知 cd 所受安培力的方向水平向左，A 选项正确；若 ab 运动到 NN' 位置时撤去外力，在安培力作用下 ab 棒做减速运动，由动量定理得 $-B\bar{I}L\cdot\Delta t=0-mv_0$，而 $q=\bar{I}\cdot\Delta t$，$q=\dfrac{BLx}{2R}$，整理得 $x=\dfrac{2mv_0R}{B^2L^2}$，C 选项错误；在 ab 从 MM' 运动到 NN' 位置的过程中，感应电动势的瞬时值 $e=BLv_0\sin\dfrac{v_0}{r}t$，有效值 $E=\dfrac{BLv_0}{\sqrt{2}}$，运动时间 $t=\dfrac{\pi r}{2v_0}$，回路中的焦耳热 $Q_1=\dfrac{E^2}{2R}t$，整理得 $Q_1=\dfrac{\pi B^2L^2v_0r}{8R}$，B 选项错误；若 ab 运动到 NN' 位置撤去外力的同时解除 cd 棒的锁定，对 ab，cd 组成的系统，由动量守恒定律得 $mv_0=2mv$，由能量守恒定律得 $Q_2=\dfrac{1}{2}mv_0^2-\dfrac{1}{2}\times 2mv^2=\dfrac{1}{4}mv_0^2$，所以从 ab 开始运动到最后达到稳定状态的整个

过程中回路产生的焦耳热为 $\dfrac{\pi B^2 L^2 v_0 r}{8R} + \dfrac{1}{4} m v_0^2$，选项 D 正确。

（5）反思评价。

导体棒的有效速度变化产生正弦交变电流是在新的问题情境下，对教材内容及学科方法的进一步迁移应用，是帮助学生将新情境中的信息纳入并整合到已有的认知结构中的过程，遵循皮亚杰认知发展理论中的"同化"过程。

2. 导体棒的有效长度变化产生正弦交变电流

（1）问题情境。

如图 7-5-4 所示，在 xOy 坐标平面的第一、四象限有磁感应强度大小为 B，方向垂直纸面向里的匀强磁场，第二、三象限有一段弯折成 $y = -A\sin\dfrac{2\pi}{\lambda}x$ 形状的金属丝，两端点通过圆滑卡扣与 x 轴上的金属杆紧密接触，组成回路。在外力作用下，金属丝以速度 v 匀速进入匀强磁场区域，$t=0$ 时刻金属丝右端恰好在坐标原点，左端点的坐标为 $(-\lambda, 0)$。试分析回路中产生的感应电动势。

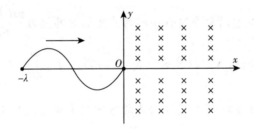

图 7-5-4

（2）模型建构。

闭合回路的部分导体在匀强磁场中切割磁感线，产生动生电动势。

（3）推理论证。

t 时刻，金属丝右端点的横坐标为 $x = vt$，纵坐标 $y = -A\sin\dfrac{2\pi}{\lambda}x$，导体切割磁感线的有效长度 $L = A\sin\dfrac{2\pi}{\lambda}x$，$t$ 时刻的电动势 $e = BAv\sin\dfrac{2\pi v}{\lambda}t$，设 $E_m = BAv$，即 $e = E_m\sin\dfrac{2\pi v}{\lambda}t$。

规定金属丝刚进入磁场时电动势的方向为正方向，则 $0 < t \leqslant \dfrac{\lambda}{4v}$ 时，感应电

动势方向为正方向，大小逐渐增大；$\frac{\lambda}{4v} < t \leqslant \frac{\lambda}{2v}$ 时，感应电动势方向为正方向，大小逐渐减小；$\frac{\lambda}{2v} < t \leqslant \frac{3\lambda}{4v}$ 时，感应电动势方向为负方向，大小逐渐增大；$\frac{3\lambda}{4v} < t \leqslant \frac{\lambda}{v}$ 时，感应电动势方向为负方向，大小逐渐减小。所以，金属丝进入磁场过程中，回路中产生一个周期的正弦交变电流。

（4）模型应用。

如图 7-5-5 所示，在 xOy 平面内，阻值为 R 的金属丝弯折成 $y = -A\sin\frac{2\pi}{\lambda}x$ 形状，两端点通过圆滑卡扣与 x 轴上的光滑金属杆紧密接触，金属杆的电阻不计。在 x 轴正半轴上，在 $0 \leqslant x \leqslant \frac{\lambda}{2}$ 区域内存在方向垂直于 xOy 平面，磁感应强度大小为 B 的匀强磁场。在外力控制下金属丝以大小为 v 的速度匀速通过该区域，$t = 0$ 时刻，a 端刚好从 O 点进入磁场区域，求：

（1）金属丝通过磁场的过程中，感应电动势的瞬时表达式；

（2）在金属丝全部穿过磁场的过程中，外力所做的功。

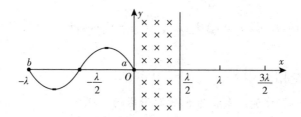

图 7-5-5

解析：

（1）金属丝的运动过程可以分为三个阶段：①当 $0 \leqslant t \leqslant \frac{\lambda}{2v}$ 和 $\frac{\lambda}{v} < t \leqslant \frac{3\lambda}{2v}$ 时，$e = BAv\sin\frac{2\pi v}{\lambda}t$；当 $\frac{\lambda}{2v} < t \leqslant \frac{\lambda}{v}$ 时，$e = 2BAv\sin\frac{2\pi v}{\lambda}t$。

（2）在 $0 \leqslant t \leqslant \frac{\lambda}{2v}$ 和 $\frac{\lambda}{v} < t \leqslant \frac{3\lambda}{2v}$ 区域内，产生的焦耳热为 $Q_1 = \left(\frac{BAv}{\sqrt{2}}\right)^2 \cdot \frac{1}{R} \cdot \frac{\lambda}{2v} \times 2 = \frac{B^2 A^2 v \lambda}{2R}$。

在 $\dfrac{\lambda}{2v} < t \leqslant \dfrac{\lambda}{v}$ 区域内，回路中产生的焦耳热 $Q_2 = \left(\dfrac{2BAv}{\sqrt{2}}\right)^2 \cdot \dfrac{1}{R} \cdot \dfrac{\lambda}{2v} = \dfrac{B^2 A^2 v \lambda}{R}$，

根据能量守恒定律，在金属丝全部穿过磁场的过程中，外力所做的功为 $W =$

$Q_1 + Q_2 = \dfrac{3B^2 A^2 v \lambda}{2R}$。

3. 磁场的磁感应强度变化产生正弦交变电流

（1）问题情境。

如图 7-5-6 所示，匝数为 N，边长为 L 的正方向线框处于垂直于线框平面的磁场中，磁场的磁感应强度随时间的变化规律为 $B = B_m \sin\omega t$，分析回路中产生的感应电动势。

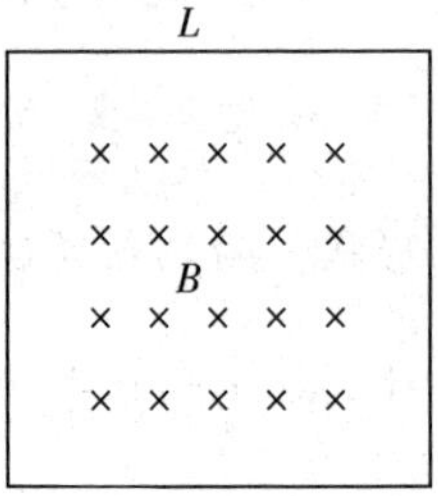

（2）模型建构。

磁场的磁感应强度变化使回路中产生感应电动势，建构电磁感应中的感生电动势模型。

图 7-5-6

（3）推理论证。

因为 $B = B_m \sin\omega t$，所以 $\dfrac{\Delta B}{\Delta t} = B_m \omega \cos\omega t$。由法拉第电磁感应定律 $e = N \dfrac{\Delta B}{\Delta t} S$

得 $e = NB_m \omega L^2 \cos\omega t$。设 $E_m = NB_m \omega L^2$，则 $e = E_m \cos\omega t$。所以，回路中产生正弦交变电流。

（4）模型应用。

如图 7-5-7 所示，面积为 S_1 的圆形磁场，磁场方向垂直纸面向里，磁感应强度随时间变化的关系为 $B = B_m \cos\pi t$。在纸面内有一金属导线围成面积为 S_2 的圆形单匝线圈，圆心与磁场圆心重合，导线上串有理想二极管、阻值为 r 的标准电阻和理想交流电流表，导线电阻不计。下列说法正确的是（　　）

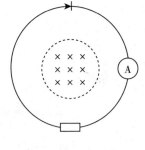

图 7-5-7

A. 电流表的示数为 $\dfrac{B_m S_2 \pi}{2r}$

B. 电流表的示数为 $\dfrac{B_m S_1 \pi}{2r}$

C. 在 2 s 内流过电阻的电荷量为 $\dfrac{B_\mathrm{m}S_2}{r}$

D. 在 2 s 内流过电阻的电荷量为 $\dfrac{B_\mathrm{m}S_1}{r}$

解析： 磁感应强度的变化率为 $\dfrac{\Delta B}{\Delta t} = -B_\mathrm{m}\pi\sin\pi t$，感应电动势 $e = B_\mathrm{m}\pi S_1\sin\pi t$，最大值为 $E_\mathrm{m} = B_{\max}\pi S_1$。在半个周期内，电动势有效值为 $E = \dfrac{B_\mathrm{m}\pi S_1}{\sqrt{2}}$，电流的有效值为 $I_1 = \dfrac{B_\mathrm{m}\pi S_1}{\sqrt{2}r}$。设交流电流表的示数为 I_2，根据理想二极管的单向导电性，$I_1^2 \cdot R \cdot \dfrac{1}{2}T = I_2^2 \cdot R \cdot T$，解得 $I_2 = \dfrac{B_\mathrm{m}S_1\pi}{2r}$。选项 A 错误，B 正确。由题意可知，交流电的周期 $T = 2$ s，在 2 s 内流过电阻的电荷量等于 1 s 时间流过电阻的电荷量，即 $q = \dfrac{\Delta\Phi}{r} = \dfrac{2B_\mathrm{m}S_1}{r}$。选项 CD 错误。

（5）反思评价。

导体棒的有效长度变化产生正弦交变电流和磁场的磁感应强度变化产生正弦交变电流的教学过程属于电磁感应定律的深层次应用，相对教材内容，学习主体的原有认知结构无法同化新情境提供的信息，必须引起认知结构的进一步重组与改造，遵循皮亚杰认知发展理论中的"顺应"过程。同时，认知结构的重组与改造直接影响学习主体物理观念的巩固完善、科学思维和科学探究能力的发展提升以及科学素养态度的形成。

三、结束语

新课程理念要求教师把"发展学生的核心素养"这一课程目标落实到教育教学的各个环节。高中物理课堂教学中，依据学生已有的素养水平要确定学生素养发展的"最近发展区"。本节教学基于最近发展区理论，在学生已有知识与技能的基础上，通过合理创设问题情境，对教材内容做进一步的拓展延伸，引导学生在模型建构、推理论证、问题解决及评价反思过程中逐步提升学科核心素养水平。

第八章

物理实验

第一节 "探究加速度与力、质量的关系" 实验创新及典例分析

人教版物理必修1教材中，"探究加速度与力、质量的关系"这一实验运用物理实验的基本思想——控制变量法：在力一定时，探究加速度与质量的关系；在质量一定时，探究加速度与力的关系。实验操作的难点在于小车所受合外力的测量。"探究加速度与力、质量的关系"的实验题目学生容易出错，其原因是没有深刻理解实验方案及改进、创新的原理，未掌握基本的实验思想方法，如控制变量法、补偿法、近似法、化曲为直思想等，不能灵活应用物理规律列出图像对应的数学表达式，不能根据数形结合思想分析图像的斜率和截距。本节在总结教材实验原理的基础上，分析实验改进、创新及拓展的原理，并通过典型题目分析求解实验问题的思路和方法。

一、教材提供的实验方案

教材提供的实验装置如图 8 – 1 – 1 所示。小车的加速度通过纸带测量，小车的质量 M，盘及重物的质量 m 用天平测量，测量小车的合外力时，用了近似法和补偿法。当盘和重物的质量远小于小车质量时，小车所受绳子的拉力近似等于盘和重物的重力。将木板的一侧垫高，调节木板的倾斜程度，使小车在不受绳子牵引下能够拖动纸带沿木板匀速运动，此时小车沿木板向下的分力补偿了打点计时器对

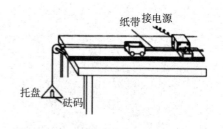

图 8 – 1 – 1

小车的阻力及其他阻力，这一重要的操作过程通常称作平衡摩擦力。当满足盘和重物的质量远小于小车质量且平衡摩擦力之后，盘和重物的重力大小近似等于小车所受的合外力。

二、实验的改进、创新与拓展

1. 实验装置的改进

随着实验条件的改善，本实验的实验装置有所改进，主要体现在气垫导轨的使用、传感器的使用及光电门的使用上。气垫导轨上运动的滑块所受阻力很小，可以忽略不计，因此在有气垫导轨的实验装置的情况下，不再平衡摩擦力，只要调节气垫导轨水平，绳子的拉力就等于滑块所受的合外力。力传感器可以直接测出绳子拉力的大小，所以在有力传感器的实验装置的情况下，不再要求满足"盘和重物的质量远小于滑块质量"这一条件。位移传感器可以测量滑块发生的位移大小。光电门的使用可以直接计算滑块的速度，已知遮光条的宽度为 d，遮光时间为 Δt，则滑块经过光电门的速度为 $\dfrac{d}{\Delta t}$。

另外，拖动小车（或滑块）的绳子可能直接接到小车（或滑块）上，也可能绕过固定在小车（或滑块）上的轻质定滑轮，此时必须清楚小车（或滑块）所受合外力是几根绳子的拉力，或者说是力传感器示数的几倍。

2. 实验原理的创新与拓展

本实验的实验原理创新与拓展主要体现在两个方面：

（1）实验时不直接测量小车（或滑块）的加速度，而是测量运动的其他物理量。

依据匀变速直线运动规律间接探究加速度与力、质量的关系。例如，已知遮光条的宽度 d 和小车（或滑块）由静止开始运动的位移 L，由数字计时器测出遮光条通过光电门的时间 Δt，由运动学公式得 $\left(\dfrac{d}{\Delta t}\right)^{2}=2aL$，变形得 $a=\dfrac{d^{2}}{2L}\cdot\dfrac{1}{(\Delta t)^{2}}$。实验时保持小车（或滑块）的质量 M 一定，测量多组 Δt 和 F 的值，作出 $\dfrac{1}{(\Delta t)^{2}}-F$ 图像，若图像是一条过原点的倾斜直线，则间接得出了"质量 M 一定时，加速度 a 与合外力 F 成正比"这一结论。

（2）实验时不平衡摩擦力，多次使用力传感器测量小车（或滑块）所受的合外力。

小车（或滑块）静止时，依据二力平衡原理，力传感器可以测出最大静摩擦力大小，近似等于滑动摩擦力；小车（或滑块）加速运动时，力传感器可以测出所受拉力大小。用两次力传感器的示数差表示合外力，探究加速度与力、质量的关系。例如，通过向小桶中加细沙的方法拖动小车（或滑块），当小车（或滑块）刚开始运动时读出力传感器的示数 F_0，这一示数为小车（或滑块）所受的最大静摩擦力，可以表示小车（或滑块）运动时所受滑动摩擦力的大小。当小车（或滑块）加速运动时，再次读出力传感器的示数 F_1，这一示数表示小车（或滑块）所受绳子的拉力大小，用两次力传感器的示数之差表示小车（或滑块）加速运动过程中所受合外力的大小 F，即 $F = F_1 - F_0$。改变小桶中细沙的量，多次重复实验，测出多组加速度 a 和合外力 F 数据，描绘加速度 a 与合外力 F 的关系图像，探究加速度 a 与合外力 F 间的关系。

3. 实验目的的拓展

将滑块放在粗糙的木板上，运用"探究加速度与力、质量的关系"这一实验中所测物理量之间的线性图像，可以求出图像的斜率和截距。依据牛顿第二定律推导出物理量之间的数学表达式，利用数形结合思想，可以求解滑块的质量以及滑块与木板间的动摩擦因数。因此，通过本实验的实验装置可以将探究性实验拓展为"验证牛顿第二定律"的验证性实验，可以将实验的目的拓展为测量动摩擦因数。

三、典例分析

例题1：某实验小组利用图 8-1-2 所示的装置探究加速度与力、质量的关系。

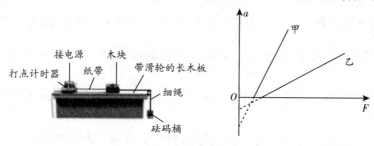

图 8-1-2

(1) 下列做法正确的是 (   )

A. 调节滑轮的高度，使牵引木块的细绳与长木板保持平行

B. 在调节木板倾斜度平衡木块受到的滑动摩擦力时，将装有砝码的砝码桶通过定滑轮拴在木块上

C. 实验时，先放开木块再接通打点计时器的电源

D. 通过增减木块上的砝码改变质量时，不需要重新调节木板倾斜度

(2) 为使砝码桶及桶内砝码的总重力在数值上近似等于木块运动时受到的拉力，应满足的条件是砝码桶及桶内砝码的总质量_____木块和木块上砝码的总质量。(选填"远大于""远小于"或"近似等于")

(3) 甲、乙两同学在同一实验室，各取一套图 8-1-2 所示的装置放在水平桌面上，木块上均不放砝码，在没有平衡摩擦力的情况下，研究加速度 a 与拉力 F 的关系，分别得到图 8-1-2 中甲、乙两条直线，设甲、乙用的木块质量分别为 $M_甲$，$M_乙$，甲、乙用的木块与木板间的动摩擦因数分别为 $\mu_甲$，$\mu_乙$，由图可知，$M_甲$_____$M_乙$，$\mu_甲$_____$\mu_乙$。(选填"大于""小于"或"等于")

解析：

(1) 调节滑轮的高度，使牵引木块的细绳与长木板保持平行，否则拉力不等于合力，故 A 正确；在调节木板倾斜度平衡木块受到的滑动摩擦力时，不应悬挂装有砝码的砝码桶，故 B 错误；打点计时器的使用先接通打点计时器的电源待其平稳工作后再释放木块，故 C 错误；平衡摩擦力后，有 $Mg\sin\theta = \mu Mg\cos\theta$，即 $\mu = \tan\theta$，与质量无关，故通过增减木块上的砝码改变质量时，不需要重新调节木板倾斜度，D 正确。

(2) 设砝码与砝码桶的质量为 m，木块的质量为 M，对砝码桶及砝码与木块组成的系统，由牛顿第二定律得 $a = \dfrac{mg}{M+m}$；对木块，由牛顿第二定律得 $T = Ma = \dfrac{Mmg}{M+m} = \dfrac{mg}{1+\dfrac{m}{M}}$。只有当砝码桶及桶的质量远小于木块质量时，木块受到的拉力才近似等于砝码及砝码桶的重力。

(3) 当装置放在水平桌面上，没有平衡摩擦力时，$F - \mu Mg = Ma$，故 $a = \dfrac{F}{M} - \mu g$，即图像斜率为 $\dfrac{1}{M}$，纵轴截距的大小为 μg。观察图像可知，$M_甲$ 小于

$M_乙$，$\mu_甲$ 大于 $\mu_乙$。

例题2： 某同学设计了图 8-1-3 甲所示的装置来探究小车的加速度与所受合力的关系。将装有力传感器的小车放置于水平长木板上，缓慢向小桶中加入细沙，直到小车刚开始运动为止，记下传感器的最大示数 F_0，以此表示小车所受摩擦力的大小。再将小车放回原处并按住，继续向小桶中加入细沙，记下传感器的示数 F_1。

（1）接通频率为 50 Hz 的交流电源，释放小车，打出图 8-1-3 乙所示的纸带。从比较清晰的点起，每 5 个点取一个计数点，量出了相邻计数点之间的距离，则小车加速度 $a =$ _____ m/s^2。（保留两位有效数字）

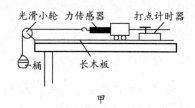
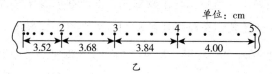

图 8-1-3

（2）改变小桶中沙的重力，多次重复实验，记下小车加速运动时传感器的示数 F_2，获得多组数据，描绘小车加速度 a 与合力 F（$F = F_2 - F_0$）的关系图像，不计纸带与计时器间的摩擦，下列图像中正确的是（　　）

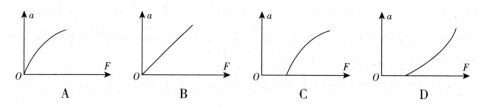

| A | B | C | D |

（3）在同一次实验中，若小车加速运动时传感器的示数为 F_2，释放小车之前传感器的示数为 F_1，则 F_1 与 F_2 的大小关系是：F_2 _____ F_1（选填 "<"　"=" 或 ">"）。

（4）关于该实验，下列说法中正确的是（　　）

A. 小桶和沙的总质量应远小于小车和传感器的总质量

B. 实验中需要将长木板右端垫高

C. 实验中需要测出小车和传感器的总质量

D. 用加沙的方法改变拉力的大小与挂钩码的方法相比，可更方便地获取多组实验数据

解析：

（1）相邻的计数点间的时间间隔 $T=0.1$ s，根据匀变速直线运动的推论公式 $\Delta x=aT^2$，可以求出加速度的大小

$$a=\frac{(3.84+4.00)\times 10^{-2}-(3.52+3.68)\times 10^{-2}}{(2\times 0.1)^2}\ \text{m/s}^2=0.16\ \text{m/s}^2。$$

（2）由于小车刚开始运动时传感器的最大示数 F_0 等于摩擦阻力，横轴为合力 F（$F=F_2-F_0$）。所以，a 与 F 成正比，图像应该是过原点的倾斜直线，故 B 正确，ACD 错误。

（3）小车被按住时，设小桶及沙子的重力为 mg，由二力平衡得 $F_1=mg$，小车在加速运动时，小桶及沙子有竖直向下的加速度，根据牛顿第二定律得 $mg-F_2=ma$，所以 $F_2<F_1$。

（4）在该实验中力传感器示数表示小车所受绳子的拉力，不要求满足小车和传感器的总质量远大于小桶和沙的总质量，故 A 错误；实验中不需要将长木板右端垫高，因为已经测量了小车所受摩擦力的大小，故 B 错误；实验目的是探究加速度与所受合力的关系，只需要保证小车和传感器的总质量不变，不需要测出小车和传感器的总质量，故 C 错误；用加沙的方法改变拉力的大小与挂钩码的方法相比，可更方便地获取多组实验数据，故 D 正确。

例题 3：图 8-1-4 所示是探究加速度与力的关系的实验装置，在水平放置的气垫导轨上安装了一个光电门，滑块上固定一宽度为 d 的遮光条，力传感器固定在滑块上，用细绳绕过光滑定滑轮与沙桶相连，每次滑块都从同一位置处由静止释放。开始时遮光条到光电门的距离为 L。

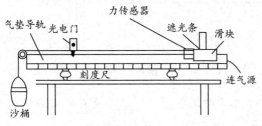

图 8-1-4

(1) 实验时，将滑块由静止释放，由数字计时器读出遮光条通过光电门的时间 Δt，则滑块经过光电门时的瞬时速度为_____，滑块加速度为_____。

(2) 改变沙桶质量，读出对应的力传感器的示数 F 和遮光条通过光电门的时间 Δt，用实验中的数据描绘出 $F - \dfrac{1}{(\Delta t)^2}$ 图像，若测得图像的斜率为 k，则滑块和遮光条的总质量 $M =$_____。

解析：

(1) 滑块经过光电门时的瞬时速度为 $\dfrac{d}{\Delta t}$，由于滑块做匀加速直线运动，由运动学公式 $v^2 = 2aL$ 得 $a = \dfrac{d^2}{2L(\Delta t)^2}$。

(2) 根据牛顿第二定律 $F = Ma$，联立得 $F = \dfrac{Md^2}{2L} \cdot \dfrac{1}{(\Delta t)^2}$，所以，$k = \dfrac{Md^2}{2L}$，滑块和遮光条的总质量 $M = \dfrac{2kL}{d^2}$。

例题 4：某实验探究小组为了探究物体的加速度与所受合外力之间的关系，设计了图 8-1-5 甲所示的实验装置。该实验小组成员用钩码的重力作为滑块所受的合力，用传感器测滑块的加速度，通过改变钩码的数量，多次重复测量，可得小车运动的加速度 a 和所受合力 F 的关系图像。他们在轨道水平和倾斜的两种情况下分别做了实验，得到了两条 $a - F$ 图线，如图 8-1-5 乙所示。

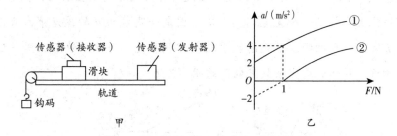

图 8-1-5

(1) 图 8-1-5 乙中的图像_____是在轨道右侧抬高成为斜面情况下得到的（选填"①"或"②"）。当钩码的数量增加到一定程度时，图 8-1-5 乙中的图像明显偏离直线，造成此误差的主要原因是_____。

（2）滑块和传感器接收器的总质量 $M =$ _____ kg，滑块和轨道间的动摩擦因数 $\mu =$ _____ （$g = 10$ m/s^2）。

解析：

（1）图 8 – 1 – 5 乙中的图像①的截距为 2 m/s^2，表示不挂钩码时的加速度，说明此时的轨道倾斜向下。所以，图像①是在轨道右侧抬高成为斜面情况下得到的。当钩码的数量增大到一定程度时，图像明显偏离直线是因为所挂钩码的总质量太大，不满足远小于滑块和传感器（接收器）的质量。

（2）图像②是在轨道水平情况下得到的，此时根据牛顿第二定律得 $F - \mu Mg = Ma$，变形得 $a = \dfrac{1}{M}F - \mu g$，结合图像②可知，$\dfrac{1}{M} = 2$，$\mu g = 2$，所以 $M = 0.5$ kg，$\mu = 0.2$。

在教材实验方案、实验原理的基础上通过改进、创新命制的实验题目能够很好地考查学生对物理知识、物理思想方法的理解和灵活迁移能力，有利于培养学生的实践意识和创新能力。求解创新实验问题必须具备基本的物理实验素养和实验技能，熟练掌握控制变量、数形结合及"化曲为直"等物理思想方法，深刻理解物理概念和物理规律，并能在实际情境中灵活应用。

第二节　高考力学创新实验备考策略

近年来，高考力学实验考查的方向基本不变，主要体现在基本仪器的使用、实验原理的理解、实验数据的分析和实验方案的设计上。命题趋势由简单的记忆向分析、理解转变，以教材学生实验为原型，依据动力学规律、动量和能量规律进行创新与拓展，注重考查学生的理解能力、分析综合能力和创新能力。如何做到精准备考，从而有效解答力学创新实验问题？建议从以下三方面做起。

一、熟悉力学创新实验的基础，具备力学实验的基本技能

力学创新实验的基础是基本的力学实验，包括考试大纲列出的"研究匀变速直线运动规律""探究弹力和弹簧伸长的关系""验证力的平行四边形定则""验证牛顿运动定律""探究动能定律""验证机械能守恒定律""验证动量守恒定律"教材原型实验，还包括教材中的演示实验和课外实验。

力学实验的基本技能主要有三方面：

第一，测量仪器的原理理解、规范使用、读数规则及注意事项。测量仪器包括毫米刻度尺、游标卡尺、螺旋测微器等长度测量仪器，打点计时器、频闪照相机、数码照相机等时间测量仪器，还有弹簧测力计、力传感器等力测量仪器。

第二，通过纸带处理实验数据。通过纸带处理实验数据是力学实验最基础、最常用的方法，包括物体瞬时速度的求解和物体加速度的求解。瞬时速度的求解涉及实验"研究匀变速直线运动规律""探究动能定律""验证机械能守恒定律"和"验证动量守恒定律"，加速度的求解主要涉及实验"验证牛顿运动定律"。

第三，利用光电门测量物体运动的瞬时速度。用极短时间内的平均速度替代瞬时速度是光电门测瞬时速度的原理。

二、明确力学创新实验的归类，把握解决问题的方向

力学创新实验一般有实验器材的创新、实验设计的创新和实验数据处理方法的创新三大类。实验器材的创新包括用气垫导轨代替长木板，用光电门、频闪照相机或数码照相机代替打点计时器，用拉力传感器或已知质量的钩码代替弹簧测力计等。实验设计的创新包括"研究匀变速直线运动"实验基础上拓展的"测量重力加速度"和"测量接触面间的动摩擦因数"，"验证机械能守恒"实验基础上拓展的"测量弹性势能"等。实验数据处理方法的创新主要体现在图像法的使用上，包括作图和图像分析，而图像分析重点是通过数形结合的思想巧用图像的截距和斜率。

三、立足试题研究，体验问题求解策略

任何策略方法只有在具体的实践中亲身体验、总结反思，才能理解其精髓，才能灵活运用。

例题 1：如图 8 - 2 - 1 所示，某同学设计了测量铁块与木板间动摩擦因数的实验。所用器材有铁架台、长木板、铁块、米尺、电磁打点计时器、频率 50 Hz 的交流电源、纸带等。回答下列问题：

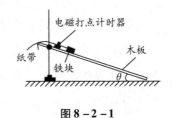

图 8 - 2 - 1

（1）铁块与木板间动摩擦因数 $\mu =$ _____（用木板与水平面的夹角 θ，重力加速度 g 和铁块下滑的加速度 a 表示）。

（2）某次实验时，调整木板与水平面的夹角使 $\theta = 30°$。接通电源，开启打点计时器，释放铁块，铁块从静止开始沿木板下滑。多次重复后选择点迹清晰的一条纸带，如图 8 - 2 - 2 所示。图中的点为计数点（每两个相邻的计数点间还有 4 个点未画出）。重力加速度为 9.80 m/s^2。可以计算出铁块与木板间的动摩擦因数为_____（结果保留 2 位小数）。

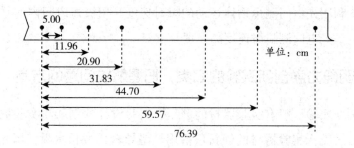

图 8 - 2 - 2

解析：

（1）对铁块受力分析，由牛顿第二定律得 $mg\sin\theta - \mu mg\cos\theta = ma$，解得

$\mu = \dfrac{g\sin\theta - a}{g\cos\theta}$。

（2）两个相邻计数点之间的时间间隔 $T = 5 \times \dfrac{1}{50}$ s $= 0.10$ s，由逐差法和 Δx

$= aT^2$，可得 $a = 1.97$ m/s^2，代入 $\mu = \dfrac{g\sin\theta - a}{g\cos\theta}$，解得 $\mu = 0.35$。

评析：

（1）本题属于实验设计的创新问题。铁块沿木板下滑运动过程可看作斜面上的物体做匀加速直线运动的物理模型。

（2）根据纸带上的数据运用逐差法测出铁块运动的加速度，应用牛顿第二定律，测出铁块与木板间的动摩擦因数。建构物理模型，选择物理规律是解题的关键。

例题 2：甲、乙两位同学设计了利用数码相机的连拍功能测重力加速度的实验。实验中，甲同学负责释放金属小球，乙同学负责在小球自由下落的时候拍照。已知相机每隔 0.1 s 拍 1 张照片。

（1）若要从拍得的照片中获取必要的信息，在此实验中还必须使用的器材是_____。（填正确答案标号）

A. 米尺　　　B. 秒表　　　C. 光电门　　　D. 天平

（2）简述你选择的器材在本实验中的使用方法。

答：_____。

（3）实验中两同学由连续 3 张照片上小球的位置 a，b 和 c 得到 $ab = 24.5$ cm，$ac = 58.7$ cm，则该地的重力加速度大小为 $g = $ _____ m/s² （保留 2 位有效数字）。

解析：利用数码相机的连拍功能，通过每隔一定时间的拍摄确定小球位置，所以还必须使用的器材是米尺，将米尺竖直放置，使小球下落时尽量靠近米尺，用米尺测量小球位置间的距离，利用逐差法由公式 $\Delta x = aT^2$ 可得 $a = g = \dfrac{\Delta x}{T^2} = 9.7$ m/s²。

评析：

（1）本题属于实验器材的创新，用数码照相机代替打点计时器。

（2）小球的运动是自由落体运动，实验原理是运用逐差法 $\Delta x = aT^2$ 测加速度。

例题 3：利用图 8-2-3 所示的实验装置可以测量滑块与水平桌面之间的动摩擦因数。将弹簧放置在水平桌面上，左端固定，右端在 O 点。在 O 点右侧的 A，B 位置各安装一个光电门。让带有遮光片的滑块压缩弹簧到某位置 C，由静止释放滑块，与两个光电门都相连的计时

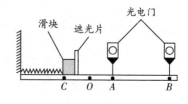

图 8-2-3

器可以显示遮光片从 A 至 B 所用的时间 t。改变光电门 B 的位置进行多次测量，每次都使滑块从 C 处静止释放，并用米尺测量 A，B 之间的距离 x，记下相应的 t 值，所得数据见表 8-2-1。

表 8-2-1

x/mm	650.0	600.0	550.0	500.0	450.0	400.0
t/ms	373	330	293	259	228	199
$\dfrac{x}{t}/\ (\text{m/s})$	1.74		1.88	1.93	1.97	2.01

（1）根据表中记录的数据，空格处应填_____。

（2）请在图 8-2-4 给出的坐标纸上画出 $\dfrac{x}{t} - t$ 图像。

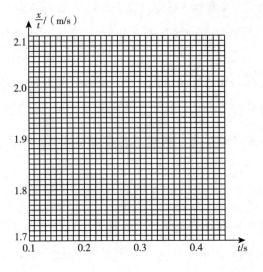

图 8 - 2 - 4

（3）由所画出的 $\frac{x}{t} - t$ 图像可得出滑块与水平桌面之间的动摩擦因数 $\mu =$

_____（重力加速度大小 $g = 9.8 \ \text{m/s}^2$，保留两位有效数字）。

（4）若保持光电门 B 的位置不变，改变光电门 A 的位置，重复上述实验，

下列 $\frac{x}{t} - t$ 图像可能正确的是（　　　）

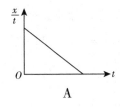

A

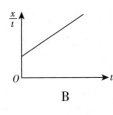

B

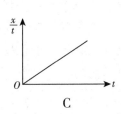

C

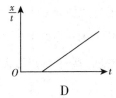

D

解析：

（1）由表中的数据可知，$\dfrac{600.0 \times 10^{-3}}{330 \times 10^{-3}} \ \text{m/s} = 1.82 \ \text{m/s}$。

（2）假设遮光片在 A 点的速度大小为 v_A，题中 $\dfrac{x}{t}$ 为 AB 段的平均速度（即

该过程中间时刻的速度），则有 $\dfrac{x}{t} = v_A - a\,\dfrac{t}{2}$，又由牛顿第二定律得 $\mu mg = ma$，

整理得 $\dfrac{x}{t} = v_A - \dfrac{1}{2}\mu g t$，由 $\dfrac{x}{t} - t$ 图像得 $k = \dfrac{1.7 - 2.1}{0.41 - 0.14} \ \text{m/s}^2 = -1.48 \ \text{m/s}^2$，则

$-\dfrac{1}{2}\mu g = -1.48 \text{ m/s}^2$，解得 $\mu = 0.30$。

（3）由题意可知，光电门 B 的位置不变，则遮光片到光电门 B 的速度大小不变，设为 v_B，则滑块由 A，B 的中间时刻运动到光电门 B 的过程中，$v_B = \dfrac{x}{t} - \dfrac{1}{2}\mu g t$，整理得 $\dfrac{x}{t} = v_B + \dfrac{1}{2}\mu g t$。如果 $v_B = 0$，则 C 正确；如果 $v_B \neq 0$，则 B 正确。

评析：

（1）本题属于实验器材的创新、实验设计的创新、实验数据处理创新的综合类题目。实验器材的创新体现在用光电门计时器测遮光片从 A 到 B 的时间 t 上；实验设计的创新体现在测量滑块与水平桌面之间的动摩擦因数上；实验数据处理的创新体现在作 $\dfrac{x}{t} - t$ 图像，并通过图像的斜率求解动摩擦因数上。

（2）滑块的运动看作匀减速直线运动，若保持光电门 A 的位置不变，由牛顿第二定律可推导出 $\dfrac{x}{t} = v_A - \dfrac{1}{2}\mu g t$；若保持光电门 B 的位置不变，同理得 $\dfrac{x}{t} = v_B + \dfrac{1}{2}\mu g t$。可见，不同情境下，$\dfrac{x}{t}$ 随 t 的变化规律不同，$\dfrac{x}{t} - t$ 图像也不同。

（3）若 C 点到 A 点之间水平面光滑，已知滑块（包括遮光片）的质量为 m，遮光片的宽度为 d，光电门 A 的挡光时间为 Δt，本实验装置还可测量弹簧的弹性势能，由机械能守恒定律得 $E_p = \dfrac{1}{2}m\left(\dfrac{d}{\Delta t}\right)^2$。

通过以上例题分析可以看出，求解力学创新实验问题，首先，必须分析清楚试题描述的情境，建构相应的物理模型；其次，要明确实验的目的，围绕实验目的寻找恰当的物理规律，理解实验涉及的原理；最后，结合题目中的已知条件，正确应用物理力学规律进行解答。所以，深刻、全面地理解物理力学规律是求解力学创新实验问题的前提，而在实际情境下正确应用物理力学规律是解答的关键。

第三节　一道欧姆表换挡试题分析

欧姆表的使用是历年来高考电学实验的热点，并且近年来高考命题趋势从考查欧姆表的读数、探测黑箱内元件等逐步向考查欧姆表原理与实际操作过渡，体现试题的综合性、应用性和实践性。笔者在一轮复习中遇到一道典型的欧姆表换挡试题，试题在考查欧姆表基本原理的基础上，突出欧姆表的欧姆调零和切换倍率两大亮点。现将试题呈现，并从四个角度予以分析，并提出试题改编建议。

一、试题呈现

某物理兴趣小组设计了图 8-3-1 所示的欧姆表电路，通过控制开关 S 和调节电阻箱，可以使欧姆表具有 "×1" 和 "×10" 两种倍率，所用器材如下：

干电池（电动势 $E = 1.5$ V，内阻 $r = 0.5$ Ω），电流表 G（满偏电流 $I_g = 1$ mA，内阻 $R_g = 150$ Ω），定值电阻 R_1（阻值为 1200 Ω），电阻箱 R_2 和 R_3（最大阻值为 9999 Ω），电阻箱 R_4（最大阻值为 9999 Ω），开关一个，红、黑表笔各一支，导线若干。

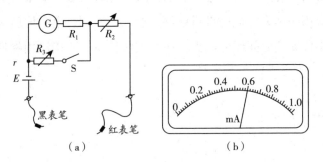

（a）　　　　　　　（b）

图 8-3-1

（1）该实验小组按图 8 - 3 - 1（a）所示原理图正确连接好电路，当开关 S 断开时，将红、黑表笔短接，调节电阻箱 R_2 = ＿＿＿＿＿ Ω，使电流表达到满偏，此时闭合电路的总电阻称作欧姆表的内阻 $R_内$，则 $R_内$ = ＿＿＿＿＿ Ω，欧姆表是＿＿＿＿倍率（填"×1"或"×10"）。

（2）闭合开关 S。

第一步：调节电阻箱 R_2 和 R_3，当 R_2 = ＿＿＿＿＿ Ω，且 R_3 = ＿＿＿＿＿ Ω时，将红、黑表笔短接，电流表再次达到满偏。

第二步：在红、黑表笔间接入电阻箱 R_4，调节 R_4，当电流表指针指向图 8 - 3 - 1（b）所示位置时，对应的欧姆表的示数为 ＿＿＿＿＿ Ω。

二、试题分析

1. 考查基础性——欧姆表的工作原理

（1）欧姆调零原理。图 8 - 3 - 1（a）中开关 S 断开时，将红、黑表笔短接，电流表 G 达到满偏时，由闭合电路欧姆定律得 $I_g = \dfrac{E}{R_内}$，其中，$R_内 = r + R_g + R_1 + R_2$。

所以，欧姆表内阻 $R_内 = \dfrac{E}{I_g} = \dfrac{1.5}{1.0 \times 10^{-3}}$ Ω = 1500 Ω，$R_2 = R_内 - (r + R_g + R_1) = 149.5 Ω$。

（2）中值电阻图 8 - 3 - 1（a）中开关 S 断开，欧姆表调零后，红、黑表笔间接入被测电阻 R_x 时，通过电流表 G 的电流 $I = \dfrac{E}{R_内 + R_x}$。可见，不同的被测电阻 R_x 对应不同的电流 I。当 $R_x = R_内$ 时 $I = \dfrac{1}{2} I_g$，此时的被测电阻对应电流表的半偏，将这一特殊的被测电阻叫作中值电阻，即 $R_中 = R_内$。

2. 体现创新性——欧姆表换挡

电源电动势一定时，若欧姆表的倍率由"×10"换成"×1"，中值电阻大小变为原来的 $\dfrac{1}{10}$，欧姆表的内阻变为原来的 $\dfrac{1}{10}$。本试题中 S 断开时回路中总电阻较大；S 闭合时，由于 R_3 与 R_1，R_g 并联，回路中总电阻变小。所以，S 断开对应"×10"倍率，S 闭合对应"×1"倍率。S 闭合后欧姆表的内阻 $R'_内$ =

$\frac{1}{10}R_内 = 150\ \Omega$。由此可见，对同一欧姆表而言，大倍率对应大内阻，小倍率对应小内阻。

3. 突出综合性——电流表的改装和闭合电路欧姆定律的综合应用

开关 S 闭合后，R_3 与 R_1，R_g 并联，其实质是电流表的改装，以扩大电流表的量程。设改装后的电流表 G' 的内阻为 R'_g，满偏电流为 I'_g，则 $I'_g = \frac{E}{R_内} = \frac{1.5}{150}A = 10\ mA$。

由电流表的改装原理得

$$I_g\ (R_g + R_1)\ =\ (I'_g - I_g)\ R_3，则\ R_3 = \frac{I_g\ (R_g + R_1)}{I'_g - I_g} = 150\ \Omega。$$

$$I'_g \cdot R'_g = I_g \cdot\ (R_g + R_1)，R'_g = \frac{I_g \cdot\ (R_g + R_1)}{I'_g} = 135\ \Omega。$$

此时，欧姆表的内阻 $R'_内 = R'_g + R_2 + r$，则 $R_2 = R'_内 -\ (R'_g + r)\ = 14.5\ \Omega$。

开关 S 闭合后，在红、黑表笔间接入电阻箱 R_4，调节 R_4，当电流表指针指向图 8 – 3 – 1（b）所示位置时，通过电流表 G 的电流 $I = 0.6\ mA$。设通过电源（电流表 G'）中的电流为 I'，则 $I \cdot\ (R_g + R_1)\ = I' \cdot R'_g$，$I' = \frac{I \cdot\ (R_g + R_1)}{R'_g} = 6\ mA$。

由闭合电路的欧姆定律可得 $I' = \frac{E}{R'_内 + R_4}$，所以，$R_4 = \frac{E}{I'} - R'_内 = 100\ \Omega$。

4. 具有拓展性——欧姆表换挡的进一步思考

对于同一个欧姆表表盘，中值电阻对应的中间刻度是不能改变的，改变倍率就是改变中值电阻的大小，因为 $R_中 = R_内 = \frac{E}{I_g}$，所以，改变中值电阻有两种方法：一种是保持电源电动势，通过改装电流表改变满偏电流（量程），从而改变中值电阻，且电流表的满偏电流越小，欧姆表的中值电阻越大，内阻越大，倍率越大；另一种是保持满偏电流不变，通过改变电源电动势来改变中值电阻，且电源电动势越大，欧姆表的中值电阻越大，内阻越大，倍率越大。本试题改变中值电阻的方法属于第一种方法。

现以实验室常用的 MF47 型磁电式多用电表为例，进一步分析欧姆表的换挡原理。MF47 系列磁电式多用电表欧姆挡的倍率分别是"×1""×10""×

100" " ×1K" " ×10K" " ×100K" " ×1M"，刻度盘的中值刻度数为 16.5，表头的满偏电流为 46.2 μA。为计算方便，中值刻度数取 15，表头满偏电流取 0.1 mA，若不改装电流表，只通过改变电源电动势实现欧姆表换挡，由 $E = I_g \cdot R_内$ 求得各倍率对应电源电动势分别为 1.5 mV，15 mV，150 mV，1.5 V，15 V，150 V，1500 V。可见，电源电动势呈 10 倍增长变化，考虑结构紧凑性、携带方便性、使用安全性等原则，显然不现实。

经查 MF47 系列磁电式多用电表内部有两只电池：R14 型 2#1.5 V 和 6F22 型 9 V，并且说明书中指出：当 $R \times 10K$ 挡不能调至零位时，更换 6F22 型 9 V 电池，$R \times 1K$ 及以下挡不能调至零位时，更换 R14 型 2# 1.5 V 电池。可见，电动势为 1.5 V 时，有 " ×1" " ×10" " ×100" " ×1K" 倍率；电动势为 9 V 时，有 " ×10K" " ×100K" " ×1M" 倍率。

所以，MF47 系列磁电式多用电表欧姆挡换挡原理综合运用两种方法，且在同一电动势下，通过改装电流表实现欧姆表换挡。

三、改编建议

本试题给出欧姆表具有 " ×1" 和 " ×10" 两种倍率，两种倍率下欧姆表的内阻分别是 150 Ω 和 1500 Ω。所以，欧姆表刻度盘的中值刻度为 150，这与实验室常用 MF47 系列磁电式多用电表相差较大，又因常见欧姆表试题中的欧姆表刻度盘的中值刻度为 15 左右，所以，本试题中 " ×1" 和 " ×10" 倍率建议改为 " ×10" 和 " ×100" 两种倍率，更加符合实际和学生已有的经验。

第四节　伏安法测电阻创新实验的归类剖析

　　由欧姆定律可知，当用电压表测待测电阻两端的电压时，用电流表测通过待测电阻中的电流时，就能测出待测电阻的阻值，这种方法叫作伏安法。然而，在实际情境下，可能由于缺少电压表（或电流表），也可能由于电压表（或电流表）的量程与实验条件不符，需要对实验进行适当的创新设计。现将伏安法测电阻实验的创新思路归类剖析如下。

一、电表的活用

　　现有内阻为 R_A 的电流表 A，当电流表的示数为 I 时，电流表两端的电压为 IR_A。若将此电流表 A 与待测电阻并联，则待测电阻两端的电压等于 IR_A，此时电流表起到电压表的作用，我们认为电流表活用为电压表。同理，已知内阻为 R_V 的电压表 V 的示数为 U 时，通过电压表的电流为 $\dfrac{U}{R_V}$，将此电压表 V 与待测电阻串联，则通过待测电阻中的电流等于 $\dfrac{U}{R_V}$，此时电压表起到电流表的作用，我们认为电压表活用为电流表。例如，如图 8 - 4 - 1 所示，甲图中已知电流表 A_1 的内阻为 R_{A_1}，电流表 A_1，电流表 A_2 的示数分别为 I_1，I_2；乙图中已知电压表 V_1 的内阻为 R_{V_1}，电压表 V_1，电压表 V_2 的示数分别为 U_1，U_2。根据欧姆定律和串、并联电路的电流、电压特点可得甲图中 $R_x = \dfrac{I_1 R_{A_1}}{I_2 - I_1}$，乙图中 $R_x = \dfrac{U_2 - U_1}{U_1} R_{V_1}$。

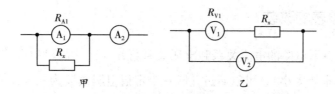

图 8 - 4 - 1

例题1：现要测量一待测电阻的阻值，所用器材如下：

标准电流表 A_1（量程 250 mA，内阻 $r_1 = 5\ \Omega$）；

电流表 A_2（量程 300 mA，内阻 r_2 约为 5 Ω）；

待测电阻 R_1（阻值约为 100 Ω）；

滑动变阻器 R_2（最大阻值 10 Ω）；

电源 E（电动势约为 6 V，内阻 r 约为 1 Ω）；

单刀单掷开关，导线若干。

（1）要求方法简捷，并能测量多组数据，画出实验电路原理图，并标明每个器材的代号。

（2）实验中，需要直接测量的物理量是＿＿＿＿＿＿＿。用测得的量表示待测电阻 R_1 的阻值 $R_1 = $ ＿＿＿＿＿＿＿。

解析：

（1）由滑动变阻器最大阻值与待测电阻的阻值大小关系可知，滑动变阻器用分压式接法。题目中缺少电压表，可将已知内阻的电流表 A_1 活用为电压表，测量待测电阻两端的电压。由于电流表 A_2 的量程大于电流表 A_1 的量程，可将电流表 A_2 外接，便于由两电流表的示数差表示通过待测电阻的电流，同时能够避免电流表 A_2 内接时由分压引起的系统误差。所以，实验原理图如图 8-4-2 所示。

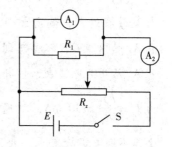

（2）需要测量的物理量为两电流表 A_1，A_2 的读数 I_1，I_2，待测电阻的阻值 $R_1 = \dfrac{I_1}{I_2 - I_1} r_1$。

图 8 - 4 - 2

评析：已知内阻的电流表可以活用为电压表，已知内阻的电压表可以活用为电流表。

二、电表的改装

由串、并联电路的电流关系和电压关系可知，已知内阻的电流表若量程太小（或两端电压太小），可以通过并联一个定值电阻改装为较大量程的电流表，可以通过串联一个定值电阻改装为较大量程的电压表。

例题 2： 某待测电阻 R_x 的阻值约为 $20\ \Omega$，现要测量其阻值，实验室提供器材如下：

电流表 A_1（量程 $150\ mA$，内阻 r_1 约为 $10\ \Omega$）；

电流表 A_2（量程 $20\ mA$，内阻 $r_2 = 30\ \Omega$）；

电压表 V（量程 $15\ V$，内阻约为 $10\ k\Omega$）；

定值电阻 $R_0 = 100\ \Omega$；

滑动变阻器 R 最大阻值为 $5\ \Omega$；

电源 E，电动势 $E = 4\ V$（内阻不计）；

开关 S 及导线若干。

（1）根据上述器材完成此实验，测量时要求电表读数不得小于其量程的三分之一。请你画出测量 R_x 的一种实验原理图。

（2）实验时电流表 A_1 的读数为 I_1，电流表 A_2 的读数为 I_2，用已知和测得的物理量表示 $R_x =$ _____。

解析：

（1）据题意可知滑动变阻器用分压式。电压表 V 量程过大，偏角太小，不能使用。已知电流表 A_2 的内阻 r_2，容易想到电流表的活用。若电流表 A_2 活用为电压表，估算待测电阻中的最大电流为 $I_m = \dfrac{I_g r_2}{R_x} = 30\ mA$，则通过电流表 A_1 的电流过小，不满足实验要求。要完成实验，只能将电流表 A_2 与定值电阻 R_0 串联，改装为较大量程的电压表。实验原理图如图 8-4-3 所示。

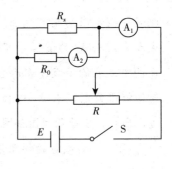

图 8-4-3

（2）待测电阻 R_1 的阻值 $R_x = \dfrac{I_2\ (R_0 + r_2)}{I_1 - I_2}$。

评析：已知内阻的电流表可以活用为电压表，若测量电压过小，需要考虑电表的改装。若题目中提供的电压表（或电流表）量程不满足实验条件，不能使用。

三、定值电阻的活用

阻值为 R_0 的定值电阻，通过的电流为 I 时，两端的电压为 IR_0，将此定值电阻与待测电阻 R_x 并联，则待测电阻 R_x 两端的电压等于 IR_0，此时的定值电阻起到测量待测电阻 R_x 两端电压的作用，我们认为定值电阻活用为电压表。若已知定值电阻 R_0 两端的电压为 U，通过定值电阻 R_0 中的电流为 $\dfrac{U}{R_0}$，将此定值电阻与待测电阻 R_x 串联，则通过待测电阻 R_x 的电流等于 $\dfrac{U}{R_0}$，此时的定值电阻起到测量通过待测电阻 R_x 中电流的作用，我们认为定值电阻活用为电流表。例如，如图 8 - 4 - 4 中所示，甲图中，若电压表 V_2 为理想电表，电压表 V_1，电压表 V_2 的读数分别为 U_1，U_2，则 $R_x = \dfrac{U_1}{\frac{U_2}{R_0}} = \dfrac{U_1}{U_2} R_0$；乙图中，若电流表 A_2 为理想电表，电流表 A_1，电流表 A_2 的读数分别为 I_1，I_2，则 $R_x = \dfrac{I_2 R_0}{I_1 - I_2}$。

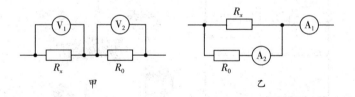

图 8 - 4 - 4

例题 3：（2018 年全国Ⅲ）一课外实验小组用图 8 - 4 - 5 所示的电路测量某待测电阻 R_x 的阻值，图中 R_0 为标准定值电阻（$R_0 = 20.0\ \Omega$）；V 可视为理想电压表。S_1 为单刀开关，S_2 为单刀双掷开关，E 为电源，R 为滑动变阻器。采用如下步骤完成实验：

（1）按照实验原理线路图甲，将图乙中的实物用线连起来。

（2）将滑动变阻器滑动端置于适当位置，闭合 S_1；

（3）将开关 S_2 掷于 1 端，改变滑动变阻器滑动端的位置，记下此时电压表 V 的示数 U_1；然后将 S_2 掷于 2 端，记下此时电压表 V 的示数 U_2。

（4）待测电阻阻值的表达式 $R_x = $ _____（用 R_0，U_1，U_2 表示）。

（5）重复步骤（3），得到如下数据（表 8-4-1）：

表 8-4-1

次数	1	2	3	4	5
U_1/V	0.25	0.30	0.36	0.40	0.44
U_2/V	0.86	1.03	1.22	1.36	1.49
$\dfrac{U_2}{U_1}$	3.44	3.43	3.39	3.40	3.39

（6）利用上述 5 次测量所得 $\dfrac{U_2}{U_1}$ 的平均值，求得 $R_x = $ _____ Ω。（保留 1 位小数）。

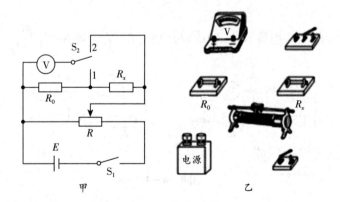

图 8-4-5

解析：（1）（6）略。（4）V 为理想电压表，电路中 R_x 与 R_0 串联，开关位置不影响电路连接特点，只改变电压表的测量范围。已知定值电阻 R_0 两端的电压为 U_1，通过的电流为 $\dfrac{U_1}{R_0}$，则通过待测电阻 R_x 的电流等于 $\dfrac{U_1}{R_0}$，而待测电阻 R_x

两端的电压为 $U_2 - U_1$，所以，$R_x = \left(\dfrac{U_2 - U_1}{U_1}\right)R_0 = \left(\dfrac{U_2}{U_1} - 1\right)R_0$。

评析：已知两端电压大小的定值电阻可以活用为电流表。同理，已知通过电流大小的定值电阻可以活用为电压表。

伏安法测电阻创新实验设计是以待测电阻两端电压、待测电阻中通过的电流的测量为创新点，以欧姆定律和串、并联电路的电压关系、电流关系为创新依据，具体体现在电表的活用、电表的改装和定值电阻的活用。

第五节　测电阻实验的特殊方法剖析

　　测电阻实验是历年高考实验的热点，其中伏安法（及其变式）原理相对简单，学生容易掌握。其他特殊方法实验原理较为灵活，对学生分析综合、推理论证以及质疑创新等能力要求较高，学生很难全面理解。现对测电阻实验的三种特殊方法从电路特点、实验原理、主要实验步骤、注意事项及误差等方面予以剖析。

一、等效替代法

　　等效替代法是从效果等同出发来研究物理现象和物理过程的一种物理研究方法。测电阻实验中从电流等效和电压等效两个角度分别利用电流表、电阻箱和电压表、电阻箱来测量待测电阻的阻值，通常叫作电流等效法和电压等效法。

1. 电流等效法

　　（1）电路特点。如图 8 – 5 – 1 所示，电路接通时，调节滑动变阻器的滑片位置，改变电路中的电流大小，使电流表有一确定值 I_0，电流表的作用是体现开关 S_2 分别接 1，2 两位置时，电路中"电流相等"这一效果，电阻箱既能通过改变接入电路中的电阻大小来改变电路中的电流大小，又能读出接入电路的电阻的大小。

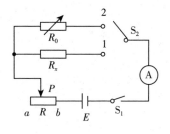

图 8 – 5 – 1

　　（2）实验原理。由欧姆定律可知，开关 S_2 接 1 位置时电路中的电流为 $I_1 = \dfrac{E}{R + R_x}$；保持滑动变阻器接入电路的电阻不变，开关 S_2 接 2 位置时，电路中的

电流为 $I_2 = \dfrac{E}{R + R_0}$（不计电源内阻），调节电阻箱接入电路的电阻，使 $I_2 = I_1$，

电阻箱等效替代待测电阻，则 $R_x = R_0$。

（3）主要实验步骤。

① 将滑动变阻器的滑片调到 a 端。

② 闭合开关 S_1，开关 S_2 接 1 位置，调节滑动变阻器，使电流表示数为 I_0。

③ 保持滑动变阻器滑片位置不变，开关 S_2 接 2 位置，调节电阻箱的阻值，使电流表示数仍为 I_0。

④ 读出电阻箱的示数 R_0，则 $R_x = R_0$。

（4）注意事项。开关 S_2 分别接 1，2 两位置时，保证滑动变阻器滑片位置不变。

（5）误差分析。

由于电阻箱的阻值无法连续调节，实验存在一定的系统误差。

2. 电压等效法

（1）电路特点。如图 8-5-2 所示，电路接通时，调节滑动变阻器的滑片位置，改变电路中的电流大小，从而改变电压表的示数，使电压表有一确定值 U_0，电压表的作用是体现开关 S_2 闭合与开关 S_3 闭合时，"电压相等"这一效果，电阻箱既能通过改变接入电路中的电阻大小来改变电压表的示数，又能读出接入电路中电阻的大小。

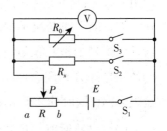

图 8-5-2

（2）实验原理。根据欧姆定律和串、并联电路的特点，闭合开关 S_1，S_2 时，电压表的示数为 $U_1 = \dfrac{R_x}{R + R_x}E$；保持滑动变阻器接入电路的电阻不变，闭合开关 S_1，S_3 时，电压表的示数为 $U_2 = \dfrac{R_0}{R + R_0}E$（不计电源内阻），调节电阻箱接入电路的电阻，使 $U_2 = U_1$，电阻箱等效替代待测电阻，则 $R_x = R_0$。

（3）主要实验步骤。

① 将滑动变阻器的滑片调到 a 端。

② 闭合开关 S_1，S_2，调节滑动变阻器的滑片位置，使电压表的示数为 U_0。

③ 保持滑动变阻器滑片位置不变，闭合开关 S_1，S_3，调节电阻箱的阻值，使电压表的示数仍为 U_0。

④ 读出电阻箱的示数 R_0，则 $R_x = R_0$。

（4）注意事项。闭合开关 S_1，S_2 和闭合开关 S_1，S_3 时，保证滑动变阻器滑片位置不变。

（5）误差分析。由于电阻箱的阻值无法连续调节，实验存在一定的系统误差。

二、半偏法

半偏法是测量电表内阻的常用方法，分电流表半偏法和电压表半偏法。

1. 电流表半偏法

（1）电路特点。如图 8 − 5 − 3 所示，电阻箱与待测电流表并联，滑动变阻器 R_1 远大于电流表内阻 R_A，满足开关 S_2 闭合前后电路中总电阻可看作不变，即干路电流不变。开关 S_2 断开时，调节滑动变阻器的滑片位置，使电流表满偏；电阻箱的作用是开关 S_2 闭合时，调节电阻箱阻值，使电流表半偏，同时可读出电阻箱接入电路的阻值。

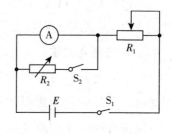

图 8 − 5 − 3

（2）实验原理。开关 S_1 闭合，S_2 断开时，电流表与滑动变阻器串联，调节滑动变阻器的滑片位置使电流表满偏，即通过干路电流为 I_g，电路中总电阻为 $R_1 + R_A$；开关 S_1，S_2 都闭合时，电阻箱与电流表并联，再与滑动变阻器串联，电路中总电阻为 $R_1 + R_并$，其中 $R_并 = \dfrac{R_2 \cdot R_A}{R_2 + R_A}$。由于滑动变阻器 R_1 远大于电流表内阻 R_A，$R_1 + R_A \approx R_1 + R_并$，认为干路电流 I_g 不变，而此时电流表示数为 $\dfrac{1}{2}I_g$，所以通过电阻箱的电流为 $\dfrac{1}{2}I_g$，则 $R_{A测} = R_2$。

（3）主要实验步骤。

① 将滑动变阻器和电阻箱的阻值调到最大。

② 断开开关 S_2，闭合开关 S_1，调节滑动变阻器的阻值，使电流表的示数达

到满偏 I_g。

③ 保持滑动变阻器的滑片位置不变，闭合开关 S_2，调节电阻箱的阻值，使电流表示数达到半偏 $\frac{1}{2}I_g$。

④ 读出电阻箱的示数 R_2，测 $R_{A测} = R_2$。

（4）注意事项。

① 滑动变阻器的阻值远大于电流表的内阻。

② 开关 S_2 闭合后，保持滑动变阻器的滑片位置不变。

（5）误差分析。开关 S_2 闭合后，当电流表的示数为 $\frac{1}{2}I_g$ 时，电阻箱与电流表并联电阻 $R_并$ 小于电流表内阻 R_A，电路总电阻变小，干路电流大于电流表的满偏电流 I_g，所以，通过电阻箱的实际电流 $I > \frac{1}{2}I_g$，所以 $R_{A测} = R_2 < R_{A测}$。

2. 电压表半偏法

（1）电路特点。如图 8-5-4 所示，电阻箱与待测电压表串联，滑动变阻器采用分压式连接。滑动变阻器的阻值远小于电压表的内阻。

（2）实验原理。由滑动变阻器分压式连接可知，当电阻箱的阻值 $R_2 = 0$ 时，电压表与滑动变阻器的左部分并联，再与滑动变阻器的右部分串联，电路的总电阻为 $R_总 = R_并 + R_{1右}$，其中 $R_并 = \dfrac{R_V \cdot R_{1左}}{R_V + R_{1左}}$；当电阻箱的阻值 $R_2 \neq 0$ 时，滑动变阻器

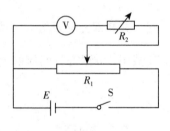

图 8-5-4

的滑片位置不变，电路的总电阻为 $R'_总 = R'_并 + R_{1右}$，其中 $R'_并 = \dfrac{(R_V + R_2) \cdot R_{1左}}{R_V + R_2 + R_{1左}}$。由于滑动变阻器 R_1 远小于电压表内阻 R_V，$R_并 \approx R'_并$，$R_总 = R'_总$，干路中电流不变，$R_并$ 两端的电压等于 $R'_并$ 两端的电压。当电阻箱阻值 $R_2 = 0$ 时，电压表示数达到满偏电压 U_g；调节电阻箱的阻值，使电压表示数达到半偏 $\frac{1}{2}U_g$ 时，电阻箱两端的电压与电压表两端的电压相等，即 $U_2 = \frac{1}{2}U_g$。所以，$R_{V测} = R_2$。

（3）主要实验步骤。

① 将滑动变阻器的滑片调到最左端，电阻箱阻值调为零。

② 闭合开关 S，调节滑动变阻器滑片位置，使电压表示数达到满偏电压 U_g。

③ 保持滑动变阻器滑片位置不变，调节电阻箱阻值，使电压表示数达到半偏 $\frac{1}{2}U_g$。

④ 读出电阻箱的示数 R_2，则 $R_{V测} = R_2$。

（4）注意事项。

① 滑动变阻器的阻值远小于电压表的内阻。

② 调节电阻箱阻值时，保持滑动变阻器的滑片位置不变。

（5）误差分析。

根据欧姆定律和串、并联电路的特点，调节电阻箱阻值，电压表示数为 $\frac{1}{2}U_g$ 时，并联部分电阻增大，即 $R'_并 > R_并$，电路中总电阻增大，即 $R'_总 > R_总$，干路电流减小，并联部分两端的电压增大，电阻箱两端的电压大于 $\frac{1}{2}U_g$。所以，$R_{V测} = R_2 > R_{V真}$。

三、电桥法

惠斯通电桥是电学实验中测电阻的一个常用方法，在 1833 年由 Samuel Hunter Christie 发明，1843 年由查理斯·惠斯登改进及推广的一种测量工具。

1. 电路特点

惠斯通电桥法测电阻的电路图如图 8 − 5 − 5 所示。电流表 G 为接到 a，b 之间的一座电桥，R_1，R_2，R_3 为电阻箱，调节电阻箱的阻值，当电流表 G 的示数为零时，称作"电桥平衡"，此时 a，b 两点电势相等，a，b 之间无电流通过，R_1 与 R_2 串联，R_3 与 R_x 串联，两串联部分再并联。

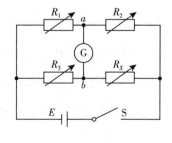

图 8 − 5 − 5

2. 实验原理

电桥平衡时，设上、下两支路中的电流分别为 I_1 和 I_3，R_1，R_2，R_3 和 R_x 两端的电压分别为 U_1，U_2，U_3 和 U_x，由欧姆定律和串、并联电路的特点可知，

$U_1 = U_3$，$U_2 = U_x$，即 $I_1R_1 = I_3R_3$，$I_1R_2 = I_3R_x$。所以 $\dfrac{R_1}{R_2} = \dfrac{R_3}{R_x}$，即 $R_x = \dfrac{R_2 \cdot R_3}{R_1}$。

3. 主要实验步骤

（1）将电阻箱 R_1，R_2，R_3 的阻值调到最大。

（2）闭合开关 S，从大到小调节电阻箱的阻值，直到电流表 G 的示数为零。

（3）读出三个电阻箱的示数 R_1，R_2，R_3，则 $R_x = \dfrac{R_2 \cdot R_3}{R_1}$。

4. 注意事项

（1）电桥平衡是电桥法测电阻的关键。

（2）调节电阻箱阻值时从大到小，即先粗调，后细调。

5. 误差分析

（1）电阻箱阻值的不连续造成实验的系统误差。

（2）电流表的灵敏度造成实验误差。

第六节　测量电源电动势
和内阻实验的疑难点解析

　　测量电源电动势和内阻实验是高考实验的热点之一。试题通过实验设计、数据处理及误差分析来考查学生的分析综合能力和应用数学处理物理问题的能力。学生学习的疑难点在于不同方法下实验原理的灵活应用、实验数据的处理和实验误差的分析。

　　测量电源电动势和内阻实验的基本原理是闭合电路的欧姆定律，依据实验仪器的不同选择，实验设计通常有三种方法。所以，对闭合电路的欧姆定律必须从三个层面深刻理解，灵活应用。现将本实验的电路设计、数据处理及误差分析予以梳理总结。

一、伏安法

1. 电路设计

　　闭合电路的欧姆定律 $E = U + Ir$ 中，U 为路端电压，即电源两端的电压，I 为通过电源的电流。将电压表和电流表看作理想电表，分别测出多组 U 和 I，就可以算出电源的电动势 E 和内阻 r，这种方法简称伏安法。实验原理图因电流表相对电源的位置不同有外接法和内接法两种，如图 8 – 6 – 1 所示。

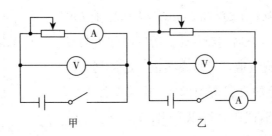

甲   乙

图 8 – 6 – 1

2. 数据处理

由 $E = U + Ir$ 推导出 $U = E - Ir$，可见，路端电压 U 随电流 I 成线性规律变化。通过多组 U 和 I，可以作出 $U - I$ 图像，如图 8 – 6 – 2 所示。图像的斜率大小表示电源内阻，纵轴截距表示电源的电动势。

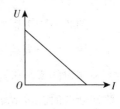

图 8 – 6 – 2

3. 误差分析

（1）作图法。图 8 – 6 – 1 甲中电压表示数 U 表示路端电压，电流表的示数为 I，小于电源中通过的电流。设电压表的内阻为 R_V，电压表分流 $\Delta I = \dfrac{U}{R_V}$，通过电源的实际电流为 $I + \Delta I$。如图 8 – 6 – 3 所示，图像 1 为不计电压表影响时的 $U - I$ 图像，图像 1 上某一测量值 A 点的纵、横坐标为 U 和 I，对应的真实值 A' 点的纵、横坐标为分别 U 和 $I + \Delta I$。

$\Delta I = \dfrac{U}{R_V}$ 随 U 的增大而增大，且 $U = 0$ 时，$\Delta I = 0$，所以图像 1 与横轴的交点 B 既是测量值，又是真实值，连接真实值 A'，B 两点得实验的真实值图像 2。比较图像 1，2 的斜率大小和纵轴截距，可以看出，$r_{测} < r_{真}$，$E_{测} < E_{真}$。

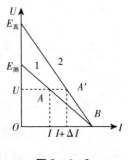

图 8 – 6 – 3

图 8 – 6 – 1 乙中，电流表的示数为 I，表示通过电源的电流，电压表的示数为 U，小于电源的路端电压。设电流表的内阻为 R_A，电流表分压 $\Delta U = I \cdot R_A$，路端电压为 $U + \Delta U$。如图 8 – 6 – 4 所示，图像 1 为不计电流表影响时的 $U - I$ 图像，图像 1 上某一测量值 A 点的纵、横坐标分别为 U 和 I，对应的真实值 A' 点的

纵、横坐标分别为 $U+\Delta U$ 和 I。$\Delta U=I\cdot R_A$ 随 I 的增大而增大，且 $I=0$ 时，$\Delta U=0$，所以图像 1 与纵轴的交点 B 既是测量值，又是真实值，连接真实值 A'，B 两点得实验的真实值图像 2。比较图像 1，2 的斜率大小和纵轴截距，可以看出，$r_测>r_真$，$E_测=E_真$。

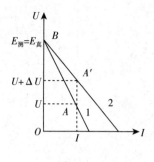

图 8 - 6 - 4

（2）等效电源法。设电源电动势和内阻的真实值为 E 和 r。

图 8 - 6 - 1 甲中，要使电流表的示数 I 表示通过电源的电流，则该电源为原电源、电压表组成的等效电源，如图 8 - 6 - 5 甲中虚线框部分所示，那么，实验测得的 $E_测$ 和 $r_测$ 就是等效电源的电动势和内阻。当等效电源的外电路 a，b 两端断开时，等效电源两端的电压（a，b 间接理想电压表的示数）等于等效电源的电动势 $E_测$。因为 $\dfrac{E_测}{R_V}=\dfrac{E}{R_V+r}$，所以，$E_测=\dfrac{R_V}{R_V+r}E<E$。等效电源外电路 a，b 间短接时，短路电流 $I_短=\dfrac{E_测}{r_测}$，而此时电压表 R_V 被短路，即 $I_短=\dfrac{E}{r}$。所以，

$$r_测=\dfrac{E_测}{I_短}=\dfrac{\dfrac{R_V\cdot E}{R_V+r}}{\dfrac{E}{r}}=\dfrac{R_V\cdot r}{R_V+r}<r。$$

图 8 - 6 - 1 乙中，要使电压表的示数 U 为电源的路端电压，则该电源为原电源、电流表组成的等效电源，图 8 - 6 - 1 乙中虚线框部分所示，那么，实验测得的 $E_测$ 和 $r_测$ 就是等效电源的电动势和内阻。当等效电源的外电路 a，b 两端断开时，等效电源两端的电压（a，b 间接理想电压表的示数）等于等效电源的电动势 $E_测$，则 $E_测=E$。等效电源外电路 a，b 间短接时，短路电流 $I_短=\dfrac{E_测}{r_测}$，而此时 $I_短=\dfrac{E}{r+R_A}$。所以，$r_测=r+R_A$。

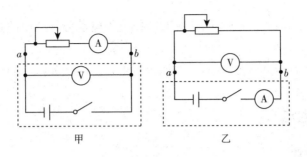

图 8 - 6 - 5

（3）解析法。图 8 - 6 - 1 甲中，若将电压表和电流表看作理想电表，由闭合电路的欧姆定律得 $E = U + Ir$。移动滑动变阻器的滑片，使接入电路的电阻逐渐减小，分别测出两组电压、电流值，即 U_1，I_1 和 U_2，I_2，分别代入 $E = U + Ir$ 得 $E = U_1 + I_1 r$ 和 $E = U_2 + I_2 r$，联立方程解得 $E = \dfrac{U_1 I_2 - U_2 I_1}{I_2 - I_1}$，$r = \dfrac{U_1 - U_2}{I_2 - I_1}$，此时 E 和 r 的值应为电动势和内阻的测量值，即 $E_{测} = \dfrac{U_1 I_2 - U_2 I_1}{I_2 - I_1}$，$r_{测} = \dfrac{U_1 - U_2}{I_2 - I_1}$。

若考虑电压表和电流表的内阻，由闭合电路的欧姆定律得 $E = U + \left(I + \dfrac{U}{R_V} \right) r$，分别代入两组电压和电流值得 $E = U_1 + \left(I_1 + \dfrac{U_1}{R_V} \right) r$，$E = U_2 + \left(I_2 + \dfrac{U_2}{R_V} \right) r$，解得 $E = \dfrac{U_1 I_2 - U_2 I_1}{I_2 - I_1 + \dfrac{U_2 - U_1}{R_V}}$，$r = \dfrac{U_1 - U_2}{I_2 - I_1 + \dfrac{U_2 - U_1}{R_V}}$，此时的值应为电动势和内阻的真实值，即 $E_{真} = \dfrac{U_1 I_2 - U_2 I_1}{I_2 - I_1 + \dfrac{U_2 - U_1}{R_V}}$，$r_{真} = \dfrac{U_1 - U_2}{I_2 - I_1 + \dfrac{U_2 - U_1}{R_V}}$。

由于实验操作时要求被接入电路的电阻逐渐减小，路端电压逐渐减小，即 $U_1 > U_2$，$\dfrac{U_2 - U_1}{R_V} < 0$，对比分析可知，$E_{测} < E_{真}$，$r_{测} < r_{真}$。

图 8 - 6 - 1 乙中，若将电压表和电流表看作理想电表，同理解得电动势和内阻的测量值，即 $E_{测} = \dfrac{U_1 I_2 - U_2 I_1}{I_2 - I_1}$，$r_{测} = \dfrac{U_1 - U_2}{I_2 - I_1}$。

若考虑电压表和电流表的内阻，由闭合电路的欧姆定律得 $E = U + I \left(R_A + r \right)$，分别代入两组电压和电流值得：$E = U_1 + I_1 \left(R_A + r \right)$，$E = U_2 + I_2 \left(R_A + r \right)$，解得

$E = \dfrac{U_1 I_2 - U_2 I_1}{I_2 - I_1}$，$r = \dfrac{U_1 - U_2}{I_2 - I_1} - R_A$，此时的值应为电动势和内阻的真实值，即 $E_{真}$

$= \dfrac{U_1 I_2 - U_2 I_1}{I_2 - I_1}$，$r_{真} = \dfrac{U_1 - U_2}{I_2 - I_1} - R_A$。对比分析可知，$E_{测} = E_{真}$，$r_{测} = r_{真} + R_A > r_{真}$。

二、伏阻法

1. 电路设计

闭合电路中，设路端电压为 U，外电路的电阻

为 R，由闭合电路欧姆定律 $E = U + Ir$ 得 $E = U + \dfrac{U}{R} r$。

如图 8 – 6 – 6 所示，外电路接电阻箱，理想电压表

并联在电阻箱的两端，多次测量电压表示数 U 和电

阻箱的示数 R，就可以测出电源的电动势和内阻，

这种方法简称伏阻法。

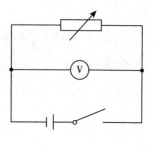

图 8 – 6 – 6

2. 数据处理

由 $E = U + \dfrac{U}{R} r$ 推导出 $\dfrac{1}{U} = \dfrac{r}{ER} + \dfrac{1}{E}$，可见，$\dfrac{1}{U}$ 随 $\dfrac{1}{R}$

成线性规律变化。通过多组 $\dfrac{1}{U}$，$\dfrac{1}{R}$ 值，作出 $\dfrac{1}{U} - \dfrac{1}{R}$ 图

像，如图 8 – 6 – 7 所示。图像的斜率 $k = \dfrac{r}{E}$，纵轴截距

$b = \dfrac{1}{E}$，通过斜率和纵轴截距值即可求出电源的电动势

和内阻。

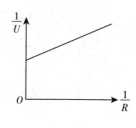

图 8 – 6 – 7

3. 误差分析

（1）作图法。

图 8 – 6 – 6 中，电压表的读数 U 为路端电压的准

确值，电压表的内阻为 R_V，电路中外电路由 R 与 R_V

并联组成，设外电阻为 $R_{外}$，则 $\dfrac{1}{R_{外}} = \dfrac{1}{R} + \dfrac{1}{R_V}$。如图 8 –

6 – 8 所示，图像 1 为不计电压表内阻影响时的实验测

量值图像。图像 1 某一测量点 A 的横坐标、纵坐标分

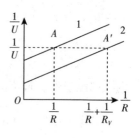

图 8 – 6 – 8

别为 $\dfrac{1}{R}$，$\dfrac{1}{U}$，真实值对应点 A' 的横坐标、纵坐标，分别为 $\dfrac{1}{R}+\dfrac{1}{R_V}$，$\dfrac{1}{U}$，横坐标

值相差 $\dfrac{1}{R_V}$。同理，可以作出任意一个测量点对应的真实点，描绘出真实值图像

2。每一测量值与真实值的纵坐标相同，横坐标均相差 $\dfrac{1}{R_V}$，所以，图像 2 平行于

图像 1。

对比图像 1，2 的纵轴截距和斜率可得 $\dfrac{1}{E_{测}}>\dfrac{1}{E_{真}}$，即 $E_{测}<E_{真}$；而 $\dfrac{r_{测}}{E_{测}}=\dfrac{r_{真}}{E_{真}}$，

即 $r_{测}<r_{真}$。

（2）等效电源法。设电源电动势和内阻的真实值为 E 和 r。

在用伏阻法测量电源电动势和内阻实验中，用 $\dfrac{U}{R}$

表示通过电源的电流，电压表分流引起实验系统误

差。所以，将原电源、电压表组成的电路看作等效电

源，如图 8-6-9 虚线框所示。产生误差的原因与图

8-6-1 甲相同，等效电源与图 8-6-5 甲相同，所

以，误差分析的结果相同，即 $E_{测}=\dfrac{R_V}{R_V+r}E<E$，

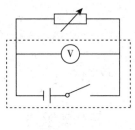

图 8-6-9

$$r_{测}=\dfrac{E_{测}}{I_{短}}=\dfrac{\dfrac{R_V\cdot E}{R_V+r}}{\dfrac{E}{r}}=\dfrac{R_V\cdot r}{R_V+r}<r。$$

（3）解析法。图 8-6-6 中，若将电压表看作理想电表，由闭合电路的欧

姆定律得 $E=U+\dfrac{U}{R}r$。调节变阻箱的阻值逐渐减小，分别测出两组电压、电阻

值，即 U_1，R_1 和 U_2，R_2，分别代入 $E=U+\dfrac{U}{R}r$ 得 $E=U_1+\dfrac{U_1}{R_1}r$ 和 $E=U_2+\dfrac{U_2}{R_2}r$，

联立方程解得 $E=\dfrac{U_1U_2（R_1-R_2）}{U_2R_1-U_1R_2}$，$r=\dfrac{U_1-U_2}{\dfrac{U_2R_1-U_1R_2}{R_1R_2}}$。此时的值应为电动势和内

阻的测量值，即 $E_{测}=\dfrac{U_1U_2（R_1-R_2）}{U_2R_1-U_1R_2}$，$r_{测}=\dfrac{U_1-U_2}{\dfrac{U_2R_1-U_1R_2}{R_1R_2}}$。

若考虑电压表的内阻影响，由闭合电路的欧姆定律得 $E = U + \left(\dfrac{U}{R} + \dfrac{U}{R_V} \right)r$，

分别代入两组电压和电流值得 $E = U_1 + \left(\dfrac{U_1}{R_1} + \dfrac{U_1}{R_V} \right)r$，$E = U_2 + \left(\dfrac{U_2}{R_2} + \dfrac{U_2}{R_V} \right)r$，解得

$E = \dfrac{U_1 U_2 \left(R_1 - R_2 \right)}{U_2 R_1 - U_1 R_2 - \dfrac{\left(U_1 - U_2 \right) R_1 R_2}{R_V}}$，$r = \dfrac{U_1 - U_2}{\dfrac{U_2 R_1 - U_1 R_2}{R_1 R_2} - \dfrac{U_1 - U_2}{R_V}}$。此时的值应为电

动势和内阻的真实值，即 $E_{真} = \dfrac{U_1 U_2 \left(R_1 - R_2 \right)}{U_2 R_1 - U_1 R_2 - \dfrac{\left(U_1 - U_2 \right) R_1 R_2}{R_V}}$，

$r_{真} = \dfrac{U_1 - U_2}{\dfrac{U_2 R_1 - U_1 R_2}{R_1 R_2} - \dfrac{U_1 - U_2}{R_V}}$。

由于实验操作时要求被接入电路的电阻逐渐减小，路端电压逐渐减小，即

$R_1 > R_2$，$U_1 > U_2$，$\dfrac{U_1 - U_2}{R_V} > 0$，对比分析可知，$E_{测} < E_{真}$，$r_{测} < r_{真}$。

三、安阻法

1. 电路设计

闭合电路中，外电路接电阻箱，理想电流表与电阻箱串联，如图 8 - 6 - 10 所示。由闭合电路的欧姆定律 $E = IR + Ir$ 可知，测量多组 I，R 值，就可以测量电源的电动势和内阻。这种方法简称安阻法。

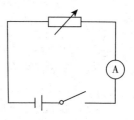

图 8 - 6 - 10

2. 数据处理

由 $E = IR + Ir$ 推出 $\dfrac{1}{I} = \dfrac{R}{E} + \dfrac{r}{E}$，可见 $\dfrac{1}{I}$ 随 R 成线性规律变化。通过多组 $\dfrac{1}{I}$，R 值，可以作出 $\dfrac{1}{I} - R$ 图像，如图 8 - 6 - 11 所示，图像的斜率 $k = \dfrac{1}{E}$，纵轴截距 $b = \dfrac{r}{E}$。通过斜率和纵轴截距值可以求出电源的电动势 E 和内阻 r。

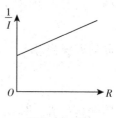

图 8 - 6 - 11

3. 误差分析

（1）作图法。图 8 – 6 – 10 中，电流表的示数 I 表示通过电源的电流，设电流表的内阻为 R_A，则电路中的外电阻 $R_外 = R + R_A$。如图 8 – 6 – 12 所示，图像 1 为不计电流表影响时实验测量值图像，图像 1 上某一点 A 的横坐标为 R，纵坐标为 $\dfrac{1}{I}$，受电流表内阻影响，点 A 对应的真实值 A' 的横坐标为 $R + R_A$，纵坐标仍为 $\dfrac{1}{I}$，点 A 与点 A' 的横坐标相差 R_A。同理，可以作出图像 1 上任意一点对应的真实值，描绘真实值图像 2。对比图像 1，2 的斜率和纵轴截距可知，$\dfrac{1}{E_测} = \dfrac{1}{E_真}$，即 $E_测 = E_真$；而 $\dfrac{r_测}{E_测} > \dfrac{r_真}{E_真}$，则 $r_测 > r_真$。

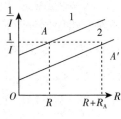

图 8 – 6 – 12

（2）等效电源法。设电源电动势和内阻的真实值为 E 和 r。

在安阻法测量电源电动势和内阻的实验中，用 IR 表示路端电压，电流表分压引起实验系统误差。所以，将原电源、电流表组成的电路看作等效电源，如图 8 – 6 – 13 虚线框所示。产生误差的原因与图 8 – 6 – 1乙相同，等效电源与图 8 – 6 – 13 乙相同，所以，误差分析的结果相同，即 $E_测 = E$，$r_测 = r + R_A$。

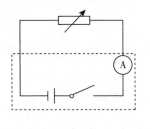

图 8 – 6 – 13

（3）解析法。图 8 – 6 – 10 中，若将电流表看作理想电表，由闭合电路的欧姆定律得 $E = I(R + r)$。调节变阻箱的阻值逐渐减小，分别测出两组电流值、电阻值，即 I_1，R_1 和 I_2，R_2，分别代入 $E = I(R + r)$ 得 $E = I_1(R_1 + r)$ 和 $E = I_2(R_2 + r)$，联立方程解得 $E = \dfrac{I_1 I_2 (R_2 - R_1)}{I_1 - I_2}$，$r = \dfrac{I_2 R_2 - I_1 R_1}{I_1 - I_2}$。此时的值应为电动势和内阻的测量值，即 $E_测 = \dfrac{I_1 I_2 (R_2 - R_1)}{I_1 - I_2}$，$r_测 = \dfrac{I_2 R_2 - I_1 R_1}{I_1 - I_2}$。

若考虑电流表的内阻影响，由闭合电路的欧姆定律得 $E = IR + I(R_A + r)$，分别代入两组电压和电流值得 $E = I_1 R_1 + I_1(R_A + r)$，$E = I_2 R_2 + I_2(R_A + r)$，解

得 $E = \dfrac{I_1 I_2 \ (R_2 - R_1)}{I_1 - I_2}$，$r = \dfrac{I_2 R_2 - I_1 R_1}{I_1 - I_2} - R_A$。此时的值应为电动势和内阻的真实

值，即 $E_{真} = \dfrac{I_1 I_2 \ (R_2 - R_1)}{I_1 - I_2}$，$r_{真} = \dfrac{I_2 R_2 - I_1 R_1}{I_1 - I_2} - R_A$。对比分析可知，$E_{测} = E_{真}$，

$r_{测} = r_{真} + R_A > r_{真}$。

综上所述，测量电源电动势和内阻实验的方法有伏安法、伏阻法和安阻法三种，电路原理图有四种。实验产生系统误差的原因及测量结果误差分析只有两种情况，图 8 - 6 - 1 甲与图 8 - 6 - 6 是由电压表分流引起系统误差的，测量结果 $E_{测} < E_{真}$，$r_{测} < r_{真}$；图 8 - 6 - 1 乙与图 8 - 6 - 10 是由电流表分压引起系统误差的，测量结果 $E_{测} = E_{真}$，$r_{测} > r_{真}$。

参 考 文 献

[1] 人民教育出版社，课程教材研究所，物理课程教材研究开发中心．普通高中课程标准实验教科书物理必修1［M］．北京：人民教育出版社，2010.

[2] 程守洙，江之水．普通物理学1［M］.5版．北京：高等教育出版社，1998.

[3] 漆安慎，杜婵英．力学基础［M］．北京：高等教育出版社，1982.

[4] 任志鸿．十年高考分类解析与应试策略·物理［M］．北京：知识出版社，2015.

[5] 李友安，徐奇峰，徐小平.2018年高考物理备考专题——力学部分［J］．中学物理教学参考，2018，47（Z1-2）：55-70.

[6] 杜志建．教材帮·物理·必修2［M］．乌鲁木齐：新疆青少年出版社，2015.

[7] 赵生武．"类比"建模型 "分解"破难点——2016年高考新课标Ⅰ卷理综第20题的解法探究［J］．中学物理，2017（3）：53.

[8] 谢国兴．电源输出最大功率的一般性条件［J］．中学物理教学参考，2010，39（5）：30-31.

[9] 任镜圩，刘娟．等效电源法巧解高中物理电路问题［J］．中学物理教学参考，2019，48（20）：58-60.

[10] 李肖潇，肖述华．"测定电源电动势和内阻"实验误差的理论分析［J］．物理教学探讨，2018，36（2）：42-43.

[11] 韦民．与名师对话：新课标·物理［M］．北京：光明日报出版社，2010.

［12］中华人民共和国教育部．普通高中物理课程标准（2017 年版）［M］．北京：人民教育出版社，2018.

［13］韦民．与名师对话：二轮专题辅导与训练·物理［M］．北京：光明日报出版社，2011.

［14］廖伯琴．普通高中物理课程标准（2017 年版）解读［M］．北京：高等教育出版社，2018.

［15］张玉峰，邓丽平．指向物理学科核心素养的试题命制策略［J］．中学物理，2020，38（19）：24－31.

［16］教育部考试中心．中国高考评价体系说明［M］．北京：人民教育出版社，2019.

［17］高翔，苏河心．模型建构能力的命题评价设计与案例分析——以 2021 年高考全国卷和山东卷试题为例［J］．中学物理教学参考，2022，51（1）：24－30.

［18］人民教育出版社，课程教材研究所，物理课程教材研究开发中心．普通高中课程标准实验教科书物理选修 3－2［M］．北京：人民教育出版社，2010.

［19］吴文胜，詹国荣．实现同化与顺应：破解高中物理题海战术关键［J］．福建教育学院学报，2021，22（6）：33－34，89.

［20］人民教育出版社，课程教材研究所，物理课程教材研究开发中心．普通高中课程标准实验教科书物理选修 3－4 教师教学用书［M］．北京：人民教育出版社，2017.

［21］游永永．浅析多用电表的几点疑问［J］．物理教学探讨，2016，34（5）：38－39.

［22］江秀梅，刘大明．欧姆表内部电路结构和换挡原理的分析［J］．物理教学探讨，2013，31（8）：62－63.

［23］赵生武．呈现多个特性　考查多种能力——对一道电学实验试题的赏析［J］．数理化解题研究，2016（28）：66.

［24］李越，樊晓东．运用速度时间图像求解追及、相遇问题［J］．物理教学探讨，2013，31（3）：12－13.

[25] 白云. 从定性到定量深化习题教学 [J]. 物理教学, 2014, 36 (10): 47-49.

[26] 赵生武. 紧扣一个条件 巧用两个关系——对追及问题的认识与思考 [J]. 数理化解题研究 (高中版), 2014 (6): 38-39.

[27] 陈汉光. 2016年高考全国理综 I 卷物理试题评析及对教学的启示 [J]. 物理教学, 2016, 38 (9): 61-64.

[28] 任志鸿. 十年高考分类解析与应试策略 [M]. 山东: 知识出版社, 2016.

[29] 人民教育出版社, 课程教材研究所, 物理课程教材研究开发中心. 普通高中课程标准实验教科书物理选修3-1 [M]. 北京: 人民教育出版社, 2010.

[30] 程力, 李勇. 基于高考评价体系的物理科考试内容改革实施路径 [J]. 中国考试, 2019 (12): 38-44.